Cet ouvrage a été conçu et réalisé par :
La Rédaction des Éditions Francis Lefebvre

Responsabilité éditoriale :
Patrick Despierres

Éditeur : **ÉDITIONS FRANCIS LEFEBVRE**

ÉDITIONS FRANCIS LEFEBVRE
10, Place des Vosges -Tour Lefebvre Dalloz
CS 80357 - 92072 PARIS LA DEFENSE CEDEX
Tél. : 01 83 10 10 10

ISBN 978-2-36893-687-0

À jour au 01.05.2024

Imprimé par Chirat (Saint-just-la-Pendue) – Dépôt légal au 2e trimestre 2024

Sommaire

Les questions sur la prévoyance

N° de fiche

1. Qu'entend-on par prévoyance ?

La prévoyance est le terme générique pour parler des risques liés à la personne. Sauf exception, ces risques sont couverts à titre obligatoire par le système de protection sociale propre à chaque catégorie socioprofessionnelle. Ils peuvent faire l'objet d'une protection complémentaire facultative.

1. Risques couverts
La prévoyance recouvre usuellement les risques suivants :
- décès,
- maladie et maternité,
- incapacité de travail ou invalidité,
- accidents du travail,
- perte de l'emploi,
- dépendance.

2. Prestations versées au titre de la protection obligatoire
Les organismes sociaux servent le plus souvent :
- des prestations en nature : remboursements de frais médicaux et de médicaments, dans le cadre de l'assurance maladie,
- des prestations en espèces, sous la forme d'indemnités ou d'allocations journalières (par exemple, en cas de maladie ou de chômage), de rentes (par exemple, en cas d'invalidité) ou de capital (par exemple, capital en cas de décès).

Aux prestations classiques s'ajoutent parfois des prestations de services :
- rééducation en cas d'invalidité,
- conseils notamment aux chômeurs,
- services divers : séjours en maison de repos, etc.

3. Position du problème
Les garanties dont bénéficient les différentes catégories socioprofessionnelles au titre de la protection sociale obligatoire sont souvent jugées insuffisantes, notamment en raison du désengagement de la sécurité sociale ou de l'augmentation des risques liés à la durée de la vie humaine. Le rôle des assurances complémentaires tend donc à se développer.

4. Solutions assurantielles complémentaires ou supplémentaires
Les assurances complémentaires ou supplémentaires [80] peuvent être souscrites dans le cadre :
- d'assurances individuelles (assurance complémentaire santé individuelle [82], contrat GAV [85] ou assurance-vie, par exemple),
- ou d'assurances collectives (contrat ou plan souscrit par une entreprise au profit de ses salariés [95], par exemple).

5. Autres solutions
Certaines personnes en difficulté peuvent bénéficier de dispositions juridiques spécifiques :
- obligatoires, dans le cadre de l'obligation alimentaire,
- ou facultatives, dans le cadre notamment du mandat de protection future.

L'obligation alimentaire est une aide matérielle due à un membre de sa famille proche (ascendant, descendant) qui se trouve dans le besoin et n'est pas en mesure d'assurer sa subsistance. Son montant varie selon les ressources de celui qui la verse et les besoins de celui qui la reçoit. Peuvent en bénéficier :
- les conjoints entre eux,
- les enfants, petits-enfants, grands-parents et parents entre eux,
- les beaux-parents, leurs gendres et leurs belles-filles entre eux.

Elle peut être attribuée soit d'un commun accord, soit, à défaut, sur décision du juge aux affaires familiales.

Le mandat de protection future permet à une personne de désigner à l'avance la ou les personnes chargées de veiller sur elle-même et/ou sur tout ou partie de son patrimoine, pour le jour où elle ne serait plus en état de le faire seule. Établi sous signature privée ou devant notaire, il peut porter sur la protection de la personne, sur celle de ses biens ou sur les deux. Il prend fin notamment si le mandant retrouve ses facultés ou décède.

L'habilitation familiale permet aux familles capables de pourvoir seules aux intérêts de leurs proches hors d'état de manifester leur volonté de les représenter, sans avoir à se soumettre au formalisme des mesures de protection judiciaire (sauvegarde de justice, tutelle ou curatelle). À la demande de la famille, elle est délivrée par le juge des tutelles du lieu de résidence du majeur à protéger. D'une durée maximale de 10 ans en principe, l'habilitation familiale peut porter sur un ou plusieurs actes d'administration ou de disposition. Cependant, les actes de disposition à titre gratuit (une donation, par exemple) peuvent être accomplis uniquement avec l'autorisation du juge. ■

2. Comment évaluer la perte d'autonomie ?

La dépendance constitue actuellement un enjeu sociétal majeur. Elle est devenue en 2020 un risque de sécurité sociale.

1. Notion de dépendance : les "actes essentiels de la vie"

La dépendance est appréciée par les assureurs en fonction de l'impossibilité ou encore de la difficulté rencontrée par une personne âgée d'effectuer certains "actes essentiels de la vie" :

- s'alimenter,
- se déplacer,
- se laver,
- s'habiller,
- se lever, se coucher, s'asseoir.

Sont également pris en compte les problèmes de cohérence, de continence, de communication à distance, etc.

2. Évaluation du degré de dépendance : grille AGGIR

La grille AGGIR (autonomie gérontologique groupes iso-ressources) est le principal référentiel utilisé par les services médico-sociaux et les assureurs pour évaluer le degré de dépendance : elle classe les personnes en situation de dépendance en 6 groupes dits "iso-ressources" (GIR1, GIR2, etc).

Les 6 groupes de la grille AGGIR
GIR 1 : personne confinée au lit ou au fauteuil, dont les fonctions mentales gravement altérées nécessitent une présence indispensable et continue d'intervenants.
GIR 2 : • personne confinée au lit ou au fauteuil, dont les fonctions intellectuelles ne sont pas totalement altérées, mais dont l'état requiert une prise en charge pour la plupart des activités de la vie courante, • personne dont les fonctions mentales sont altérées, mais qui a conservé ses capacités à se déplacer.

Les 6 groupes de la grille AGGIR
GIR 3 : pour l'essentiel, personne ayant conservé son autonomie mentale et partiellement son autonomie locomotrice, mais qui a besoin plusieurs fois par jour d'une aide pour les soins corporels.
GIR 4 : • personne qui n'assume pas seule ses transferts, mais qui, une fois levée, peut se déplacer à l'intérieur de son logement et doit parfois être secondée pour la toilette et l'habillage, • personne n'ayant pas de problème pour se déplacer, mais qu'il faut aider pour les activités corporelles et les repas.
GIR 5 : personne qui s'habille et s'alimente seule et assure seule ses déplacements, mais qui a besoin d'une aide ponctuelle pour la toilette, la préparation des repas et le ménage.
GIR 6 : personne qui n'a pas perdu son autonomie pour les actes essentiels de la vie courante.

La grille AGGIR est principalement utilisée pour mesurer le degré de perte d'autonomie d'un demandeur de l'APA **[109 § 3]**.

3. Évolution de la législation et du niveau de protection

Au terme de plusieurs années de débats, le système public de sécurité sociale est maintenant doté d'une 5ᵉ branche couvrant le risque de perte d'autonomie (loi n° 2020-992 du 07.08.2020). Son périmètre englobe plusieurs prestations existantes (APA, PCH, etc.). Cependant, au contraire des 4 autres branches – maladie (incluant l'invalidité, le décès et la maternité), accidents et maladies professionnelles, vieillesse (incluant le veuvage) et famille (incluant le handicap et la solidarité) – la dépendance ne bénéficie pas encore à proprement parler d'un financement propre par le biais d'une cotisation dédiée.

En pratique, le risque dépendance reste, pour le moment, principalement couvert :
- par l'allocation personnalisée d'autonomie (APA) **[109 § 3]**, principale aide publique destinée à faire face aux conséquences financières de la dépendance liée à l'âge, mais généralement insuffisante pour couvrir l'ensemble des frais financiers qui en découlent,
- et par les assurances dépendance souscrites à titre individuel **[86]**, souvent destinées à compléter les prestations de l'APA.

Les chiffres clés de la dépendance
• Un peu plus de 1,2 million de personnes âgées et de personnes handicapées sont bénéficiaires d'aides sociales à domicile octroyées par les départements, auxquelles s'ajoutent 813 400 personnes âgées ou dépendantes accueillies dans une structure dédiée. • 4,8 millions de personnes sont couvertes par une garantie en assurance dépendance souscrite à titre principal, pour une cotisation annuelle moyenne de 215 € et une prestation annuelle moyenne de 5 680 €.

(**1**) Drees, "Études et résultats", 1101, janvier 2019 ; data.drees. ■

3. Comment acquérir des prestations ?

Grâce aux cotisations versées au titre de son activité professionnelle, un actif acquiert des droits, pour lui-même et éventuellement pour certains de ses proches.

1. Droits à prestations acquis par un actif

Toute prestation perçue à titre personnel implique normalement le versement préalable de cotisations durant la période d'activité.

L'actif est donc l'assuré, autrement dit la personne inscrite – ou immatriculée ou affiliée – auprès de l'organisme, qui a payé et/ou pour laquelle un employeur a payé des charges sociales.

En fonction de son activité professionnelle, une personne adhère à un régime de protection sociale. L'affiliation est obligatoire ou volontaire.

L'adhésion à un régime de protection sociale entraîne le paiement de cotisations obligatoires, parfois facultatives. Dans le cas des salariés, ces cotisations sont prises en charge pour partie par l'employeur et pour l'autre partie par le salarié.

Ces cotisations sont génératrices de droits à prestations sociales.

Sur les cumuls d'activités **[4]**.

Les effets de l'exercice d'une activité professionnelle	
1. **Affiliation à un régime de protection sociale**	Affiliation **obligatoire et/ou** affiliation **volontaire.**
2. **Versement de cotisations**	Cotisations **obligatoires et/ou** cotisations **facultatives.**
3. **Acquisition de droits à prestations sociales**	**Critères différents** selon l'organisation propre à chaque régime : revenus professionnels, taux de cotisation, exonérations, etc.

2. Droits à prestations des ayants droit ou autres proches et protection universelle maladie (PUMa)

Les ayants droit **[5]** d'un actif peuvent bénéficier des prestations sociales, sous certaines conditions.

Ils ne bénéficient pas toujours des mêmes types de prestations que l'actif lui-même (prestations en nature au titre de l'assurance maladie, mais pas les prestations en espèces) et peuvent percevoir certaines prestations par ordre de priorité (capital décès, par exemple) **[31]**.

Cela étant, au titre de la "protection universelle maladie" (PUMa), toute personne majeure qui travaille ou réside en France de manière stable ou régulière a droit à la prise en charge de ses frais de santé à titre personnel et de manière continue tout au long de la vie **[5 § 2]**. Une demande d'affiliation doit néanmoins être effectuée.

Une cotisation dite "subsidiaire maladie" est demandée au titre de la PUMa aux personnes qui, cumulativement :

- disposent de revenus professionnels inférieurs à 20 % du plafond annuel de la sécurité sociale, soit 8 798 € pour la cotisation due au titre de 2023 acquittée en novembre 2024,
- ne perçoivent aucun revenu de remplacement (allocation chômage ou pension de retraite, par exemple),
- disposent de revenus du patrimoine et de revenus du capital qui excèdent 50 % du plafond de la sécurité sociale, soit 21 996 € (un abattement égal à ce montant est effectivement appliqué sur ces revenus).

Cotisation PUMA (1)
Taux : **6,5** %. **Assiette** : revenus du patrimoine et du capital (revenus fonciers, revenus de capitaux mobiliers, plus-values de toute nature, BIC et BNC non professionnels) qui excèdent 21 996 €, dans la limite de 351 936 €.

(1) Cotisation due en 2024 au titre de 2023. Un mécanisme de décote permet une dégressivité de la cotisation. ■

4. Quels droits en cas de cumul d'activités ?

Sauf incompatibilité, une même personne peut normalement cumuler plusieurs activités. En matière de prévoyance, chaque situation entraîne l'application de règles particulières.

1. Cumul d'activités non salariées

Activité salariée non agricole + activité non salariée non agricole	Activité non salariée non agricole + activité non salariée agricole	Activité non salariée non agricole + autre activité non salariée non agricole
Affiliation et cotisations aux deux régimes	Affiliation, cotisations et droits aux prestations dans le seul régime de l'activité principale (2) (3).	
Droit aux prestations en espèces maladie-maternité du régime salarié (1)		

(1) Droit aux prestations en nature ouvert dans le régime d'affiliation antérieur au cumul d'activités, sauf option contraire de l'assuré.
(2) L'exercice d'une activité libérale entraîne l'affiliation à la sécurité sociale des indépendants et à un régime spécifique de retraite complémentaire et d'invalidité-décès.
(3) L'activité principale est réputée être l'activité la plus ancienne (ou l'activité permanente, si l'autre est saisonnière). À partir de la 3e année d'affiliation, l'assuré peut demander que l'activité procurant le montant de chiffre d'affaires ou de recettes HT le plus élevé sur les 3 dernières années soit considérée comme l'activité principale : la nouvelle affiliation prend alors effet le 1er janvier de la 2e année suivant ces 3 années civiles consécutives.

2. Cumul d'activités salariées

Activité salariée non agricole + activité salariée agricole	Activité salariée non agricole + autre activité salariée non agricole
Affiliation et cotisations aux deux régimes	Affiliation aux régimes des salariés non agricoles et cotisations réparties entre les différents employeurs.
Droit aux prestations dans le régime de l'activité principale	Prestations versées comme si l'ensemble des salaires étaient versés par le même employeur. ■

5. Mes proches sont-ils protégés ?

De façon générale, les organismes sociaux versent leurs prestations à l'assuré non seulement pour lui-même, mais également pour certains de ses proches.

1. Notion d'"ayant droit"

Personne du groupe familial de l'assuré, bénéficiaire direct, au titre de laquelle des prestations sociales peuvent être versées à la condition notamment :

- de ne pas bénéficier à titre personnel d'un régime de protection sociale obligatoire,
- et de résider en France de manière stable et régulière.

La qualité d'"ayant droit autonome" permet de bénéficier personnellement des prestations. Elle peut être accordée automatiquement ou doit être demandée par l'intéressé (à partir de l'âge de 16 ans, pour les enfants).

2. Suppression du statut d'ayant droit majeur

Avec l'instauration de la protection universelle maladie (PUMa) **[3 § 2]**, le statut d'ayant droit majeur n'existe plus ; ce qui emporte 3 conséquences pratiques :

- une identification propre auprès d'un organisme de sécurité sociale, sans avoir à être rattaché à un autre assuré social, étant entendu qu'une demande d'affiliation doit néanmoins être effectuée,
- une prise en charge des frais de santé à titre personnel, même sans activité professionnelle,
- la continuité du droit à cette prise en charge en cas de changement de situation personnelle, par exemple, un divorce ou un décès.

3. Prestations maladie-maternité

Seul le bénéficiaire direct perçoit les prestations en espèces.

Les proches de l'assuré perçoivent uniquement les prestations en nature :

- soit au titre d'ayant droit : enfants à charge,
- soit au titre de la protection universelle maladie **[§ 2]** : conjoint et autre personne majeure rattachée au foyer de l'assuré.

4. Prestations décès

Des prestations sont versées par les régimes obligatoires aux ayants droit ou autres proches de l'assuré décédé, selon un ordre de priorité qui diffère d'un régime à l'autre.

Exemple - *Dans le cadre du régime général de la sécurité sociale* **[31]**, *le capital décès est versé par priorité aux personnes qui étaient, au jour du décès, à la charge effective, totale et permanente de l'assuré, et, par ordre de préférence, les personnes suivantes :*

- *le conjoint survivant non séparé ou partenaire pacsé,*
- *à défaut, les descendants,*
- *à défaut, les ascendants.* ■

6. Les frais sont-ils tous remboursés ?

La sécurité sociale rembourse une partie des frais médicaux engagés, laissant au patient la charge d'un ticket modérateur et de certaines participations forfaitaires.

1. Conditions de remboursement

La prise en charge des frais de santé en cas de maladie ou maternité (prestations en nature) repose sur 2 conditions alternatives exclusivement : condition de résidence durable et régulière sur le territoire français ou exercice d'une activité professionnelle en France.

2. Parcours de soins

À partir de 16 ans, tous les bénéficiaires de l'assurance maladie sont invités à choisir un médecin traitant qui leur permet de s'inscrire dans un parcours de soins coordonnés. Le respect de ce dispositif conditionne la prise en charge normale de la sécurité sociale.

Les patients qui consultent un spécialiste sans avoir au préalable consulté un médecin traitant ou un généraliste hors parcours de soins sont moins bien remboursés.

Sont toutefois accessibles directement et échappent donc à l'aval du médecin traitant les consultations de gynécologie, d'ophtalmologie, de psychiatrie et neuro-psychiatrie et de stomatologie pour les seuls actes bucco-dentaires.

3. Tiers payant

Le tiers payant consiste pour le patient à ne pas faire l'avance des sommes laissées à la charge de la sécurité sociale. Le professionnel de santé est remboursé directement par l'assurance maladie.

En bénéficient de façon automatique :

- les victimes d'un accident du travail ou d'une maladie professionnelle,
- les personnes hospitalisées dans un établissement sous convention avec l'assurance maladie,
- les personnes atteintes d'une affection de longue durée,
- les femmes couvertes par l'assurance maternité,
- les adhérents d'une complémentaire santé solidaire [7].

4. Taux de prise en charge et ticket modérateur

Le remboursement des dépenses de santé par la sécurité sociale s'effectue sur la base :

- pour les médicaments, du tarif de responsabilité calculé à partir du prix des médicaments génériques,
- pour les honoraires médicaux, du tarif conventionnel (ou de responsabilité) établi dans le cadre de conventions passées entre la sécurité sociale et les praticiens.

Pour les médicaments, le taux de prise en charge s'échelonne entre 15 %, 30 %, 65 % et 100 % selon le service médical rendu.

Pour les consultations, actes médicaux et autres soins, le taux de prise en charge s'échelonne, pour l'essentiel, entre 60 %, 65 %, 70 %, 80 % et 100 %.

Le ticket modérateur est la participation laissée à la charge de l'assuré après remboursement de la sécurité sociale et avant déduction des participations forfaitaires (2 € par consultation médicale, par exemple). Le taux de cette participation varie selon la nature des frais exposés. Par exemple :

- de 15 % à 25 % pour les frais d'honoraires des praticiens et auxiliaires médicaux afférents aux soins dispensés au cours d'une hospitalisation ainsi que les frais d'analyses ou de laboratoires afférents à des soins dispensés dans les mêmes conditions,
- de 15 % à 25 % du tarif de responsabilité de la caisse pour les frais d'hospitalisation,
- de 25 % à 35 % pour les autres frais d'honoraires des praticiens,
- de 35 % à 45 % pour les autres frais d'honoraires des auxiliaires médicaux, d'analyses ou de laboratoires et les autres frais d'examens de biologie médicale,
- 40 %, sauf exceptions, pour les frais d'honoraires des chirurgiens-dentistes et les actes de soins dentaires,
- de 70 % à 75 % pour les médicaments dont le service médical rendu est modéré,

- de 85 % à 90 % pour les spécialités homéopathiques,
- de 40 % à 50 % pour les frais d'appareillage et fournitures diverses,
- de 45 % à 55 % pour les frais de transport.

Remarque - En pratique, le ticket modérateur ne traduit donc pas strictement la participation laissée à la charge de l'assuré. Il convient d'y ajouter les éventuels dépassements d'honoraires, les participations forfaitaires et les franchises médicales [**§ 5**].

Certaines dépenses sont prises en charge à 100 %, notamment en ce qui concerne la maternité, l'invalidité, l'accident du travail, la maladie professionnelle ou certaines maladies (diabète, par exemple).

De même, un dispositif "100 % santé", accessible pour tous les assurés, permet également la prise en charge totale d'un certain nombre de prestations de soins optiques, dentaires et en audiologie, identifiées de qualité.

Remarque - Pour les honoraires des auxiliaires médicaux, le remboursement est subordonné à une prescription préalable du médecin traitant et l'accord de la caisse d'assurance maladie. Par ailleurs, certaines prestations en soins optiques ou dentaires nécessitent également l'accord préalable de la sécurité sociale.

5. Franchises médicales et autres participations forfaitaires

De façon générale, sont concernés tous les assurés sociaux, à l'exception notamment des :
- ayants droit mineurs,
- femmes enceintes,
- adhérents d'une complémentaire santé solidaire [7].

La franchise médicale est une participation forfaitaire aux dépenses de santé qui reste à la charge des assurés. Il existe trois types de franchise, sur :
- les médicaments, sauf ceux délivrés au cours d'une hospitalisation : 1 € par boîte,
- les actes effectués par les auxiliaires médicaux, sauf ceux effectués au cours d'une hospitalisation : 1 € par acte, avec un plafond journalier de 4 € pour les actes paramédicaux,
- les transports en véhicule sanitaire terrestre ou en taxi, sauf transport d'urgence : 4 € par trajet, avec un plafond journalier de 8 €.

Le montant total des franchises est plafonné à 50 € par an et par personne.

Sont également à la charge de l'assuré :
- un forfait médical de 2 € pour chaque acte ou consultation auprès d'un médecin, dans la limite de 50 € par an et par personne,
- une participation forfaitaire de 24 € applicable pour les actes médicaux d'un montant ≥ 120 € (ou ayant un coefficient ≥ 60),
- un forfait hospitalier de 20 € pour les séjours hospitaliers > 24 h,
- un "forfait patient urgences" de 19,61 € pour chaque passage aux urgences non suivi d'une hospitalisation.

Remarque - Les contrats d'assurance complémentaire santé dits "responsables" [**82**] *ne peuvent pas prendre en charge les participations forfaitaires, les franchises médicales et la majoration du ticket modérateur pour non-désignation d'un médecin traitant, consultation d'un médecin sans prescription du médecin traitant ou consultation d'un médecin spécialiste en dehors du parcours de soins.* ■

7. Quid de la complémentaire santé solidaire ?

Le dispositif de la complémentaire santé solidaire (CSS ou C2S) vise à améliorer l'accès aux soins des foyers aux revenus modestes. Selon le niveau des ressources, une participation financière peut être demandée au souscripteur.

1. Bénéficiaires et participation financière

Sous conditions de ressources, et dès lors qu'ils en font la demande, peuvent bénéficier de la complémentaire santé solidaire :
- tout actif relevant d'un régime de sécurité sociale obligatoire,
- les personnes qui, sans exercer d'activité professionnelle, résident en France de manière stable et régulière.

L'ouverture des droits de base (organisme de sécurité sociale ou, le cas échéant, couverture au titre de la PUMa **[3 § 2]**) constitue donc un préalable obligatoire à l'ouverture des droits à la complémentaire santé solidaire.

Remarque - Le droit à la complémentaire santé solidaire est attribué automatiquement aux bénéficiaires du RSA, sauf option contraire de leur part et son accès est facilité pour les allocataires de certains minima sociaux, dont l'ASPA.

Les adhérents ne sont redevables d'aucune cotisation sauf lorsque leurs revenus dépassent un plafond de ressources **[tableau]**.

Plafonds de ressources annuelles pour l'attribution de la complémentaire santé solidaire (1)

Composition du foyer	Plafond sans participation financière	Plafond avec participation financière
1 personne	10 166 €	13 724 €
2 personnes	15 249 €	20 586 €
3 personnes	18 298 €	24 703 €
4 personnes	21 348 €	28 820 €
Par personne supplémentaire	– 4 066 €	+ 5 490 €

(1) Plafonds applicables en France métropolitaine au 01.04.2024.

Le montant de la participation financière varie selon l'âge de l'adhérent.

Complémentaire santé solidaire : participation financière

Moins de 30 ans	8 € par mois.
Entre 30 et 49 ans	14 € par mois.
Entre 50 et 59 ans	21 € par mois.
Entre 60 et 69 ans	25 € par mois.
70 ans et plus	30 € par mois.

2. Principe du contrat

La complémentaire santé solidaire couvre le "reste à charge" des frais de santé : soins de base (consultations, hospitalisations, médicaments, analyses médicales, etc.), ainsi que le panier "100 % santé" en matière de soins dentaires, optiques et en audiologie.

Les adhérents :
- bénéficient automatiquement du tiers payant (pas d'avance de frais) ;
- sont exonérés des franchises médicales sur les consultations, actes médicaux, médicaments, etc.

Au choix de l'adhérent, la complémentaire santé solidaire est gérée :
- soit par l'organisme en charge de l'assurance maladie obligatoire (CPAM, caisse de MSA, etc.),
- soit par un organisme complémentaire agréé (le plus souvent une mutuelle d'assurances).

La couverture est identique pour tous les adhérents de la complémentaire santé solidaire, quel que soit l'organisme gestionnaire choisi.

Remarque - En cas de sortie du dispositif pour cause de dépassement du seuil de revenus, un contrat est proposé à l'adhérent à un tarif adapté en fonction de son âge. ■

8. Les dirigeants sont-ils protégés ?

Sauf cas particuliers, les dirigeants de société relèvent soit du statut social des salariés, soit de celui des indépendants.

Dirigeant de société anonyme (SA), société par actions simplifiée (SAS) ou société d'exercice libéral à forme anonyme (SELAFA)		
Société avec conseil d'administration (CA)	**Président du CA, directeur général**	Régime général des salariés.
	Autres membres du CA	Administrateur non salarié : pas de régime. Administrateur salarié : régime général des salariés.
Société avec directoire et conseil de surveillance	**Membres du directoire**	Régime général des salariés.
	Membres du conseil de surveillance	Pas de régime.

Dirigeant de société à responsabilité limitée (SARL), entreprise unipersonnelle à responsabilité limitée (EURL) ou société d'exercice libéral à responsabilité limitée (SELARL)		
Gérant associé	**Gérant majoritaire ou gérant unique**	Sécurité sociale pour les indépendants.
	Gérant égalitaire ou minoritaire	Gérant non salarié : pas de régime. Gérant salarié : régime général des salariés + régime des professions libérales le cas échéant.
Gérant non associé (et salarié)		Régime général des salariés + régime des professions libérales le cas échéant.

Dirigeant de société en nom collectif (SNC), en commandite simple (SCS) ou en commandite par actions (SCA)	
Gérant associé	Sécurité sociale pour les indépendants.
Gérant non associé (et salarié)	Régime général des salariés.

Les dirigeants de société peuvent aussi volontairement souscrire des assurances spécifiques leur permettant de compléter leurs droits sociaux **[81 § 4] [94].** ■

9. Les handicapés sont-ils protégés ?

Les personnes handicapées peuvent bénéficier d'aides spécifiques afin de faire face aux dépenses de la vie courante.

1. Allocation adulte handicapé (AAH)
L'AAH garantit un revenu minimal aux personnes handicapées qui ne peuvent prétendre à un avantage de vieillesse, d'invalidité ou à une rente d'accident du travail d'un montant au moins égal à celui de l'AAH.

La demande doit être effectuée auprès de la maison départementale des personnes handicapées (MDPH).

L'AAH est attribuée aux personnes âgées d'au moins 20 ans, résidant en France, dont le taux d'incapacité est :
- au moins égal à 80 %,
- ou compris entre 50 et 79 %, en cas d'impossibilité de se procurer un emploi du fait de leur handicap.

Les revenus du bénéficiaire de l'année N – 2 ne doivent pas dépasser un plafond annuel de ressources fixé à 12 192,60 € (+ 6 096,30 € par enfant à charge).

L'AAH est une allocation différentielle. Son montant varie donc en fonction des ressources du bénéficiaire.

Montant de l'AAH au 01.04.2024
1 016,05 € par mois au maximum.

Un abattement de 70 % est appliqué sur le montant servi en cas d'hospitalisation, d'emprisonnement ou de séjour dans un établissement spécialisé pendant une période de plus de 60 jours. L'abattement n'est toutefois pas appliqué lorsque :
- l'allocataire est astreint au paiement du forfait journalier ;
- l'allocataire a au moins un enfant ou un ascendant à charge ;
- le conjoint marié, le partenaire pacsé ou le concubin ne travaille pas pour un motif reconnu valable par la commission des droits et de l'autonomie des personnes handicapées.

L'AAH est versée à compter du 1er jour du mois civil suivant celui du dépôt de la demande et, normalement, pour une durée de 1 à 10 ans en cas d'incapacité de 80 % au moins ou de 1 à 5 ans dans les autres cas.

L'AAH peut toutefois être versée sans limitation de durée aux personnes présentant un taux d'incapacité permanente d'au moins 80 % et dont les limitations d'activité ne sont pas susceptibles d'évolution favorable, compte tenu des données de la science.

2. Majoration pour la vie autonome
Bénéficient automatiquement d'une majoration les personnes remplissant les conditions suivantes :
- avoir un taux d'incapacité au moins égal à 80 %,
- disposer d'un logement indépendant et bénéficier d'une aide au logement,
- percevoir l'AAH à taux normal ou en complément d'un avantage vieillesse ou d'invalidité ou d'une rente accident du travail,
- et ne pas percevoir de revenu d'activité à caractère professionnel propre.

La majoration pour la vie autonome, d'un montant de 104,77 € par mois, est versée par la caisse d'allocations familiales (CAF) ou, le cas échéant, par la mutualité sociale agricole (MSA).

Elle est suspendue en cas d'hospitalisation, d'emprisonnement ou de séjour dans un établissement spécialisé, sauf dans certaines situations (enfant ou ascendant à charge, etc.).

Durée de versement : même règle que pour l'AAH [§ 1].

3. Prestation de compensation du handicap
L'AAH [§ 1] peut être complétée par une prestation de compensation du handicap (PCH). Il s'agit d'une aide financière versée par le département visant à prendre en charge des dépenses liées au handicap.

Le taux de prise en charge est généralement de 100 % lorsque les revenus perçus au cours de l'année civile précédente n'excèdent pas 29 061,72 €. Il est moindre pour certaines dépenses (75 % ou 80 %) et lorsque les revenus excèdent ce montant. En tout état de cause, les montants qui peuvent être attribués sont plafonnés **[tableau]**.

La PCH comprend 5 formes d'aide liées à :
- un besoin d'aides humaines,
- un besoin d'aides techniques,
- l'aménagement du logement et/ou du véhicule de la personne handicapée, ainsi qu'à d'éventuels surcoûts résultant de son transport,
- des charges spécifiques ou exceptionnelles, comme celles relatives à l'acquisition ou l'entretien de produits liés au handicap,
- l'attribution et à l'entretien des aides animalières.

Nature de l'aide au titre de la PCH	Taux de prise en charge (1)	Montants maximaux attribuables
Aide humaine	100 %	Emploi direct : 17,35 € l'heure (18,05 € en cas de réalisation de gestes liés à des aspirations endotrachéales). Recours à un service mandataire : 19,08 € l'heure (19,85 € en cas de réalisation de gestes liés à des aspirations endotrachéales). Recours à un service prestataire : 23,50 € l'heure. Aidant familial : 4,59 € l'heure (6,89 € l'heure si l'aidant réduit ou abandonne son activité professionnelle).
Aide technique	100 % (75 % si l'aide ne figure pas sur la liste des produits et prestations remboursables)	13 200 € par période de 10 ans, sauf exceptions.
Aménagement du logement	100 % si frais d'aménagement ≤ 1 500 € 50 % si frais d'aménagement > 1 500 €	10 000 € par période de 10 ans.
Nécessité de déménagement	100 %	3 000 € par période de 10 ans.
Aménagement du véhicule	100 % si frais d'aménagement ≤ 1 500 € 75 % si frais d'aménagement > 1 500 €	10 000 € par période de 10 ans.
Surcoût lié au trajet en voiture	Voiture particulière : 100 % Autre moyen de transport : 75 %	0,50 € par km et 24 000 € par période de 10 ans. 10 000 € par période de 10 ans.
Charges spécifiques	75 %	100 € par mois.
Charges exceptionnelles	75 %	6 000 € par période de 10 ans.
Aide animalière	100 %	6 000 € par période de 10 ans.

(1) Pour une prise en charge à taux plein (revenus inférieurs à 29 061,72 €).

> **FISCAL**
>
> L'AAH ainsi que les prestations complémentaires sont exonérées d'IR et de prélèvements sociaux.
>
> L'AAH ouvre droit à une exonération de taxe foncière.

4. Allocation personnalisée d'autonomie
Les personnes âgées dépendantes peuvent demander à bénéficier de l'allocation personnalisée d'autonomie (APA) [**109 § 3**].

5. Récupération sur succession
Font l'objet d'une demande de remboursement de la part de l'organisme qui a versé les aides en cas de retour à meilleure fortune du bénéficiaire :

- les aides à domicile des personnes handicapées,
- la prise en charge du forfait hospitalier,
- l'APA.

Font l'objet d'une demande de remboursement à la suite du décès du bénéficiaire des prestations :

- les aides à domicile des personnes handicapées, si l'actif net successoral est supérieur à 46 000 € et après un abattement de 760 € sur les aides versées, sauf contre les enfants, le conjoint, les parents ou la personne ayant exercé la charge effective de la personne,
- la prise en charge du forfait hospitalier si l'actif net successoral est supérieur à 46 000 € et après un abattement de 760 € sur les aides versées.

Remarque - Ces prestations peuvent faire l'objet d'une demande de remboursement aux héritiers si elles ont été versées par erreur. ■

10. Quelles sont les formalités ?

Le versement des prestations en matière de prévoyance n'est pas automatique. Des démarches doivent donc être effectuées auprès des organismes sociaux pour les percevoir.

1. Immatriculation
C'est l'opération par laquelle la caisse d'assurance maladie identifie et inscrit chaque assuré social lors :

- de la première embauche pour les salariés, ou de l'inscription au registre national des entreprises pour les indépendants,
- de l'inscription au baccalauréat, pour les élèves de terminale,
- de l'inscription dans un établissement d'enseignement supérieur,
- de l'affiliation à la sécurité sociale pour bénéficier de la protection universelle maladie (PUMa) [**3 § 2**].

Le numéro d'inscription au Répertoire national d'identification des personnes physiques (RNIPP) est la clé première d'identification utilisée par les organismes sociaux. Ce numéro, conservé pendant toute l'existence, est nécessaire pour gérer tout dossier d'assurance maladie ou d'assurance vieillesse.

L'intéressé n'a pas de démarche spécifique à accomplir pour bénéficier d'un numéro de sécurité sociale. Sauf cas particuliers, c'est aux services administratifs de l'organisme d'accueil qu'il revient d'accomplir les formalités nécessaires.

2. Carte Vitale
La carte d'assurance maladie, ou "carte Vitale", contient toutes les informations nécessaires pour identifier le bénéficiaire et ses éventuels ayants droit et garantir le suivi de leurs droits. Identique pour tous les régimes d'assurance maladie, elle est valable partout en France et tout au long de la vie du bénéficiaire, sous réserve qu'il conserve des droits ouverts.

La carte Vitale est délivrée par la caisse d'assurance maladie à toute personne bénéficiaire ou ayant droit de l'assurance maladie à partir de ses 16 ans, quel que soit le régime de sécurité sociale.

Elle doit être présentée aux professionnels de santé reliés au réseau SESAM-Vitale à chaque visite ou consultation et permet d'établir des feuilles de soins informatiques, transmises directement à la caisse d'assurance maladie.

3. Dossier médical partagé

Non obligatoire et gratuit, le dossier médical partagé (DMP), dossier unique et informatisé, accessible par Internet, est ouvert à tout bénéficiaire de l'assurance maladie après recueil de son consentement exprès ou de celui de son représentant légal. Il contient les informations permettant le suivi des actes et des prestations de soins ainsi que des éléments renseignés par les professionnels de santé (diagnostics, thérapies, soins). Son accès est strictement réservé et protégé.

Remarque - Le DMP est intégré à l'espace de santé numérique personnel dont toute personne est titulaire, sauf opposition (www.monespacesante.fr).

4. Maladie-maternité, incapacité, invalidité, accident du travail, décès

Les prestations (remboursements, indemnités journalières, pension d'invalidité, etc.) sont demandées à la caisse d'assurance maladie dont dépend l'assuré :

- caisse primaire d'assurance maladie (CPAM), pour les salariés du commerce, de l'industrie et des services, pour les fonctionnaires pris en charge par le régime général de la sécurité sociale **[25]**, pour les indépendants (commerçants, artisans **[43]** ou professionnels libéraux **[54]**) et les personnes majeures affiliées au titre de la protection universelle maladie (PUMa) **[3 § 2]**,
- caisse particulière de sécurité sociale, pour les personnes affiliées à un régime spécial,
- caisse de mutualité sociale agricole (MSA), pour les exploitants ou salariés agricoles **[71]**.

5. Perte d'emploi (salariés uniquement)

France Travail (ex-Pôle emploi) se charge de plusieurs missions, notamment :

- l'inscription sur la liste des demandeurs d'emploi,
- le contrôle de la recherche d'emploi,
- le service des allocations chômage.

Les demandeurs d'emploi doivent s'inscrire dans l'agence France Travail proche de leur domicile.

6. Dépendance

Une fois l'état de dépendance évalué, le médecin traitant détermine en collaboration avec la famille la solution la plus favorable pour la personne dépendante : hospitalisation à domicile ou en milieu médical.

Plusieurs types de prestations existent en faveur des personnes dépendantes. Les démarches doivent être effectuées auprès des organismes qui les versent :

- la maison départementale des personnes handicapées pour l'ouverture du droit à l'allocation aux adultes handicapés (AAH),
- la caisse d'allocations familiales (CAF) pour notamment l'aide au logement et la gestion du versement de l'AAH,
- la caisse d'assurance vieillesse dont dépend l'assuré pour la prime à l'amélioration de l'habitat, etc.,
- le centre communal d'action sociale (CCAS) de la mairie pour les aides sociales (aide ménagère, repas à domicile, APA, etc.),
- l'administration fiscale pour les aides fiscales **[105]**. ■

Les questions sur la retraite

N° de fiche

11. Comment acquérir sa retraite ?

Il convient de distinguer les droits accumulés par un actif, pour lui-même, grâce aux cotisations versées au titre de son activité professionnelle et ceux auxquels pourront prétendre ses proches en cas de décès (réversion du conjoint, par exemple).

1. Droits à retraite personnelle acquis par un actif

Sous réserve de l'assurance vieillesse gratuite **[21]** et des prestations dites "non contributives" **[16]**, toute retraite perçue à titre personnel implique le versement préalable de cotisations durant la période d'activité. En fonction de son activité professionnelle, une personne adhère à un ou plusieurs régimes de retraite. L'affiliation peut être :

- obligatoire,
- ou volontaire.

Remarque - Pour l'ensemble des catégories professionnelles, l'adhésion est :

- *obligatoire, s'agissant de l'affiliation à un régime dit "de base" et de l'affiliation à un régime complémentaire,*
- *facultative, sauf exceptions, s'agissant de l'affiliation à un ou plusieurs régimes supplémentaires.*

L'adhésion à un régime de retraite entraîne le paiement de cotisations obligatoires, parfois facultatives. Dans le cas des salariés, ces cotisations sont prises en charge pour partie par l'employeur et pour l'autre partie par le salarié.

Ces cotisations sont génératrices de droits à retraite personnelle future.

Remarque - En cas d'activités successives, les droits acquis au titre d'une activité antérieure s'ajoutent à ceux acquis au titre de l'exercice d'une nouvelle activité relevant d'un autre régime d'assurance vieillesse.

Les effets de l'exercice d'une activité professionnelle	
1. **Affiliation à un ou plusieurs régimes de retraite**	Affiliation **obligatoire et/ou** affiliation **volontaire.**
2. **Versement de cotisations**	Cotisations **obligatoires et/ou** cotisations **facultatives.**
3. **Acquisition de droits à retraite future**	**Critères différents** selon l'organisation propre à chaque régime : revenus professionnels, taux de cotisation, nombre d'enfants, etc.

2. Droits à retraite de réversion du conjoint survivant

Le conjoint survivant d'un assuré décédé peut, sous certaines conditions et en attestant de sa qualité, obtenir le versement d'une pension de réversion **[20]**.

Remarque - Les autres proches de l'assuré décédé peuvent également prétendre au versement d'une allocation :

- *rente d'orphelin, par exemple, pour les enfants à charge, sous condition d'âge, dans le cadre de certains régimes,*
- *et tout autre bénéficiaire désigné, dans le cadre de certains régimes supplémentaires facultatifs, qui autorisent la réversion au profit de la personne physique de son choix.* ■

12. Quel est l'âge de la retraite ?

Sauf exceptions, la liquidation de la retraite de base peut être demandée à partir d'un âge minimal, qui est de nouveau progressivement reculé pour les assurés nés à compter du 01.09.1961, afin d'atteindre 64 ans pour les générations nées à partir de 1968.

1. Âge minimal de départ à la retraite

Fixé auparavant à 62 ans pour les assurés nés à partir de 1955, l'âge minimal requis pour le départ à la retraite (ou "âge légal") :

- est progressivement reculé pour ceux nés à compter du 01.09.1961, à raison de 3 mois par génération,

- de telle sorte qu'il atteindra 64 ans pour les assurés nés à partir de 1968 **[tableau]**.

Année de naissance (1)	**Âge minimal de départ à la retraite**
1962	62 ans et 6 mois
1963	62 ans et 9 mois
1964	63 ans
1965	63 ans et 3 mois
1966	63 ans et 6 mois
1967	63 ans et 9 mois
À partir de 1968	64 ans

(1) Les générations antérieures ont atteint l'âge minimal requis pour partir à la retraite.

De façon générale, il est impossible de prendre sa retraite avant l'âge minimal légal :

- sauf exceptions : retraite complémentaire des salariés **[38]** ou dérogations (fonctionnaires **[42]**),
- ou sous réserve d'un départ anticipé autorisé pour longue carrière **[§ 2]**, handicap **[§ 3]**, "carrière pénible" **[§ 4]** ou inaptitude au travail **[§ 5]**.

2. Départ anticipé pour longue carrière
Les assurés ayant commencé à travailler avant 20 ans (21 ans pour les générations nées à partir de 1965) peuvent demander la liquidation de leurs droits à taux plein avant l'âge légal de départ sous condition de durée d'assurance cotisée.

Pour les demandes de liquidation prenant effet depuis le 01.09.2023, le dispositif est organisé autour de 4 bornes d'âge.

Départ anticipé pour longue carrière			
Année de naissance	**Âge du début d'activité (1)**	**Âge de départ autorisé**	**Durée minimale d'assurance cotisée requise (2)**
1962	Avant 16 ans Avant 18 ans Avant 20 ans	**58 ans** **60 ans** **60 ans**	169 trimestres
01.01.1963 – 31.08.1963	Avant 16 ans Avant 18 ans Avant 20 ans	**58 ans** **60 ans** **60 ans**	170 trimestres
01.09.1963 – 31.12.1963	Avant 16 ans Avant 18 ans Avant 20 ans	**58 ans** **60 ans** **60 ans et 3 mois**	170 trimestres
1964	Avant 16 ans Avant 18 ans Avant 20 ans	**58 ans** **60 ans** **60 ans et 6 mois**	171 trimestres
1965	Avant 16 ans Avant 18 ans Avant 20 ans Avant 21 ans	**58 ans** **60 ans** **60 ans et 9 mois** **63 ans**	172 trimestres
1966	Avant 16 ans Avant 18 ans Avant 20 ans Avant 21 ans	**58 ans** **60 ans** **61 ans** **63 ans**	172 trimestres
1967	Avant 16 ans Avant 18 ans Avant 20 ans Avant 21 ans	**58 ans** **60 ans** **61 ans et 3 mois** **63 ans**	172 trimestres

1968	Avant 16 ans Avant 18 ans Avant 20 ans Avant 21 ans	**58 ans** **60 ans** **61 ans et 6 mois** **63 ans**	172 trimestres
1969	Avant 16 ans Avant 18 ans Avant 20 ans Avant 21 ans	**58 ans** **60 ans** **61 ans et 9 mois** **63 ans**	172 trimestres
À partir de 1973	Avant 16 ans Avant 18 ans Avant 20 ans Avant 21 ans	**58 ans** **60 ans** **62 ans** **63 ans**	172 trimestres

(**1**) Sont considérées comme ayant commencé leur activité avant l'âge de 16, 17 ou 20 ans les personnes justifiant d'une durée d'assurance d'au moins 5 trimestres à la fin de l'année de leur 16e, 17e ou 20e anniversaire (d'une durée d'assurance d'au moins 4 trimestres au titre de l'année de leur 16e, 17e ou 20e anniversaire si elles sont nées au cours du 4e trimestre).
(**2**) Durée d'assurance (en trimestres) ayant donné lieu à cotisation (+ période assimilée).

3. Départ anticipé pour handicap

Les personnes atteintes d'une incapacité permanente d'au moins 50 % peuvent obtenir la liquidation de leur pension de retraite avant l'âge normal de départ à la retraite si elles justifient d'un nombre minimal de trimestres ayant donné lieu à cotisations.

Remarque - Pour les liquidations de droits prenant effet depuis le 01.09.2023, la double condition de durée minimale d'assurance cotisée et validée, antérieurement applicable, est supprimée.

Départ anticipé pour handicap		
Année de naissance	**Âge minimal de départ autorisé**	**Durée minimale d'assurance cotisée**
01.09.1961 – 31.12.1962	**55 ans** **56 ans** **57 ans** **58 ans** **59 ans à 62 ans**	108 trimestres 98 trimestres 88 trimestres 78 trimestres 68 trimestres
1963	**55 ans** **56 ans** **57 ans** **58 ans** **59 ans à 62 ans**	108 trimestres 98 trimestres 88 trimestres 78 trimestres 68 trimestres
1964	**55 ans** **56 ans** **57 ans** **58 ans** **59 ans à 63 ans**	109 trimestres 99 trimestres 89 trimestres 79 trimestres 69 trimestres
1965 – 1966	**55 ans** **56 ans** **57 ans** **58 ans** **59 ans à 63 ans**	109 trimestres 99 trimestres 89 trimestres 79 trimestres 69 trimestres

1967 – 1968 – 1969	**55 ans** **56 ans** **57 ans** **58 ans** **59 ans à 63 ans**	110 trimestres 100 trimestres 90 trimestres 80 trimestres 70 trimestres
1970 – 1971 – 1972	**55 ans** **56 ans** **57 ans** **58 ans** **59 ans à 63 ans**	111 trimestres 101 trimestres 91 trimestres 81 trimestres 71 trimestres
À partir de 1973	**55 ans** **56 ans** **57 ans** **58 ans** **59 ans à 63 ans**	112 trimestres 102 trimestres 92 trimestres 82 trimestres 72 trimestres

4. Départ anticipé pour incapacité permanente (ou "pénibilité")

Pour les pensions prenant effet à compter du 01.09.2023, l'âge de départ à la retraite peut être avancé, quelle que soit la durée d'assurance effectivement accomplie :

- à 60 ans pour les assurés justifiant d'une incapacité permanente au moins égale à 20 %, lorsque cette incapacité est reconnue au titre d'une maladie professionnelle ou d'un accident de travail ayant entraîné des lésions identiques à celles indemnisées au titre d'une maladie professionnelle ;
- à l'âge légal de départ à la retraite diminué de 2 années (âge variant selon l'année de naissance [§ 1]) pour les assurés justifiant d'une incapacité permanente comprise entre 10 % et 20 % sous réserve d'avoir été exposé, pendant au moins 17 ans, à un ou plusieurs des 6 facteurs de risques professionnels retenus pour le compte professionnel de prévention de la pénibilité et d'établir un lien direct entre l'incapacité permanente et l'exposition à ces facteurs ;
- à l'âge légal de départ à la retraite diminué de 2 années (âge variant selon l'année de naissance [§ 1]) pour les assurés justifiant d'une incapacité permanente entre 10 % et 20 % au titre de l'un des 4 facteurs de risques suivants : postures pénibles, manutentions manuelles de charges, vibrations mécaniques, exposition à des agents chimiques dangereux, mais sans être tenus de justifier une durée d'exposition et un lien direct avec l'incapacité.

5. Départ anticipé pour inaptitude au travail

L'inaptitude au travail, médicalement constatée, permet de liquider ses droits à la retraite à taux plein à 62 ans sans avoir à remplir la condition d'assurance normalement exigée.

Remarque - À défaut de remplir les conditions d'un départ anticipé pour cause de handicap (voir précédemment), les assurés justifiant d'une incapacité permanente égale ou supérieure à 50 % peuvent bénéficier de ce départ anticipé pour inaptitude au travail.

6. Statistiques

Âge moyen de départ à la retraite (tous régimes confondus) (1)	
62 ans et 7 mois	
Hommes	**Femmes**
62 ans et 2 mois	63 ans
Évolution depuis 2010	
+ 2 ans et 1 mois	

(1) DREES, "Les retraités et les retraites : édition 2023", juin 2023. ■

13. Comment partir plus tôt à la retraite ?

Un départ en préretraite, un départ anticipé à la retraite, voire la cessation anticipée d'activité sans liquidation de ses droits à la retraite, entraînent dans tous les cas des conséquences financières importantes, parfois définitives.

1. Trois pistes de solution

Trois pistes de solution pour s'arrêter, totalement ou partiellement, de travailler, sans pouvoir pour autant bénéficier d'une retraite entière		
Cessation d'activité sans liquidation de droits à retraite	**Liquidation définitive de ses droits à retraite**	**Départ en préretraite**
À tout âge.	À partir de l'âge minimal de départ à la retraite, sauf exceptions (départ anticipé pour longue carrière, par exemple) ou encore dérogations (fonctionnaires) **[12 § 1]**.	**Entre 50 et 67 ans [12], selon les régimes.**
Ressources : • **ressources personnelles exclusivement,** • ni revenu d'activité, ni revenu de remplacement, ni allocation de retraite (**1**).	**Ressources :** • **allocation de retraite réduite définitivement** (sauf exceptions), • ressources personnelles, • en principe, ni revenu d'activité ni revenu de remplacement.	**Ressources :** • **revenu de remplacement,** • ressources personnelles, • revenu d'activité réduit, si poursuite partielle de l'activité, • pas d'allocation de retraite (**1**).

(**1**) Liquidation des droits à la retraite possible ultérieurement, toutes conditions requises étant réunies.

2. Précisions relatives à la préretraite

Les dispositifs de préretraite permettent à un actif en fin de carrière ne remplissant pas les conditions requises pour liquider ses droits à la retraite **[12]** :

- de percevoir un revenu de remplacement,
- tout en cessant, totalement ou partiellement, son activité professionnelle.

Seuls sont susceptibles d'en bénéficier les salariés et les chirurgiens-dentistes. Commerçants, artisans, agriculteurs et les autres professions libérales en sont exclus. ■

14. La durée d'assurance est-elle importante ?

Le droit à la retraite n'est pas directement subordonné à une condition de durée d'assurance. En revanche, la durée d'assurance est un facteur déterminant du montant de la pension appelée à être servie.

1. Position du problème

Dans l'ensemble des régimes de base (salariés du secteur privé, fonctionnaires, indépendants...), la durée d'assurance constitue, en cas de départ à la retraite, l'élément déterminant pour obtenir une pension complète ou retraite dite "à taux plein". En effet, lorsque l'âge dit du "taux plein" n'est pas atteint (67 ans pour les assurés nés à partir de 1955), le montant de la retraite fait l'objet d'une réduction (ou décote) dès lors que la durée d'assurance requise n'est pas atteinte (par exemple, 169 trimestres pour un assuré né en 1962) **[tableau]**.

Année de naissance	Âge minimal de départ à la retraite	Durée d'assurance requise pour le taux plein (1)	Âge du taux plein automatique (2)
1955 à 1957	62 ans	166 trimestres	67 ans
1958 à 1960	62 ans	167 trimestres	67 ans
01.01 – 31.08.1961	62 ans	168 trimestres	67 ans
01.09 – 31.12.1961	62 ans et 3 mois	169 trimestres	67 ans
1962	62 ans et 6 mois	169 trimestres	67 ans
1963	62 ans et 9 mois	170 trimestres	67 ans
1964	63 ans	171 trimestres	67 ans
1965	63 ans et 3 mois	172 trimestres	67 ans
1966	63 ans et 6 mois	172 trimestres	67 ans
1967	63 ans et 9 mois	172 trimestres	67 ans
À partir de 1968	64 ans	172 trimestres	67 ans

(1) À partir de l'âge légal et en dessous de l'âge du taux plein automatique.
(2) Âge du taux plein requis pour les assurés nés à partir de 1955 (hors cas de départ anticipé [12]).

2. Calcul de la durée d'assurance
De façon générale, la durée d'assurance requise pour bénéficier d'une retraite de base à taux plein ou entière tient compte :
- des périodes de cotisation, durant lesquelles l'assuré a effectivement cotisé à un ou plusieurs régimes de retraite de base obligatoires,
- des périodes assimilées,
- des périodes rachetées,
- des majorations de durée d'assurance,
- et des périodes reconnues équivalentes.

Les modalités de calcul de la durée d'assurance diffèrent selon certains régimes.

Exemple - *Dans le cadre du régime général de la sécurité sociale des salariés, sont notamment assimilées à des périodes d'assurance pour l'ouverture des droits et le calcul de la pension les périodes de :*
- *versement des prestations en espèces de la sécurité sociale pour maladie, maternité, adoption, invalidité et accident du travail,*
- *chômage involontaire des personnes justifiant d'une inscription à France Travail (ex-Pôle emploi),*
- *service militaire, sauf exception.*

Il existe également des majorations, notamment au titre des enfants. ■

15. Peut-on cumuler plusieurs retraites ?

Une personne ayant exercé plusieurs activités relevant de régimes de retraite différents, simultanément et/ou successivement, a droit à plusieurs retraites. Cette personne est dite "pluripensionnée".

1. Exercices successifs d'activités de nature différente
Pour chaque activité exercée, l'intéressé cotise au régime y afférent, et acquiert des droits à retraite qui se cumulent, sans limitation.

2. Cumul d'activités de nature différente
Aucun problème particulier d'affiliation et d'acquisition de droits à retraite ne se pose en cas de cumul d'activités salariées non agricoles (de façon générale, tout se passe comme si le salarié n'avait qu'un seul employeur) ou d'activités non salariées non agricoles relevant des mêmes régimes. Sinon, acquisition des droits dans plusieurs régimes ou un seul (celui de l'activité principale).

Activité salariée non agricole + activité salariée agricole	Activité salariée non agricole + autre activité salariée non agricole
Affiliation aux régimes des salariés non agricoles et affiliation aux régimes des salariés agricoles.	Affiliation et prestations aux régimes des salariés non agricoles (1).
Cumul des prestations acquises dans les différents régimes.	

(1) Les cotisations sont réparties entre les différents employeurs et les prestations sont versées comme si l'ensemble des salaires perçus étaient versés par le même employeur.

Activité salariée non agricole + activité non salariée non agricole	Activité non salariée non agricole + activité non salariée agricole	Activité non salariée non agricole + autre activité non salariée non agricole
Affiliation aux régimes des salariés non agricoles et affiliation aux régimes des non-salariés non agricoles.	Affiliation aux régimes de la seule activité principale (1) (2).	
Acquisition de droits à retraite dans tous les régimes auxquels l'intéressé a cotisé.	Acquisition de droits à retraite dans les régimes de la seule activité principale (3).	
Cumul des prestations acquises dans les différents régimes.	Prestations à la charge du régime de l'activité principale.	

(1) Cette activité est réputée être la plus ancienne, sauf si l'une des activités est permanente et l'autre saisonnière. À partir de la 3e année d'affiliation, l'assuré peut demander que l'activité procurant le montant de chiffre d'affaires ou de recettes HT le plus élevé sur les 3 dernières années soit considérée comme l'activité principale. La nouvelle affiliation prend alors effet le 1er janvier de la 2e année suivant ces 3 années civiles consécutives.
(2) Les cotisations sont dues sur le total des revenus des activités non salariées.
(3) De façon générale, cette activité est réputée être celle ayant donné lieu au plus grand nombre de trimestres d'assurance cotisés.

3. Liquidation unique des retraites alignées (Lura)

Un dispositif de liquidation unique des retraites permet le calcul d'une retraite unique pour les assurés ayant relevé successivement, alternativement ou simultanément des régimes des salariés, des salariés agricoles et des indépendants (commerçants et artisans exclusivement). Ces régimes, dits "alignés", ont les mêmes règles de calcul des pensions. Les durées d'assurance accomplies dans les régimes concernés par la Lura sont, par exemple, totalisées comme s'il s'agissait d'un seul régime.

Le régime compétent pour liquider l'ensemble des droits acquis auprès des régimes concernés et servir la pension globale est, en principe, le dernier régime d'affiliation. ■

16. À quel minimum peut-on prétendre ?

En principe, chaque régime de retraite prévoit lors du calcul des droits un montant minimal de pension. Cependant, pour garantir un revenu minimal global aux personnes âgées, la loi leur accorde, notamment sous conditions de ressources, un avantage dit "non contributif", car versé sans contrepartie de cotisations. Ce dispositif est couramment appelé "minimum vieillesse" (ou ASPA).

1. Allocation de solidarité aux personnes âgées (ASPA)

L'ASPA est versée aux personnes :

- justifiant d'une résidence stable et régulière en France,
- ayant atteint 65 ans, ou l'âge requis pour l'un des cas de départ anticipé autorisés **[12]**,
- disposant de ressources annuelles (allocation comprise) n'excédant pas, en 2024, 12 144,27 € pour une personne seule et 18 854,02 € pour un couple (marié, pacsé ou en concubinage).

L'ASPA est une allocation différentielle. Le montant octroyé tient compte des revenus de l'allocataire.

Allocation de solidarité aux personnes âgées (ASPA) en 2024
Différence entre **12 144,27 €** pour une **personne seule** ou **18 854,02 €** pour **un ménage** et le montant annuel des ressources.

Remarque - Le cumul de l'ASPA avec des revenus d'activité est autorisé. Ces derniers ne sont pas retenus dans le calcul du droit à l'ASPA à hauteur de 0,9 fois le SMIC mensuel pour une personne seule et de 1,5 fois le SMIC mensuel pour un couple, soit respectivement un abattement trimestriel de 1 590,22 € et 2 650,37 € en 2024.

Démarche à effectuer : la demande doit être adressée à la caisse de retraite de base dont dépend l'assuré.

Si le demandeur ne relève d'aucun régime de base, il doit adresser sa demande à la mairie de son lieu de résidence.

2. Anciennes allocations appelées à disparaître

Les titulaires des allocations déjà existantes au 01.01.2007 continuent à en bénéficier selon les mêmes modalités, sauf option pour l'ASPA.

Elles sont versées sans contrepartie de cotisations :

- les unes sont réservées aux personnes ayant exercé une profession déterminée (salariés, non-salariés, etc.),
- les autres sont versées indépendamment des activités précédemment exercées ou du statut familial,
- d'autres, aux conjoints ou aux mères de famille.

Les montants indiqués ci-après sont en vigueur au 01.01.2024.

Prestations	Montant annuel
Allocation aux vieux travailleurs salariés (AVTS) Allocation aux vieux travailleurs non salariés (AVTNS) Secours viager **(1)** Allocation aux mères de famille **(2)**	**3 936,90 €**. Bonification de 10 % pour 3 enfants.
Allocation spéciale **(3)**	**3 936,90 €**.
Allocation supplémentaire **(4)**	**8 207,37 €** pour une personne seule (10 427,56 € pour un ménage).

(1) Octroyé aux conjoints survivants d'un salarié ou d'un non-salarié décédé (ou disparu), bénéficiaire de l'AVTS ou de l'AVTNS (ou susceptible de l'être).
(2) Octroyée aux femmes âgées mariées, séparées, divorcées ou abandonnées d'un salarié, commerçant, industriel ou artisan (vivant, décédé ou disparu).
(3) Octroyée aux personnes âgées ne pouvant prétendre à aucun avantage vieillesse.
(4) Octroyée aux personnes âgées titulaires d'un avantage vieillesse de base et aux personnes invalides.

Remarque - Les allocations non contributives sont exonérées d'IR, de CSG, de CRDS et de cotisation maladie.

3. Récupération sur succession
Les arrérages de l'allocation supplémentaire et de l'ASPA peuvent normalement être récupérés au décès du bénéficiaire sur l'actif successoral dans la limite annuelle, en 2024, de :

- 8 207,37 € pour une personne seule,
- 10 980,22 € pour un couple.

Cette opération ne peut pas avoir pour effet d'abaisser l'actif successoral en dessous de 105 300 € (150 000 € dans les DOM). ■

17. Comment sont payées les pensions ?

Dès lors que les conditions sont remplies et qu'une demande de liquidation a été effectuée, les pensions de retraite sont versées, chaque mois ou chaque trimestre, généralement par virement. Le bénéficiaire doit être en mesure de prouver qu'il est vivant.

1. Périodicité
De façon générale, les pensions de retraite sont versées régulièrement, jusqu'au décès.

La périodicité des pensions varie d'un régime à l'autre : le plus souvent chaque mois, parfois chaque trimestre.

2. Prise d'effet
En principe, le premier versement d'une pension de retraite intervient :

- à la date d'entrée en jouissance désirée par l'intéressé, telle qu'elle a été indiquée dans sa demande (date devant correspondre au premier jour d'un mois ou d'un trimestre donné, selon que la retraite est versée mensuellement ou trimestriellement),
- ou au premier jour du mois ou du trimestre suivant la réception de la demande si aucune date n'a été précisée par l'intéressé.

Remarque - Dans le cadre du régime de retraite des salariés agricoles ou non agricoles et de celui des indépendants (commerçants et artisans exclusivement), une demande de liquidation de pension complète, effectuée au moins 4 mois civils avant la date d'entrée en jouissance prévue, permet de bénéficier d'une garantie de versement le mois suivant cette date (dispositif appelé couramment "droit opposable à la retraite").

3. Modalités
Le paiement s'effectue généralement par virement sur compte bancaire ou sur livret de caisse d'épargne. ■

18. Les retraites sont-elles revalorisées ?

Sauf cas particuliers ou périodes dérogatoires, les retraites sont, en principe, révisées chaque année en fonction de l'évolution de l'indice des prix à la consommation.

1. Régime général et régimes alignés
Les montants des retraites de base et des minima de pension servis par le régime général des salariés et les régimes dits "alignés" (commerçants, artisans, salariés et exploitants agricoles), ainsi que par le régime des fonctionnaires, ont été revalorisés de 5,30 % au 01.01.2024 [**tableau**].

2. Autres régimes
Dans les régimes de retraite fonctionnant par points (par exemple, régime complémentaire AGIRC-ARRCO [**38**] [**tableau**], les différents régimes de retraite complémentaire des professions libérales), la revalorisation annuelle des pensions est fonction de l'évolution de la valeur de service du point de retraite qui suit généralement celle de l'inflation.

QUESTIONS RETRAITE

Revalorisation des pensions du régime général depuis 1993					
Date d'effet	**Taux**	**Date d'effet**	**Taux**	**Date d'effet**	**Taux**
01.01.1993	+ 1,30 %	01.01.2004	+ 1,70 %	01.10.2015	+ 0,10 %
01.01.1994	+ 2,00 %	01.01.2005	+ 2,00 %	01.10.2016	+ 0,00 %
01.01.1995	+ 1,20 %	01.01.2006	+ 1,80 %	01.10.2017	+ 0,80 %
01.01.1996	+ 0,50 %	01.01.2007	+ 1,80 %	01.01.2019	+ 0,30 %
01.01.1997	+ 2,00 %	01.01.2008	+ 1,10 %	01.01.2020	+ 0,30 % **(1)**
01.01.1998	+ 1,20 %	01.09.2008	+ 0,80 %	01.01.2021	+ 0,40 %
01.01.1999	+ 1,10 %	01.04.2009	+ 1,00 %	01.01.2022	+ 1,10 %
01.01.2000	+ 0,50 %	01.04.2010	+ 0,90 %	01.07.2022	+ 4,00 %
01.01.2001	+ 2,20 %	01.04.2011	+ 2,10 %	01.01.2023	+ 0,80 %
01.01.2002	+ 2,20 %	01.04.2012	+ 2,10 %	01.01.2024	+ 5,30 %
01.01.2003	+ 1,50 %	01.04.2013	+ 1,30 %		

(1) Taux appliqué aux pensions égales ou supérieures à 2 015 €. Revalorisation de 1 % pour les pensions inférieures ou égales à 2 000 €. Taux dégressifs entre les deux bornes.

Évolution du point ARRCO, puis du point AGIRC-ARRCO à partir de 2019					
Date d'effet	**Taux**	**Date d'effet**	**Taux**	**Date d'effet**	**Taux**
01.04.1993	+ 1,60 %	01.04.2003	+ 1,60 %	01.04.2012	+ 2,30 %
01.04.1995	+ 1,20 %	01.04.2004	+ 1,75 %	01.04.2013	+ 0,80 %
01.01.1996	+ 1,50 %	01.04.2005	+ 2,00 %	01.11.2018	+ 0,60 %
01.04.1997	+ 0,80 %	01.04.2006	+ 1,65 %	01.11.2019	+ 1,00 %
01.04.1998	+ 1,20 %	01.04.2007	+ 1,71 %	01.11.2020	+ 0,00 %
01.04.1999	+ 0,90 %	01.04.2008	+ 1,46 %	01.11.2021	+ 1,00 %
01.04.2000	+ 0,80 %	01.04.2009	+ 1,30 %	01.11.2022	+ 5,12 %
01.04.2001	+ 1,90 %	01.04.2010	+ 0,72 %	01.11.2023	+ 4,90 % ■
01.04.2002	+ 1,60 %	01.04.2011	+ 0,11 %		

19. Peut-on cumuler retraite et emploi ?

L'attribution d'une retraite (de base ou complémentaire) est normalement subordonnée à la cessation définitive de l'activité professionnelle. Par dérogation, le versement d'une retraite peut être compatible avec l'exercice d'une activité. Le dispositif est ouvert tant aux salariés qu'aux travailleurs indépendants. Il est à nouveau possible, sous certaines conditions [§ 6], d'acquérir des droits supplémentaires en vue d'une seconde pension.

1. Principe : cessation de l'activité

Sauf exception, l'attribution des pensions de retraite, quel que soit le régime, est liée à la cessation de l'activité professionnelle ayant ouvert droit à cette retraite.

La reprise d'une activité professionnelle ne répondant pas aux divers critères de dérogation exposés ci-après entraîne de fait une suspension du versement de la pension de retraite.

En outre, pour les pensions prenant effet depuis 2015, les assurés liquidant une première pension de base doivent cesser l'ensemble de leurs activités professionnelles, qu'elles soient salariées ou non, de droit privé ou de la fonction publique.

Remarque - Par exception, les assurés liquidant une pension de base avant 55 ans et les bénéficiaires d'une pension de retraite militaire ne sont pas tenus de cesser leurs autres activités pour les percevoir.

2. Dérogation sous conditions d'âge et de durée d'assurance (ou cumul emploi-retraite intégral)

Pour les pensions prenant effet depuis 2009, un retraité peut cumuler sans restriction sa pension et le revenu d'une activité professionnelle :

- à partir de l'âge légal de la retraite, s'il justifie de la durée requise pour obtenir une retraite à taux plein ou, à défaut, à partir de l'âge de départ à taux plein automatique **[14 § 1]**,
- sous réserve d'avoir liquidé l'ensemble de ses droits à retraite.

Remarque - Peuvent cependant être dispensés de liquidation immédiate les droits acquis auprès de régimes obligatoires dont l'âge normal de liquidation sans décote est supérieur à l'âge légal de la retraite **[12 § 1]**. *Dès lors, ces droits devront être liquidés sitôt que l'assuré ne sera plus pénalisé par une minoration.*

Les assurés placés en situation d'un cumul emploi-retraite intégral acquièrent à nouveau des droits à retraite supplémentaires **[§ 6]**.

3. Dérogation sous condition de revenus (ou cumul emploi-retraite plafonné)

Le salarié liquidant sa retraite avant de bénéficier du taux plein peut cumuler sa retraite avec une activité :

- même chez son dernier employeur, passé 6 mois à compter du moment où il perçoit sa retraite,
- si le total "revenus d'activité + retraite perçue à titre obligatoire" n'excède pas la moyenne de ses 3 derniers mois de salaire (ou 1,6 fois le SMIC, soit environ 2 827 € bruts mensuels en 2024, si cette solution est plus favorable, lorsque le dernier salaire était peu élevé).

Pour les anciens indépendants, les revenus ne doivent pas excéder, en 2024 :

- 46 368 € pour les professions libérales,
- 23 184 € pour les commerçants et les artisans (46 368 € dans certaines zones).

Pour un ancien fonctionnaire le revenu d'activité ne doit pas dépasser 1/3 de sa pension (pas de condition de ressources en cas de reprise d'une activité dans le privé), étant entendu que la reprise d'une activité dans le secteur privé doit être compatible avec les précédentes fonctions (accord requis de l'Administration si reprise dans les 3 ans suivant la cessation d'activité).

En cas de dépassement de ces limites de revenus, la retraite servie est réduite à concurrence du dépassement (après application d'un abattement).

Remarque - La loi n° 2023-270 du 14.04.2023 prévoit la possibilité de suspendre temporairement par décret les plafonds de revenus applicables en matière de cumul emploi-retraite plafonné pour certaines activités, salariées ou non, lorsque des circonstances exceptionnelles nécessitent, en urgence, la poursuite ou la reprise d'activités par des assurés susceptibles de les exercer.

4. Cas de dérogation pour cause de transmission d'entreprise

Le chef d'une entreprise individuelle commerciale, industrielle ou artisanale peut, entre l'âge minimal de liquidation de la retraite et l'âge ouvrant droit à une retraite à taux plein [**12 § 1**], poursuivre une activité rémunérée pendant 6 mois au sein de l'entreprise qu'il vient de céder tout en percevant sa retraite.

En cas d'impossibilité de ceder son exploitation pour des motifs économiques, l'exploitant agricole peut poursuivre son activité, pendant 24 mois (durée renouvelable).

5. Dérogations communes à toutes les professions

Principales activités cumulables avec une retraite sans restrictions :

- activités artistiques,
- activités littéraires ou scientifiques à titre accessoire,
- activités juridiques (ou consultations) à titre occasionnel,
- activités bénévoles,
- activités particulières (nourrice, tierce personne auprès d'une personne âgée…).

6. Conséquences du cumul sur les droits à la retraite

Les assurés placés en situation d'un cumul emploi-retraite intégral [**§ 2**] peuvent demander l'attribution d'une seconde pension au titre d'un régime de base, représentative des droits acquis pendant la phase de cumul en contrepartie des cotisations versées.

Remarque - Peuvent également en faire la demande les assurés en situation de cumul emploi-retraite total au 01.01.2023 pour les périodes courant à compter de cette date.

L'octroi de la seconde pension est subordonné, pour le salarié, au respect d'un délai de carence de 6 mois dès lors que la reprise d'activité s'effectue chez le dernier employeur.

La seconde pension est calculée à taux plein sans surcote ni majoration ni supplément. Son montant est plafonné à 5 % du plafond annuel de la sécurité sociale, soit 2 318,40 € en 2024.

Aucun nouveau droit ne peut être constitué dans les régimes de retraite de base en cas de reprise d'une activité après la liquidation de cette seconde pension.

Remarque - En cas de décès, la seconde pension ouvre droit à réversion pour le conjoint survivant.

Au regard du régime AGIRC-ARRCO, seuls les assurés placés en situation de cumul emploi-retraite total peuvent acquérir des points ouvrant droit à une seconde pension, mais seules les cotisations assises sur les rémunérations ou fractions de rémunération n'excédant pas le plafond de la sécurité sociale (3 864 € par mois en 2024) sont génératrices de droits.

Pour les professions libérales, les conditions d'acquisition de droits supplémentaires au titre des régimes complémentaires d'assurance vieillesse varient selon les sections professionnelles.

7. Alternative au cumul emploi-retraite : la retraite progressive

Les salariés [**40**], y compris les fonctionnaires, et les indépendants [**51**] peuvent liquider une première fraction de leurs droits à la retraite tout en continuant leur activité à temps partiel :

- à partir de l'âge légal de départ à la retraite diminué de 2 ans (cet âge est progressivement relevé de 60 ans à 62 ans pour les générations nées à compter du 01.09.61 compte tenu du recul de l'âge légal [**12 § 1**]),
- à condition de justifier d'au moins 150 trimestres cotisés ou périodes équivalentes.

La période de la retraite progressive permet d'acquérir des droits supplémentaires. Sauf non-respect des modalités d'application, elle prend normalement fin lorsque l'assuré demande la liquidation complète de ses droits. ■

20. Quels droits pour le conjoint survivant ?

En cas de décès d'un assuré retraité ou qui aurait pu, ultérieurement, obtenir une retraite, son conjoint peut demander à bénéficier d'une pension dite "de réversion", sous certaines conditions. L'attribution n'est pas automatique.

1. Personnes concernées

De façon générale, est visé le veuf ou la veuve d'un assuré décédé (y compris son ex-conjoint divorcé). Le partenaire pacsé ou concubin n'a pas droit à une pension de réversion.

En cas de pluralité de bénéficiaires, la réversion est partagée entre eux au prorata de la durée du mariage [§ 4].

2. Conditions

La réversion est accordée sur demande de l'intéressé et selon des conditions qui diffèrent d'un régime à l'autre [§ 3]. L'âge d'ouverture des droits du conjoint et la condition de non-remariage sont les principaux critères de différenciation.

Remarque - Une plate-forme en ligne sur le site info-retraite.fr permet de demander en une seule fois la ou les retraites de réversion auxquelles le conjoint d'un assuré décédé peut prétendre.

3. Taux de réversion

La réversion est calculée en pourcentage des droits à retraite acquis par le défunt.

Salarié du privé
Régime de base : 54 % (1). Conditions : • 55 ans, au moins, • ressources inférieures à 24 232 € pour une personne seule et 38 771,20 € pour un couple en 2024 (2).
Régime complémentaire AGIRC-ARRCO : 60 %. Conditions : • 55 ans (quel que soit l'âge, si invalide ou 2 enfants à charge), • non-remariage (à défaut, suppression définitive de la pension de réversion).

(1) Majoration de 11,1 % de la pension de réversion pour les veuves et veufs ayant au moins atteint l'âge de la retraite à taux plein [12], à condition que la somme des avantages personnels de retraite et de réversion servis par les régimes obligatoires (de base et complémentaires) français ou étrangers soit inférieure à un plafond fixé à 2 928,71 € par trimestre au 01.01.2024 (soit 11 714,84 € par an).
(2) Soit 2 080 fois le SMIC horaire en vigueur au 1er janvier (3 328 fois pour un couple).

Commerçant ou artisan
Régime de base : 54 % (1). Conditions : • 55 ans, au moins, • ressources inférieures à 24 232 € pour une personne seule et 38 771,20 € pour un couple en 2024 (2).
Régime complémentaire : 60 %. Conditions : • 55 ans, au moins, • ressources inférieures à 92 736 € en 2024.

(1) Majoration de 11,1 % équivalente à celle du régime des salariés (voir tableau précédent).
(2) Soit 2 080 fois le SMIC horaire en vigueur au 1er janvier (3 328 fois pour un couple).

Exploitant agricole
Régime de base : 54 % (1). Conditions : • 55 ans, au moins, • ressources inférieures à 24 232 € pour une personne seule et 38 771,20 € pour un couple en 2024 (2).
Régime complémentaire : 54 %. Conditions : • 55 ans, • 2 ans de mariage ou 1 enfant au moins issu du mariage, • non-remariage.

(1) Majoration de 11,1 % équivalente à celle du régime des salariés (voir 1er tableau).
(2) Soit 2 080 fois le SMIC horaire en vigueur au 1er janvier (3 328 fois pour un couple).

Profession libérale (hors avocat)
Régime de base : 54 % (1). Conditions : • 55 ans, au moins, • ressources inférieures à 24 232 € pour une personne seule et 38 771,20 € pour un couple en 2024 (2).
Régimes complémentaires : 50 ou 60 %. Conditions différentes d'un régime professionnel à l'autre. En règle générale : • 65 ans (60 ans dans certains régimes, voire 50 ans pour les conjoints de notaires), • 2 ans de mariage ou 1 enfant au moins issu du mariage, • non-remariage.

(1) Majoration de 11,1 % équivalente à celle du régime des salariés (voir 1er tableau).
(2) Soit 2 080 fois le SMIC horaire en vigueur au 1er janvier (3 328 fois pour un couple).

Avocat
Régime de base : 50 % (1). Conditions : • pas de condition d'âge, • 5 ans de mariage ou 1 enfant au moins issu du mariage, • non-remariage. À défaut de conjoint survivant, les enfants mineurs du défunt ont droit à pension de réversion.
Régimes complémentaires : 60 %. Conditions : • 50 ans minimum si le mariage a été célébré au moins 5 ans avant le décès, • ou dès le décès si 1 enfant issu du mariage âgé de moins de 21 ans, • non-remariage (suppression de la réversion). À défaut de conjoint survivant, les enfants mineurs du défunt ont droit à pension de réversion.

(1) Majoration de 11,1 % équivalente à celle du régime des salariés (voir 1er tableau).

Fonctionnaire
Régime de base : 50 %. Conditions : • 4 ans de mariage (ou 2 ans avant la cessation d'activité) ou 1 enfant issu du mariage, • non-remariage.
Régime complémentaire obligatoire : 50 %. Pas de condition d'âge, mais pension suspendue en cas de remariage ou de concubinage notoire.

Remarque - Sur décision du juge, la pension de réversion peut ne pas être servie dans le cas où le conjoint survivant est ou a été condamné pour violence à l'encontre de l'époux assuré. La règle vaut pour toutes les pensions de réversion des régimes d'assurance vieillesse de base ou complémentaires légaux ou rendus obligatoires.

4. En présence de plusieurs conjoints : calcul

En cas de pluralité de conjoints – conjoint survivant et/ou 1 ou plusieurs conjoints divorcés –, la pension de réversion est partagée entre eux au prorata de la durée des mariages (durée calculée de date à date et arrondie au nombre de mois inférieur).

Exemple - *M. X décède à l'âge de 75 ans en avril 2024. Il percevait une pension de retraite de 1 300 € par mois.*
Il a été marié deux fois pendant 636 mois au total :

- *d'une part, avec Mme Y : de juillet 1968 à octobre 1979, soit pendant 135 mois,*
- *d'autre part, avec Mme Z, depuis son remariage en juillet 1982, soit pendant 501 mois.*

La pension de réversion étant égale à 702 € [1 300 × 54 %], les parts de chaque épouse se calculent comme suit :

- *Mme Y : (135/636) × 702 = 149,01 €,*
- *Mme Z : (489/636) × 702 = 552,99€.*

Remarque - La ou les caisses n'informent pas du décès. Il revient donc à l'ex-conjoint d'obtenir l'information et une révision de la réversion. ■

21. L'assurance vieillesse gratuite, pour qui ?

Par exception au principe selon lequel les droits à retraite s'acquièrent en contrepartie de cotisations [11], les personnes qui cessent ou réduisent leur activité professionnelle pour s'occuper d'un ou plusieurs enfants ou d'une personne handicapée bénéficient de l'assurance vieillesse gratuitement, notamment sous condition de ressources. La loi n° 2023-270 du 14.04.2023 a réaménagé le dispositif d'ensemble, désormais communément appelé "assurance vieillesse des aidants".

1. Principes

L'assurance vieillesse des aidants (AVA) sous-entend le rattachement au régime général d'assurance vieillesse :

- des parents sans activité professionnelle ou exerçant une activité réduite et bénéficiaires de certaines prestations familiales [§ 2],
- des parents d'enfants malade ou en situation de handicap qui cessent ou réduisent leur activité professionnelle et sont bénéficiaires de l'allocation journalière de présence parentale (AJPP) [§ 3],
- des aidants de personne en situation de handicap ou en perte d'autonomie qui cessent ou réduisent leur activité professionnelle et sont bénéficiaires de l'allocation journalière de proche aidant (AJPA) [§ 3].

L'affiliation est obligatoire dans certaines configurations, notamment pour les parents au foyer, les parents d'un enfant handicapé non admis dans un internat et les personnes ne bénéficiant pas de l'allocation de proche aidant.

L'affiliation garantit la prise en charge gratuite, par la caisse d'allocations familiales, des cotisations d'assurance vieillesse du régime général de la sécurité sociale.

Les trimestres écoulés sous ce régime sont pris en compte dans le calcul de la retraite. Les cotisations prises en charge sont calculées sur la base d'un SMIC, cette base forfaitaire pouvant être réduite en fonction du taux de la prestation familiale servie. La rémunération plafonnée au SMIC entre dans le calcul du salaire annuel moyen.

2. Parents au foyer

L'affiliation gratuite des parents au foyer est soumise :

- à une condition de ressources, les plafonds applicables étant ceux conditionnant le versement de l'une des prestations familiales suivantes : complément familial, allocation de base de la prestation d'accueil du jeune enfant et prestation partagée d'éducation de l'enfant,
- et à des conditions d'âge et de nombre d'enfants.

Foyer	Prestation perçue	Conditions
Parent isolé	Allocation de base de la prestation d'accueil du jeune enfant Complément familial	Au moins 1 enfant à charge âgé de moins de 3 ans ou au moins 2 enfants Ressources inférieures à 27 141 € (+ 6 263 € par pers. supplémentaire)
Ménage dont 1 membre sans activité professionnelle	Allocation de base de la prestation d'accueil du jeune enfant	Au moins 1 enfant à charge âgé de moins de 3 ans Ressources inférieures à 27 141 € (+ 6 263 € par pers. supplémentaire)
	Complément familial	Au moins 3 enfants Ressources inférieures à 41 933 € (+ 6 989 € par pers. supplémentaire
	PREPARE	Au moins 2 enfants Ressources inférieures à 41 933 € (+ 6 989 € par pers. supplémentaire

Dans les cas de l'exercice d'une activité réduite, les revenus professionnels de la personne à affilier ne doivent pas dépasser en 2024 (revenus de 2022) :

- 5 597 € pour les bénéficiaires de l'allocation de base ou du complément familial,
- 29 212 € pour les bénéficiaires de la prestation partagée d'éducation de l'enfant.

3. Aidants d'une personne handicapée
Sont concernées les personnes seules ou en couple :

- ayant à charge un handicapé – enfant ou parent ou personne sans lien de parenté – atteint d'une incapacité permanente d'au moins 80 %,
- cessant leur activité ou disposant de revenus professionnels n'excédant pas 29 212 € pour 2024.

Remarque - Le taux d'incapacité d'au moins 80 % n'est pas requis pour une personne bénéficiaire du complément de l'allocation d'éducation de l'enfant handicapé (AEEH).

L'affiliation de la personne bénéficiaire de l'allocation journalière de présence parentale prend effet au premier jour d'ouverture de droits à l'allocation et cesse à l'issue du dernier jour de droits.

Pour l'aidant d'un proche, la somme des durées d'affiliation gratuite à l'assurance vieillesse du régime général de sécurité sociale ne peut excéder 1 an sur l'ensemble de la carrière. ■

22. Quand faut-il préparer sa retraite ?

En la matière, il n'existe aucune règle, sinon de bon sens. La planification du départ à la retraite est guidée par de nombreux paramètres d'ordre privé, professionnel, fiscal, conjoncturel... Il apparaît néanmoins essentiel d'épargner le plus tôt possible en vue de préparer la transition.

1. Paramètres d'ordre privé
Tout individu peut commencer à préparer sa retraite quand il le souhaite et s'y employer de façon progressive, par étapes successives, tout au long de sa vie active.

Remarque - Selon plusieurs études, l'achat d'un bien immobilier constituerait le moyen préféré des Français pour commencer à préparer leur retraite.

Par ailleurs, le fait d'être ou non propriétaire de sa résidence principale à un âge donné (35 ou 50 ans, par exemple) influe sur le choix de l'épargne au même âge, compte tenu du capital à mobiliser.

De nombreux paramètres entrent inévitablement en compte :

- situation familiale : existence ou non d'un conjoint (de surcroît, actif ou inactif), d'enfants, etc.,
- disponibilités et contraintes financières aux différents âges de la vie (étant précisé que ce paramètre est étroitement lié à la profession exercée [§ **2**]),
- espérance d'héritage,
- inversement, objectifs ou non de transmission du patrimoine,
- comportement de consommation, d'endettement et d'épargne,
- aversion pour le risque,
- volonté de changer, à terme, de lieu de domicile, etc.

Remarque - Il convient de noter que ces paramètres ont vocation à évoluer tout au long du cycle de vie. Cette remarque vaut également sur le plan professionnel.

2. Paramètres d'ordre professionnel
L'exercice d'une profession donnée joue aussi un rôle très significatif en matière de planification, compte tenu notamment :

- du niveau des revenus qui en sont tirés,
- et, par conséquent, des disponibilités financières qui en découlent.

Or, en la matière, d'importantes disparités existent entre les diverses catégories socioprofessionnelles. Par exemple, une différence importante existe entre salariés et indépendants. Les professions libérales, commerçants, artisans et exploitants agricoles se constituent souvent un patrimoine au moment de la retraite en vendant leur commerce, leurs terres ou leur clientèle. C'est donc également au moment de la transmission de leur patrimoine professionnel qu'ils placeront le produit de la vente pour se constituer un complément de retraite.

Encore faut-il insister sur les modalités de fonctionnement des régimes de retraite. Par exemple, le fait que tel régime autorise ou non un départ anticipé à la retraite, avec ou sans minoration, peut amener un individu à préparer sa retraite plus tôt qu'un autre.

3. Autres paramètres
De façon plus générale, entre également en compte l'évolution de la législation, tant sur le plan social que sur le plan fiscal.

Remarque - La mise en place, par exemple, d'un dispositif d'épargne avec incitation fiscale limitée dans le temps joue un rôle primordial. ■

23. Quelles sont les formalités ?

Le versement d'une retraite n'est pas automatique : il convient d'en faire la demande. Encore faut-il s'informer régulièrement pour bien la préparer et, bien évidemment, conserver tous les justificatifs relatifs à sa carrière professionnelle.

1. Conserver tous les justificatifs
Dès l'entrée dans la vie active, l'assuré doit conserver jusqu'à son départ à la retraite tous les documents utiles à la reconstitution de sa carrière :
- bulletins de salaire,
- contrats et certificats de travail,
- attestations de l'assurance chômage et de l'assurance maladie-maternité,
- livret militaire (pour les personnes concernées),
- relevés annuels de points de retraite (qui ne sont normalement plus régulièrement envoyés sous forme papier aujourd'hui).

2. S'informer tout au long de sa carrière professionnelle
En début d'activité, un document d'information générale est adressé aux jeunes entrant dans la vie active à partir du moment où ils ont validé pour la première fois au moins 2 trimestres dans l'année.

Au terme de la première année d'activité et les années suivantes, la carrière de l'assuré (régimes auxquels il a cotisé, éléments de rémunération pris en compte pour le calcul de la retraite, durée d'assurance et/ou nombre de points acquis...) fait l'objet d'un suivi, détaillé dans un relevé de situation individuelle (RSI) :
- le RSI peut être délivré à la demande de l'assuré soit par courrier au plus tous les ans, soit par voie électronique : l'assuré peut faire corriger ou compléter son relevé en portant à la connaissance de la caisse de retraite toutes les informations nécessaires ; il peut également suivre son relevé sur le site Internet du régime de retraite dont il dépend ;
- à partir de 35 ans, puis tous les 5 ans, l'assuré reçoit automatiquement son RSI actualisé, quel que soit son régime d'affiliation.

À partir de 45 ans, l'assuré peut demander un entretien personnalisé ayant pour objet :
- de faire un point d'étape sur les droits déjà constitués dans les régimes de retraite obligatoires et d'examiner les perspectives d'évolution de ces droits, compte tenu des choix et des aléas de carrière éventuels (périodes d'études ou de formation, arrêt maladie, maternité, chômage, temps partiel...),
- et de présenter les dispositifs permettant d'améliorer le montant futur de sa pension de retraite (surcote, rachat de trimestres, retraite progressive, cumul emploi-retraite...).

Remarque - En complément de l'entretien, une simulation du montant potentiel de la pension de retraite est effectuée, en prenant l'hypothèse d'une liquidation des droits à l'âge légal de départ à la retraite et à l'âge de départ sans décote, ou à d'autres moments selon d'autres hypothèses fournies par l'assuré. Ces simulations sont purement indicatives. Elles sont réalisées à législation constante et sur la base d'hypothèses économiques et d'évolution des salaires.

À partir de 55 ans, puis tous les 5 ans, le RSI est complété d'une estimation indicative globale. Celle-ci comporte le montant total et le montant de chacune des pensions susceptibles d'être versées à l'assuré.

Remarque - L'Union retraite, qui rassemble les organismes de gestion des retraites obligatoires, met à la disposition du public son site d'information et de simulation (www.info-retraite.fr).

Le réseau "Points d'accueil retraite" permet aux futurs retraités de contacter, dans leur région, des spécialistes de la retraite.

De façon générale, chaque point d'accueil propose un entretien individuel avec un conseiller. Ce conseiller peut notamment informer le futur retraité sur :
- *l'ensemble de ses droits,*
- *et la constitution de ses dossiers de demande.*

Les services rendus sont gratuits.

3. Demander la liquidation de ses droits à la retraite 4 mois au moins avant la date prévue

La demande de liquidation de ses droits à retraite s'effectue :
- par écrit ou en ligne,
- par le biais d'un formulaire de "demande de retraite personnelle",
- auprès de la dernière caisse de retraite auprès de laquelle l'intéressé a cotisé.

Il est possible de faire une demande unique de liquidation par le biais de son compte retraite accessible sur le site de l'Union retraite, www.info-retraite.fr

Une demande de retraite unique suffit lorsque l'intéressé a cotisé successivement ou simultanément au régime général des salariés, à celui du régime des salariés agricoles (MSA), et/ou au régime de sécurité sociale des commerçants et des artisans (dispositif Lura **[15 § 3]**). Le régime afférent à la dernière activité se charge de transmettre une copie de la demande aux autres organismes concernés.

Il est conseillé de s'y prendre 4 à 6 mois au moins avant la date prévue. Documents à joindre :
- copie du livret de famille,
- justificatifs d'immatriculation à la sécurité sociale et aux assurances sociales,
- relevé d'identité bancaire,
- le cas échéant, attestation de cessation d'activité si celle-ci est obligatoire.

Remarque - Le dispositif couramment appelé "droit opposable à la retraite" permet aux assurés relevant des régimes des salariés et des indépendants (commerçants et artisans exclusivement) de bénéficier, à la suite de la demande de liquidation de leurs droits effectuée au moins 4 mois civils avant la date d'entrée en jouissance prévue de la retraite, d'une garantie de versement le mois suivant cette date.

4. Retrouver ses contrats d'épargne retraite

L'approche du départ à la retraite est l'occasion de faire le point sur les éventuels droits acquis dans le cadre de contrats d'épargne retraite ou de retraite supplémentaire. Le site www.info-retraite.fr **[§ 3]** signale l'existence de ces contrats, qu'ils soient individuels **[89] [90] [91]** ou collectifs **[95] [96] [97] [98]**, souscrits à titre obligatoire ou facultatif.

Remarque - Les entreprises sont tenues à une obligation d'information concernant le ou les contrats de retraite supplémentaire noués dans le cadre professionnel au moment du départ de l'employé via l'état récapitulatif des avoirs acquis dans le cadre de l'épargne salariale.

5. Produire éventuellement un "justificatif de vie"

Dans le cadre d'un contrôle périodique, un "justificatif de vie", encore appelé "certificat de vie" ou "attestation d'existence", peut être demandé pour la perception de la pension de retraite.

La procédure est, en principe, régulière pour les retraités expatriés (1 fois par an), sauf dans le cas d'échange automatisé d'informations sur l'état civil conclu avec certains pays.

La formalité s'accomplit, en principe, de façon dématérialisée en fournissant un formulaire spécifique délivré par la caisse de retraite (formulaire 11830*02 pour la Cnav) ou une attestation établie à la mairie de son domicile. ■

24. Réformes des : quel est l'enjeu ?

La "crise des retraites" – plus exactement, l'avenir des retraites – est le sujet de débats réguliers sur la place publique depuis plusieurs années. Les modifications successives apportées à notre système de retraite visent à garantir l'avenir du financement des pensions. Elles se sont traduites généralement par un allongement des durées d'assurance et de cotisation pour bénéficier d'une retraite à taux plein.

1. Sources des difficultés

La plupart des régimes de retraite étant fondés sur la solidarité entre générations, les régimes de retraite par répartition **[112]** sont susceptibles de pâtir de toute modification du rapport entre le montant des cotisations encaissées et les provisions constituées sur le montant des retraites servies.

Plusieurs raisons d'ordre démographique et économique peuvent en effet modifier ce rapport :

- le vieillissement de l'ensemble de la population (autrement dit, l'allongement de la durée moyenne de vie et la baisse de la natalité),
- le départ à la retraite massif des enfants du baby-boom depuis 2005,
- l'allongement de la durée des études et l'arrivée tardive sur le marché du travail,
- l'évolution défavorable de l'activité économique (chômage, stagnation des salaires et de la production intérieure brute) contribuant à une baisse, progressive ou brutale, du volume des cotisations collectées.

Remarque - Le vieillissement de la population et la croissance économique notamment sont considérés comme les facteurs les plus décisifs pour l'évolution des régimes de retraite.

Par opposition, sont généralement considérés comme des facteurs favorables :

- les progrès de la productivité, qui permettent d'augmenter la richesse produite par les actifs,
- une main-d'œuvre étrangère, qui augmente l'importance de la population active en dépit de la baisse de la natalité,
- l'augmentation du taux d'activité des femmes.

2. De l'importance du rapport démographique

Le rapport démographique entre cotisants et retraités, et plus globalement, celui entre les personnes en âge de travailler et celles en âge d'être à la retraite, allié aux autres facteurs évoqués ci-avant (chômage, comportement d'activité, conjoncture économique, etc.), est un élément clé de l'équilibre des principaux régimes de retraite en France basés sur la solidarité intergénérationnelle.

Tous régimes confondus, l'INSEE établissait le rapport démographique à 1,71 cotisant pour 1 retraité en 2021. Selon les données de la CNAV publiées en 2022 pour le régime général d'assurance vieillesse, ce rapport est de 1,3. Il est de 0,6 pour les régimes vieillesse gérés par la MSA (non-salariés et salariés), qui sont parmi les plus dégradés du système de retraite.

Évolution du rapport démographique du régime général depuis 1970

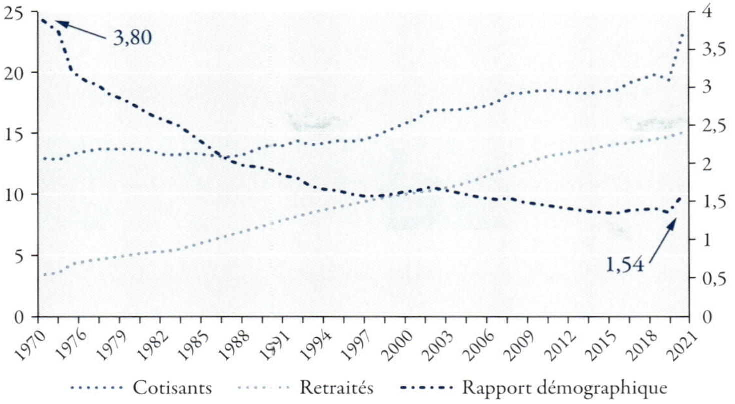

Champ d'application : ensemble des retraités (droits directs et dérivés) payés par les 16 caisses de métropole (en millions).
Source : L'Assurance retraite, Abrégé statistique du régime général – édition 2023.

3. Comment évolue la réglementation ?

Principales évolutions relatives à la retraite de base depuis 2003
Salariés [34] : • augmentation progressive de l'âge de départ à la retraite et de l'âge pour obtenir une retraite à taux plein, • allongement des durées d'assurance et de cotisation, • surcote par trimestre supplémentaire cotisé en cas de départ différé après l'âge minimal de départ à la retraite et au-delà de la durée d'assurance requise pour obtenir le taux plein (surcote bonifiée pour les parents justifiant d'une carrière complète), • diminution progressive de la décote, en dessous de la durée d'assurance requise pour obtenir le taux plein et en dessous de l'âge d'annulation de la décote, • abaissement du seuil de validation d'un trimestre de cotisation (150 heures rémunérées au SMIC, contre 200 heures pour les années antérieures à 2014), • prise en compte de facteurs de pénibilité permettant notamment de bénéficier d'un départ à la retraite anticipé, • prise en compte des longues carrières (assurés ayant démarré très tôt leur activité professionnelle) permettant de bénéficier d'un départ à la retraite anticipé, • création d'une pension de réversion en faveur des orphelins des deux parents.
Fonctionnaires [42] : • alignement sur le régime des salariés et augmentation progressive de la durée d'assurance requise pour obtenir le taux plein, • surcote (comme pour les salariés), • instauration progressive d'une décote en cas de départ à la retraite anticipé.
Commerçants et artisans [47] : comme pour les salariés du privé pour les droits acquis depuis 1973.
Professions libérales (hors avocats) [57] : • transformation du régime en un régime par points, • mêmes possibilités d'âge de départ à la retraite que les salariés, • décote et surcote : alignement sur le dispositif du régime général, • majorations familiales alignées sur celles du régime des salariés, • pension de réversion en faveur des orphelins : comme pour les salariés. ■

Les salariés

N° de fiche

25. Panorama de la protection sociale

La protection sociale obligatoire dont bénéficient les salariés est de façon générale plus complète que celle dont bénéficient les autres catégories socio-professionnelles.

1. Personnes concernées
Le salarié est la personne qui exécute son travail en vertu d'un contrat de travail, c'est-à-dire sous la subordination juridique d'un employeur et en contrepartie d'une rémunération.

2. Prévoyance
Les salariés bénéficient de prestations qui recouvrent les risques suivants :
- la maladie-maternité **[27]**,
- l'incapacité de travail et l'invalidité **[28]**,
- les accidents du travail et maladies professionnelles **[29]**,
- le chômage **[30]**,
- le décès **[31]**.

3. Retraite
Les salariés bénéficient de plusieurs régimes, de base **[34]** et complémentaires **[38]**, qui leur donnent droit à des prestations : pensions personnelles et pensions de réversion, notamment. Ils peuvent également percevoir par leur employeur une indemnité de départ à la retraite **[33]**.

Sécurité sociale des travailleurs salariés : organisation simplifiée	
Caisse nationale d'assurance maladie (CNAM)	**Caisse nationale d'assurance vieillesse (CNAV)**
Caisses primaires d'assurance maladie : • assurance maladie-maternité, • assurance invalidité, • réparations des accidents du travail, • assurance décès.	Caisses régionales d'assurance vieillesse **(1)** : • pension de sécurité sociale, • avantages non contributifs, • assurance veuvage.

(1) Les caisses régionales d'assurance vieillesse interviennent également dans le domaine des accidents du travail et des maladies professionnelles. ■

26. Affiliation et cotisations

Tous les salariés du secteur privé non agricole sont obligatoirement affiliés au régime général de la sécurité sociale. Les cotisations sont payées par les salariés et/ou les employeurs.

1. Personnes affiliées
De façon générale, sont affiliés à l'assurance obligatoire du régime général de la sécurité sociale :
- les salariés du secteur privé non agricole exerçant en France (métropole et DOM),
- et certaines professions rattachées, visées par la loi (artistes-auteurs, journalistes professionnels, etc.) ou les tribunaux (sportifs, certains experts et conseils, etc.).

Les agents non titulaires de l'État relèvent également obligatoirement du régime général. Les travailleurs expatriés et les salariés détachés font l'objet de règles spécifiques.

Sur les fonctionnaires **[42]**.

Sur les salariés agricoles **[79]**.

Remarque - Certaines personnes exclues du régime obligatoire peuvent s'affilier personnellement à l'assurance volontaire du régime général de la sécurité sociale pour les risques vieillesse, invalidité, accident du travail et maladies professionnelles **[81]**.

2. Cotisations
Les cotisations obligatoires d'assurance sociale sont payées :
- pour partie par le salarié,
- et pour l'autre partie par l'employeur.

En matière de retraite, il existe des possibilités de rachat de cotisations permettant de compléter ses droits.

Cotisations obligatoires de sécurité sociale des salariés au 01.04.2024			
Taux de cotisation (1)			**Assiette mensuelle des cotisations**
Cotisations patronales	**Cotisations salariales**	**Total**	
Assurance maladie, maternité, invalidité, décès, solidarité autonomie			
13,30 %	-	13,30 %	Salaire brut total
Accident du travail, maladie professionnelle			
Taux variable selon le risque de l'entreprise			Salaire brut total
Chômage (ASSEDIC, APEC, AGS) (2)			
4,05 % 0,036 % 0,20 %	- 0,024 % 0 %	4,05 % 0,06 % 0,20 %	Salaire brut plafonné à 15 456 €
Retraite de base			
8,55 % 2,02 %	6,90 % 0,40 %	15,45 % 2,42 %	Salaire brut plafonné à 3 864 € Salaire brut total

(1) Sauf application de taux réduits pour certaines activités ou catégories particulières de salariés.
(2) Les rémunérations des salariés âgés de 65 ans ou plus supportent une contribution spécifique de solidarité équivalente à la contribution chômage de droit commun. Elles sont également assujetties à la contribution AGS.

Retraite complémentaire AGIRC-ARRCO (1)			
Taux de cotisation appelés (1)			**Assiette mensuelle des cotisations**
Cotisations patronales	**Cotisations salariales**	**Total**	
4,72 %	3,15 %	7,87 %, dont 6,20 % productifs de droits	Salaire brut jusqu'à 3 864 €
12,95 %	8,64 %	21,59 %, dont 16,20 % productifs de droits	Salaire brut compris entre 3 864 € et 30 912 €

(1) Compte tenu d'un taux d'appel fixé à 127 % depuis 2019. Sauf convention ou accord spécifique, les cotisations sont prises en charge à hauteur de 60 % par l'employeur et de 40 % par le salarié. S'ajoutent aux cotisations de retraite des cotisations techniques non génératrices de droits : une contribution d'équilibre général, au taux global de 2,15 % sur le salaire pris jusqu'à 3 864 € et de 2,70 % sur la fraction comprise entre 3 864 € et 30 912 €, une contribution d'équilibre technique, due seulement pour les salaires supérieurs au plafond de la sécurité sociale (3 864 € par mois ou 46 368 € par an), au taux global de 0,35 % sur les deux tranches de cotisation.

Remarque - S'ajoutent aux cotisations sociales obligatoires les cotisations dues au titre de régime(s) de prévoyance et de retraite complémentaire, obligatoires ou facultatifs, mis en place dans le cadre de l'entreprise **[98] [95]**. ■

27. Maladie-maternité : prestations

SALARIÉS

Les salariés bénéficient au titre de la protection sociale obligatoire d'une assurance maladie-maternité. Les maladies longues et coûteuses font l'objet d'un régime particulier.

1. Risques couverts

Sont couverts par l'assurance maladie-maternité :

- la maladie proprement dite,
- les accidents autres que ceux du travail,
- et la maternité.

Les maladies longues et coûteuses et la maternité font l'objet d'une prise en charge spécifique **[§ 5]**.

Les accidents du travail et les maladies professionnelles font également l'objet d'un traitement spécifique **[29]**.

2. Bénéficiaires

Sont protégés l'assuré, ainsi que ses éventuels enfants à charge.

Remarque - Le conjoint et les enfants majeurs d'un salarié ont leur propre compte d'assuré social dans le cadre de la protection universelle maladie **[5]**.

3. Prestations maladie en nature

Les bénéficiaires ont droit à des prestations en nature **[1]**, autrement dit au remboursement des médicaments, honoraires médicaux et autres dépenses de santé.

Sauf exception, la sécurité sociale laisse au malade la charge d'un ticket modérateur et d'autres participations forfaitaires (franchise médicale, etc.) **[6]**.

4. Prestations maladie en espèces

L'assuré principal a droit au versement d'indemnités journalières en cas d'arrêt de travail lorsqu'il peut justifier :

- soit avoir cotisé au cours des 6 mois civils précédant l'arrêt pour une rémunération au moins égale à 1 015 fois le SMIC horaire (soit environ un total de 11 824 € sur 6 mois au 01.01.2024),
- soit avoir travaillé au moins 150 heures au cours des 3 mois ou 90 jours précédant l'arrêt.

L'assuré peut percevoir jusqu'à 360 indemnités journalières par période de 3 ans consécutifs.

Indemnités journalières maladie au 01.01.2024
Pendant toute la durée de l'arrêt de travail (après un délai de carence de 3 jours) : • **50 % × revenu d'activité journalier (1)**, • 52,28 € au maximum.

(1) Égal à 1/91,25e du total des 3 derniers mois de salaire pris dans la limite de 1,8 SMIC (3 180,45 € au 01.01.2024).

Sous conditions, maintien du versement des indemnités concomitamment à la reprise, de façon temporaire, d'une activité à temps partiel ou à temps aménagé (temps partiel thérapeutique).

En cas de perte de la qualité d'assuré : maintien des droits aux prestations pendant 12 mois en règle générale.

5. Prestations "longue maladie"

En bénéficient les personnes atteintes de l'une des maladies figurant sur les listes établies par décret ou d'une maladie nécessitant des soins continus pendant plus de 6 mois.

En cas d'interruption de travail au-delà de 6 mois, l'assuré doit justifier :

- d'une part, d'une durée minimale d'immatriculation de 12 mois au premier jour d'arrêt de travail,
- d'autre part, avoir cotisé au cours des 12 mois civils précédant l'arrêt pour une rémunération au moins égale à 2 030 fois le SMIC horaire (soit environ 23 649 € sur 12 mois au 01.01.2024), ou, à défaut, avoir travaillé 600 heures au cours des 12 mois civils ou 365 jours précédents.

Le régime ouvre droit à la prise en charge à 100 % par la sécurité sociale des soins dispensés directement en rapport avec la maladie (prestations en nature) et au régime d'indemnités journalières.

6. Prestations maternité

Les prestations en nature **[1]** :

- aux tarifs habituels, du 1er au 5e mois de grossesse, à l'exception des examens prénataux obligatoires pris en charge à 100 %,
- à 100 %, dans la limite des tarifs de base de l'assurance maladie, du 6e mois

et jusqu'au 12e jour après la date d'accouchement.

Les prestations en espèces (autrement dit les indemnités journalières) [1] ne sont versées à la femme enceinte que si elle est salariée et donc assurée à titre personnel.

Indemnités journalières maternité au 01.01.2024
Pendant toute la durée du congé maternité (1), sans délai de carence : • 100 % × revenu d'activité journalier **(2)**, • minimum 10,79 € et maximum 100,36 €.

(1) Soit au total 16 semaines pour les 1er et 2e enfants, 26 à partir du 3e, 34 pour des jumeaux et 46 semaines pour des triplés.
(2) Égal à 1/91,25e du total des 3 derniers mois de salaire pris dans la limite du plafond de la sécurité sociale après déduction forfaitaire de 21 %.

7. Congé de paternité

Le père salarié à la naissance de son enfant, ou toute personne vivant maritalement avec la mère de l'enfant (partenaire pacsé ou concubin), bénéficie d'un droit au congé de paternité.

La durée du congé est de 25 jours calendaires, dont :

- 4 jours obligatoires venant après les 3 jours du congé pour naissance prévus par le Code du travail,
- et une période de 21 jours qui peut être consécutive ou non à la première et peut être fractionnée elle-même en deux périodes de 5 jours au minimum.

Le congé donne lieu au versement d'une indemnité équivalente à l'indemnité journalière de maternité [§ 6]. ■

28. Invalidité : prestations

***L'assurance invalidité du régime général de la sécurité sociale couvre l'invalidité non consécutive à un accident du travail ou à une maladie professionnelle* [29].**

1. Risque couvert

Est invalide la personne dont l'état, du fait de la maladie ou d'un accident non professionnel, entraîne une réduction, au moins des 2/3, de sa capacité de travail ou de gain.

L'état d'invalidité est constaté par la caisse primaire d'assurance maladie après examen médical effectué sur demande de la caisse ou de l'assuré. Les invalides sont classés en 3 catégories :

- invalide du 1er groupe : capable d'exercer une activité rémunérée,
- invalide du 2e groupe : absolument incapable d'exercer une profession quelconque,
- invalide du 3e groupe : absolument incapable d'exercer une profession et devant en outre recourir à l'assistance d'une tierce personne pour effectuer les actes ordinaires de la vie.

2. Bénéficiaires

Seul l'assuré (ou le chômeur indemnisé) est pris en charge, sous conditions de durée d'activité salariale et de cotisations [27 § 5]. Il en bénéficie jusqu'au départ à la retraite, à 62 ans avec un calcul des droits à taux plein. Par la suite, il est pris en charge par l'assurance vieillesse [32].

Les personnes à charge de l'assuré ne sont pas couvertes.

Le conjoint survivant invalide du titulaire d'une pension d'invalidité (ou de vieillesse) a droit, en fonction de son âge, à une pension d'invalidité (ou de vieillesse), dite "de veuf" ou "de veuve" [§ 6].

3. Modalités de remboursement des soins

Pendant la période d'invalidité, les soins sont remboursés à 100 % sur la base des tarifs de la sécurité sociale.

En cas de suspension de la pension : maintien des droits aux prestations maladie pendant 12 mois, mais perte de la prise en charge à 100 %.

4. Prestations en espèces

L'assurance invalidité ouvre droit à une pension d'invalidité. Son montant varie selon le degré d'invalidité.

SALARIÉS

La pension d'invalidité est toujours concédée à titre temporaire. Un contrôle des droits est effectué chaque année.

La pension d'invalidité peut être cumulée avec :

- des stages de rééducation ou de reclassement professionnel,
- des revenus d'activité, dans une certaine limite.

Pension d'invalidité non professionnelle au 01.04.2024
Invalide du 1er groupe (pouvant exercer une activité rémunérée) : • 30 % × salaire annuel moyen **(1)**, • minimum 328,07 € et maximum 1 159,20 € par mois. **Invalide du 2e groupe** (absolument incapables d'exercer une profession quelconque) : • 50 % × salaire annuel moyen **(1)**, • minimum 328,07 € et maximum 1 159,20 € par mois. **Invalide du 3e groupe** (absolument incapables d'exercer une profession et devant recourir à l'assistance d'un tiers pour effectuer les actes ordinaires de la vie) : • 50 % × salaire annuel moyen **(1)** (+ 40 % au titre de la "majoration pour tierce personne"), • minimum 1 594,67 € et maximum 3 198,60 € par mois.

(1) Calculé sur la base d'une moyenne correspondant aux 10 meilleures années de salaire, les salaires étant retenus dans la limite du plafond annuel de la sécurité sociale (46 368 € en 2024).

5. Allocation supplémentaire d'invalidité (ASI)

Allocation attribuée principalement aux bénéficiaires d'une pension d'invalidité disposant de faibles revenus, leur permettant ainsi d'atteindre un montant minimal de ressources.

ASI : plafond de ressources au 01.04.2024 (1)	
Personne seule Personne en couple	**899,56 €** par mois **1 574,24 €** par mois
Montant de l'ASI en fonction des ressources	
• Jusqu'à 899,56 € : **571,49 €** par mois. • Plus de 899,56 € et jusqu'à 1 574,24 € : différence entre 1 574,24 € et le total des ressources de la personne seule ou du couple. • Plus de 1 574,24 € : pas d'allocation.	

(1) Ressources étudiées sur les 3 mois précédant le point de départ du versement (ou sur les 12 mois si plus favorable).

Elle est versée au plus tard jusqu'à l'âge permettant de percevoir, le cas échéant, l'ASPA **[16]**.

La prestation est exonérée de CSG, de CRDS et d'impôt sur le revenu.

6. Pension de réversion

Droit ouvert lors du décès du bénéficiaire de la pension d'invalidité en faveur du conjoint survivant âgé de moins de 55 ans lui-même atteint d'une invalidité de nature à lui ouvrir droit à une pension d'invalidité.

Montant égal à 54 % de la pension principale dont bénéficiait le défunt + 10 % si au moins 3 enfants.

Remplacée automatiquement par une pension de vieillesse de veuf ou de veuve à l'âge de 55 ans d'un montant égal et cumulable avec la pension d'assurance vieillesse personnelle **[34]**. ■

29. Accident du travail : prestations

***Lorsqu'un accident du travail ou une maladie professionnelle porte atteinte à l'intégrité physique du salarié, le régime d'indemnisation est plus favorable qu'en cas de maladie ou d'accident survenus hors du travail* [27].**

1. Risques couverts

Sont visés :
- les accidents survenus par le fait ou à l'occasion du travail,
- et les affections figurant sur une liste officielle et résultant de certains travaux.

2. Bénéficiaires

Seul l'assuré salarié victime de l'accident ou de la maladie professionnelle bénéficie d'une indemnisation, sauf en cas de décès.

3. Prestations

Si la victime reste en vie, 2 types de prestations sont versées :
- prestations en nature : remboursement à 100 % des dépenses de santé dans la limite des tarifs de remboursement de la sécurité sociale ;
- et prestations en espèces :
  - indemnités journalières en cas d'incapacité provisoire de travail (arrêt de travail),
  - capital ou rente en cas d'incapacité permanente de travail selon le taux d'incapacité.

Indemnités journalières incapacité provisoire de travail au 01.04.2024
Durant les 28 premiers jours d'arrêt de travail consécutifs : • 60 % × salaire journalier de base (1), • 220,14 € au maximum. **À partir du 29e jour d'arrêt :** • 80 % × salaire journalier de base (1), • 293,51 € au maximum.

(1) Égal à 1/30,42e du dernier salaire mensuel. Possibilité de révision après 3 mois d'indemnisation.

Taux d'incapacité < à 10 %		Taux d'incapacité ≥ à 10 %	
Indemnité en capital pour incapacité permanente au 01.04.2024.		Versement d'une **rente annuelle** : • rente annuelle = salaire annuel de base (1) × taux de la rente, • prestation complémentaire pour recours à tierce personne (2).	
Taux d'incapacité	**Capital annuel forfaitaire**	**Taux d'incapacité**	**Taux de la rente**
1 %	471,54 €	10 %	5 %
2 %	766,46 €	20 %	10 %
3 %	1 120,02 €	30 %	15 %
4 %	1 767,81 €	40 %	20 %
5 %	2 239,50 €	50 %	25 %
6 %	2 769,91 €	60 %	40 %
7 %	3 358,99 €	70 %	55 %
8 %	4 007,52 €	80 %	70 %
9 %	4 714,69 €	90 %	85 %
		100 %	100 %

(1) Salaire brut calculé sur les 12 derniers mois précédant l'arrêt de travail, déduction faite des cotisations sociales et de la CSG. Le salaire annuel de base ne peut être inférieur à 20 971,34 € et est pris en compte en totalité jusqu'à 41 942,68 € et pour 1/3 entre 41 942,68 € et 167 770,72 € au 01.04.2024.

(2) Mise en place le 01.03.2013, la prestation complémentaire pour recours à tierce personne est calculée en fonction du degré d'incapacité de l'assuré : 633,25 €, 1 266,55 € et 1 899,87 € par mois selon que la personne assistée ne peut pas accomplir 3 ou 4, 5 ou 6, ou au moins 7 des actes ordinaires de la vie (les bénéficiaires de l'ancienne majoration similaire peuvent en conserver le bénéfice ou opter pour la nouvelle prestation).

SALARIÉS

Si la victime décède, la sécurité sociale :

- prend également en charge tout ou partie des frais funéraires et de transport de corps,
- et verse une rente dite d'"ayant droit" aux personnes à charge de la victime au moment de l'accident.

Le montant de la rente est ainsi fixé :

- conjoint, concubin ou partenaire pacsé : 40 % du salaire annuel de la victime (60 % si le conjoint de plus de 55 ans est atteint d'une incapacité de travail d'au moins 50 % depuis au moins 3 mois),
- enfant de moins de 20 ans : 25 % par enfant dans la limite de 2 enfants et 20 % par enfant à partir du 3e,
- ascendant : 10 % (sous conditions).

Un capital décès peut aussi être versé. ■

30. Assurance chômage : prestations

Si l'on excepte le dispositif prévu, sous certaines conditions, en faveur des travailleurs indépendants, seuls les salariés bénéficient d'une réelle protection contre la perte d'emploi. La durée d'affiliation préalable détermine en grande partie la durée d'indemnisation. Le montant de l'allocation est basé sur le salaire journalier de référence.

1. Bénéficiaires

Les travailleurs privés d'emploi peuvent bénéficier d'une indemnisation, laquelle est soumise à certaines conditions, notamment de durée d'affiliation au régime d'assurance chômage, d'inscription sur la liste des demandeurs d'emploi et de recherche effective d'emploi.

Principales conditions ouvrant droit à indemnisation
Avoir été involontairement privé d'emploi (1). **Être inscrit sur la liste des demandeurs d'emploi.** **Rechercher effectivement un nouvel emploi,** sauf cas de dispense. **Justifier d'une durée minimale d'affiliation,** appréciée en jours ou en heures. **Ne pas avoir atteint l'âge minimal de départ à la retraite (2).** **Être physiquement apte au travail.**

(1) Incluant le licenciement, la fin d'un CDD, les cas de démission légitimes (par exemple, changement de résidence du conjoint ou démission pour création d'entreprise), la rupture conventionnelle homologuée et le dispositif de démission pour reconversion professionnelle. Cependant, le refus à 2 reprises, au cours des 12 mois précédant la demande d'indemnisation, d'une proposition de CDI à l'issue d'un CDD ou d'un CDI au terme d'une mission temporaire est susceptible de ne pas être assimilé à une privation involontaire d'emploi.
(2) Ou, le cas échéant, l'âge de la retraite à taux plein **[12]** pour les personnes ne justifiant pas du nombre de trimestres suffisant pour percevoir une pension de retraite à taux plein.

2. Prestations

Le régime d'assurance chômage des salariés prévoit, pour l'essentiel :

- le versement d'une allocation mensuelle,
- destinée à assurer un revenu de remplacement dans l'attente d'un nouvel emploi.

La durée d'indemnisation dépend de la durée d'affiliation **[tableau]**.

Remarque - Un dispositif dit de "droits rechargeables" permet aux personnes ayant retrouvé un emploi après une période de chômage de bénéficier, en cas de nouvelle admission à l'assurance chômage, de la reprise jusqu'à épuisement du reliquat des droits à indemnisation non utilisés. Une fois le droit initial épuisé, le "rechargement" correspond au calcul des droits effectué sur la base de l'activité reprise, lequel déterminera, le cas échéant, une nouvelle durée d'indemnisation et une nouvelle allocation. L'assuré bénéficie néanmoins d'un droit d'option si l'allocation d'origine est nettement inférieure à celle résultant de la dernière activité ; dans ce cas, les droits non épuisés sont définitivement perdus.

Conditions d'indemnisation de la privation d'emploi (1)		
Âge du chômeur	**Durée d'affiliation**	**Durée d'indemnisation (2)**
Moins de 53 ans	6 mois (3) au cours des 24 derniers mois	6 à 18 ou 24 mois (4)
53 ou 54 ans	6 mois (3) au cours des 36 derniers mois	6 à 24 ou 30 mois (4)
55 ans et +	6 mois (3) au cours des 36 derniers mois	6 à 30 ou 36 mois (4)
62 ans et +	12 ans d'affiliation et à condition de justifier aussi de : • 1 an d'indemnisation, • 100 trimestres d'assurance vieillesse validés, • 1 année continue ou 2 années discontinues d'affiliation au cours des 5 années précédant la rupture du contrat de travail.	Jusqu'à la possibilité d'obtenir une retraite à taux plein

Montant journalier de l'ARE à taux plein (5) au 01.07.2023
Le plus avantageux pour le chômeur : • **40,4 % du salaire** (6) **+ 12,95 €**, • ou **57 % du salaire** (6). Minimum **31,59 €** et maximum 75 % du salaire journalier de référence (6).

(1) Conditions applicables aux fins de contrat intervenant depuis le 01.02.2023.
(2) En principe, selon la règle "1 jour travaillé = 1 jour indemnisé", mais réduction possible de la durée d'indemnisation de 25 % en fonction de l'évolution du chômage en France, ce qui est le cas depuis le 01.02.2023.
(3) Correspond en pratique à 130 jours travaillés ou 910 heures travaillées. Condition d'affiliation non exigée pour les salariés mis au chômage total à la suite de la fermeture définitive de leur établissement employeur.
(4) En pratique : de 182 jours à 730, 913 ou 1 095 jours calendaires d'indemnisation (depuis le 01.02.2023 : 548, 685 ou 821 jours au maximum, voir (2)).
(5) Allocation d'aide au retour à l'emploi. Montant réduit de 30 % à partir du 7e mois d'indemnisation pour les demandeurs d'emploi âgés de moins de 57 ans à la date de fin de contrat dont le montant de l'allocation journalière initiale est supérieur à 91,02 €. La réduction de l'allocation ne peut avoir pour effet de l'abaisser en deçà de ce montant, qui constitue un plancher.
(6) Salaire moyen des 24 ou 36 derniers mois.

3. Sanctions en cas de manquement aux obligations de recherche d'emploi

L'allocataire est radié et privé de son indemnisation durant 1 mois s'il refuse, sans motif légitime, 2 "offres raisonnables d'emploi". Est considérée comme telle l'offre :

- dont le niveau de salaire correspond à la norme pratiquée dans la région et pour la profession concernée, et a fortiori n'est pas inférieur au SMIC,
- dont la durée de travail proposée correspond à celle demandée (autrement dit, pas d'obligation de prendre une activité à temps partiel pour un allocataire à la recherche d'un temps plein),
- compatible avec les qualifications et compétences professionnelles du demandeur d'emploi.

Remarque - Le refus d'élaborer ou d'actualiser le projet personnalisé d'accès à l'emploi (PPAE), de suivre une action d'aide à la recherche d'une activité professionnelle, de se présenter aux visites médicales ou de répondre à une convocation des services de France Travail (ex-Pôle emploi) constituent également des motifs de radiation. ■

31. Décès : prestations

SALARIÉS

En cas de décès, les proches d'un assuré du régime général de la sécurité sociale peuvent bénéficier de deux garanties spécifiques : un capital décès et l'assurance veuvage. Les salariés cadres bénéficient par ailleurs d'une garantie décès.

1. Capital décès

Il s'agit d'une indemnité qui permet aux proches du défunt de faire face aux dépenses générées par le décès.

Capital décès de la sécurité sociale au 01.04.2024
Montant forfaitaire de **3 910 €**. **Bénéficiaires (1)** : • en priorité, les personnes à la charge permanente, totale et effective de l'assuré au moment de son décès, • à défaut de priorité invoquée dans le délai de 1 mois : conjoint non séparé ou partenaire "pacsé" ou, à défaut, descendants ou ascendants.

(1) En présence de plusieurs bénéficiaires de même rang, le capital est partagé entre eux.

Remarque - À la suite du décès d'un enfant, les parents peuvent bénéficier :

- *d'un congé de deuil de 8 jours au maximum, ouvrant droit à une indemnité équivalant à l'indemnité journalière de maternité* [27 § 6],
- *et d'une allocation versée par la caisse d'allocations familiales, exclusive de toute autre prestation versée aux ayants droit au titre du décès par un régime de retraite ou de prévoyance obligatoire, et dont le montant est modulé selon les ressources (2 251,16 € si les revenus n'excèdent pas 93 676 € + 6 246 € par enfant à charge, sinon 1 131,26 €).*

2. Allocation veuvage

L'allocation veuvage garantit le versement d'une allocation mensuelle temporaire au conjoint survivant, sous certaines conditions.

Assurance veuvage au 01.01.2024
697,82 € par mois, servis pendant 2 ans au maximum (1).
Bénéficiaire : le conjoint survivant : • âgé de moins de 55 ans à la date de la demande (2), • non remarié, non pacsé ou ne vivant pas en concubinage, • et disposant de ressources n'excédant pas 2 616,82 € par trimestre (3).

(1) Si le bénéficiaire est âgé de 50 ans au moins au jour du décès, l'allocation est servie jusqu'à son 55e anniversaire.
(2) À partir de cet âge, le conjoint survivant peut en effet prétendre à la pension de réversion [20].
(3) En cas de cumul de revenus, application d'un abattement de 100 % sur les salaires pendant 3 mois et sur les revenus d'activité non salariée pendant 6 mois ; abattement dégressif par la suite.

3. Assurance décès des cadres (AGIRC-ARRCO)

Toute entreprise doit consacrer au moins 1,50 % de la tranche 1 du salaire de ses cadres à une garantie décès au bénéfice de leur famille.

Le capital garanti varie donc d'une entreprise à l'autre.

4. Pension de réversion

Une pension de réversion est versée, sous certaines conditions :

- au conjoint survivant [36 § 1],
- aux orphelins des deux parents [36 § 5]. ■

32. Retraite : vue d'ensemble

Un salarié est affilié à plusieurs régimes, qui diffèrent selon son secteur d'activité (privé non agricole, public ou agricole). De façon générale, le régime général de la sécurité sociale s'applique à tous les salariés du secteur privé non agricole, ainsi qu'aux salariés non titulaires du secteur public.

1. Plusieurs niveaux de protection

Les salariés du secteur privé non agricole bénéficient à titre obligatoire :

- d'un régime d'assurance vieillesse de base, ou "régime de base de la sécurité sociale" [34],
- et d'un régime de retraite complémentaire, géré par l'AGIRC-ARRCO.

<table>
<tr><th colspan="2">Salariés du secteur privé non agricole</th><th colspan="2">Salariés du secteur public et parapublic</th><th colspan="2">Salariés du secteur agricole</th></tr>
<tr><th>Non-cadres</th><th>Cadres</th><th>Agents non titulaires</th><th>Fonctionnaires</th><th>Non-cadres</th><th>Cadres</th></tr>
<tr><td colspan="3">Régime général de base de la sécurité sociale</td><td rowspan="2">Régimes spéciaux de sécurité sociale</td><td colspan="2">Régime de base de la MSA</td></tr>
<tr><td colspan="2">Régime complémentaire AGIRC-ARRCO</td><td>Régime complémentaire IRCANTEC</td><td colspan="2">Régime complémentaire AGIRC-ARRCO</td></tr>
</table>

2. Indemnités de départ à la retraite

Lors de leur départ à la retraite [33], des indemnités sont versées aux salariés du secteur privé non agricole :

- par leur employeur,
- le cas échéant, sous condition d'ancienneté dans l'entreprise.

3. Retraite progressive

Dispositif [40] permettant aux salariés du secteur privé non agricole, et, depuis le 01.09.2023, aux agents de la fonction publique, qui ne souhaitent ni s'arrêter définitivement ni travailler à temps complet :

- d'exercer une activité à temps partiel,
- tout en percevant une partie de leur retraite.

4. Préretraite

Même si le champ d'application est aujourd'hui extrêmement restreint, la préretraite [41] permet aux salariés âgés du secteur privé non agricole, sous conditions et avant la liquidation de leur retraite :

- de cesser, en tout ou partie, leur activité professionnelle,
- tout en percevant une allocation temporaire. ■

33. Indemnité de départ à la retraite

La cessation du contrat de travail pour départ à la retraite donne lieu au versement d'une indemnité. Cependant, en cas de départ volontaire, à l'initiative du salarié, l'indemnité est subordonnée à une condition d'ancienneté du salarié de 10 ans dans l'entreprise.

1. Bénéficiaires

Sont visés les salariés :

- mis à la retraite par leur employeur,
- ou partant volontairement à la retraite, dès lors qu'ils justifient d'au moins 10 années d'ancienneté.

Remarque - Seuls les salariés âgés de plus de 70 ans ou ayant donné leur accord peuvent être mis à la retraite d'office par leur employeur. À défaut, la mise à la retraite est assimilée à un licenciement.

2. Montant et versement

Le montant de l'indemnité légale de départ à la retraite diffère selon que le salarié :

- est mis à la retraite par décision de l'employeur,
- ou prend sa retraite volontairement.

Indemnité légale de départ à la retraite	
Mise à la retraite (départ à l'initiative de l'employeur)	**Départ volontaire à la retraite (départ à l'initiative du salarié)**
• 1/4 de mois de salaire par année d'ancienneté jusqu'à la 10e, • 1/3 de salaire mensuel par année supplémentaire.	• 1/2 mois de salaire entre 10 et 15 années d'ancienneté, • 1 mois de salaire entre 15 et 20 années, • 1,5 mois de salaire entre 20 et 30 années, • 2 mois de salaire après 30 années.

Convention collective, accord ou contrat de travail peuvent stipuler une indemnité supérieure à celle prévue par la loi.

3. Régime social

En cas de départ volontaire à la retraite, l'indemnité est :

- soumise en totalité aux cotisations de sécurité sociale, à la CSG et à la CRDS,
- exonérée de cotisations sociales, de CSG et de CRDS dans le cadre d'un plan social, mais uniquement dans la limite du montant légal ou conventionnel et de 2 fois le plafond de la sécurité sociale (soit 92 736 € en 2024).

En cas de mise à la retraite par l'employeur, l'indemnité est exonérée de cotisations sociales dans la limite de 2 fois le plafond de la sécurité sociale (soit 92 736 € en 2024), à hauteur du plus élevé des 3 montants suivants :

- indemnité conventionnelle ou légale,
- 2 fois la rémunération annuelle brute perçue par le salarié au cours de l'année civile précédant la rupture du contrat de travail,
- 50 % de l'indemnité totale perçue.

Dans tous les cas de figure, l'indemnité est assujettie dès le premier euro aux cotisations sociales, à la CSG et à la CRDS si son montant est supérieur à 10 fois le plafond annuel de la sécurité sociale (soit 463 680 € en 2024).

Par exception, le seuil est de 5 fois le plafond de la sécurité sociale (soit 231 840 € en 2024) pour les indemnités de cessation forcée des fonctions de mandataires sociaux ("parachutes dorés") versées au titre d'une cessation forcée. En cas de cumul d'un contrat de travail et d'un mandat social, il convient, pour apprécier la condition d'exonération, de faire masse des indemnités liées à la cessation du contrat de travail et de celles liées à la cessation forcée du mandat, versées au sein d'une même entreprise ou de sociétés du même groupe.

Remarque - L'employeur peut avoir souscrit un contrat d'assurance-vie au profit de ses salariés leur garantissant un capital lors de leur départ à la retraite ("contrat IFC" pour "indemnités de fin de carrière"). Ce type de contrat suit le même régime fiscal et social que celui des indemnités de mise à la retraite.

› FISCAL

En cas de départ volontaire à la retraite, l'indemnité est imposable en totalité au titre des traitements et salaires, sous réserve d'une exonération totale pour celle versée dans le cadre d'un plan de sauvegarde de l'emploi.

En cas de mise à la retraite par l'employeur, l'indemnité de mise en retraite est exonérée d'IR à hauteur du plus élevé des 3 montants suivants :

- indemnité conventionnelle ou légale, sans limitation,
- 2 fois la rémunération annuelle brute perçue par le salarié au cours de l'année civile précédant la rupture du contrat de travail, dans la limite de 231 840 € pour 2024, soit 5 fois le plafond annuel de la sécurité sociale (plafond ramené à 139 104 € s'agissant d'indemnités de cessation forcée du mandat social, soit 3 fois le plafond de la sécurité sociale),
- 50 % de l'indemnité totale perçue. ■

34. Retraite de base : pension personnelle

La pension personnelle d'un retraité est dite "contributive" car versée en contrepartie des cotisations qu'il a acquittées au cours de sa carrière. Lors de la liquidation des droits, l'âge, la durée d'assurance et le salaire annuel moyen influent sur le calcul et le montant de la pension.

1. Âge de liquidation des droits et cessation de l'activité

Âge minimal de départ à la retraite :

- 62 ans et 6 mois pour les assurés nés en 1962 (âge progressivement relevé pour les générations suivantes afin d'atteindre 64 ans pour les assurés nés à partir de 1968 **[12 § 1]**),
- sauf départ anticipé autorisé pour longue carrière **[12 § 2]**, pour handicap **[12 § 3]**, pour carrière pénible **[12 § 4]** ou pour inaptitude **[12 § 5]**.

Âge de la retraite dite "à taux plein" (50 %) accordée automatiquement, sous condition de cessation de l'activité : 67 ans (assurés nés à partir de 1955 **[12 § 1]**).

Entre les deux bornes d'âge, il est possible de prendre sa retraite à taux plein sous réserve de totaliser un nombre minimal de trimestres d'assurance (169 trimestres les assurés nés en 1962 ; nombre progressivement augmenté pour atteindre 172 trimestres pour ceux nés à partir de 1965 **[§ 3]**.

Remarque - Par exception et sous certaines conditions, bénéficient du taux plein dès l'âge de 65 ans et quelle que soit la durée d'assurance :

- *les parents d'un enfant handicapé,*
- *les assurés handicapés,*
- *les assurés ayant interrompu leur activité professionnelle pour être aide soignant familial.*

Dans tous les cas de figure, la liquidation des droits suppose que l'assuré met un terme à l'ensemble de ses activités professionnelles, sauf en cas de retraite progressive **[40]**. Le retraité a la possibilité de reprendre une activité professionnelle par la suite sous certaines conditions **[19]**.

2. Détermination du salaire annuel moyen

Il est calculé en 3 étapes :

- liste des salaires annuels, retenus chaque année dans la limite du plafond de la sécurité sociale,
- revalorisation de ces salaires par des coefficients **[tableau]**,
- calcul de la moyenne des 25 meilleures annuités ayant donné lieu à cotisations.

Coefficients de revalorisation au 01.01.2024

Année	Coefficient	Année	Coefficient	Année	Coefficient
1980	2,836	**1995**	1,530	**2010**	1,229
1981	2,502	**1996**	1,493	**2011**	1,219
1982	2,235	**1997**	1,477	**2012**	1,195
1983	2,108	**1998**	1,460	**2013**	1,170
1984	1,999	**1999**	1,443	**2014**	1,156
1985	1,915	**2000**	1,436	**2015**	1,156
1986	1,872	**2001**	1,407	**2016**	1,155
1987	1,803	**2002**	1,376	**2017**	1,155
1988	1,762	**2003**	1,354	**2018**	1,146
1989	1,699	**2004**	1,333	**2019**	1,130
1990	1,653	**2005**	1,308	**2020**	1,119
1991	1,628	**2006**	1,285	**2021**	1,115
1992	1,575	**2007**	1,264	**2022**	1,103
1993	1,575	**2008**	1,252	**2023**	1,053
1994	1,547	**2009**	1,241		

SALARIÉS

SALARIÉS

3. Détermination de la durée d'assurance

Exprimée en trimestres, la durée d'assurance au régime général est déterminée en fonction des périodes ayant donné lieu à cotisations au titre des assurances sociales, des périodes assimilées et des majorations éventuellement applicables **[tableau]**.

Remarque - Sont assimilées à des périodes d'assurance les périodes :
- *de versement des prestations en espèces de la sécurité sociale pour maladie, maternité, invalidité et accident du travail,*
- *de chômage ayant donné lieu à l'inscription sur les listes de France Travail (ex-Pôle emploi),*
- *indemnisées au titre de l'activité partielle à compter du 01.03.2020,*
- *de stage rémunéré par l'État, un opérateur de compétence ou la région (incluant la prise en charge des cotisations sociales),*
- *de service national,*
- *de guerre.*

4 trimestres au maximum peuvent être validés par année civile.

La durée d'assurance au régime général est retenue dans la limite de 169 trimestres pour un assuré né en 1962 (durée progressivement augmentée par la suite, à raison d'un trimestre par génération, pour atteindre 172 trimestres pour un assuré né à partir de 1965). 1 trimestre de cotisation doit être au moins validé.

Remarque - Pour les périodes postérieures au 01.01.1972, on retient autant de trimestres que le salaire annuel correspondant aux retenues subies par l'assuré sur sa rémunération représente de fois le montant du SMIC au 1er janvier de l'année considérée calculé sur la base de 200 heures jusqu'en 2013 compris, puis 150 heures pour les périodes postérieures au 31.12.2013, soit 747,50 € pour 2024.

Principales majorations de la durée d'assurance au régime général
• Majorations pour charges de famille : - par enfant né ou adopté jusqu'en 2009, 1 trimestre par année de prise en charge (maximum 8 trimestres) pour les mères de famille, - par enfant né ou adopté depuis 2010 : 4 trimestres au titre de la maternité pour les mères de famille et 4 trimestres au titre de son éducation les 4 années suivant sa naissance ou adoption attribués librement à l'un des parents ou partagés entre eux. • Majoration pour congé parental d'éducation égale à la durée du congé. • Majoration de 8 trimestres au maximum par enfant handicapé éduqué ou charge d'un proche parent handicapé. • Majoration de 2,50 % par trimestre ajourné, pour les assurés ayant atteint l'âge de la retraite à taux plein et ne réunissant pas la durée d'assurance maximale au régime général.

(**1**) Pour les pensions liquidées à compter du 01.09.2023, au moins 2 trimestres au titre de la majoration "éducation" ou "adoption" sont garantis à la mère. En outre, la majoration "éducation" est désormais maintenue en cas de décès de l'enfant avant ses 4 ans.

4. Taux applicable

Le taux appliqué au salaire annuel moyen ne peut pas, par principe, être supérieur à 50 %.

Le <u>taux plein</u> de 50 % est accordé :
- automatiquement, à l'âge de 67 ans pour les assurés nés à partir de 1955 (étant entendu que les générations précédentes ont atteint l'âge requis pour le taux plein automatique),
- sous condition de durée d'assurance, aux assurés n'ayant pas atteint l'âge de la retraite à taux plein (tous régimes confondus : 169 trimestres pour les assurés nés en 1962, puis + 1 trimestre par génération suivante pour atteindre 172 trimestres pour les assurés nés à partir de 1965).

Dans tous les autres cas et sauf départ anticipé autorisé **[12]**, un <u>taux réduit</u> s'applique (ou décote).

Décote	
Réduction par trimestre manquant (dans la limite de 20 trimestres), si les conditions pour obtenir le taux plein ne sont pas remplies [§ 1].	
Par trimestre manquant (1)	**Taux minimum**
1,250 %	37,50 %

(1) Équivaut à réduire le taux plein de 50 % de 0,625 point par trimestre manquant.

Le taux de 50 % est diminué selon la solution la plus favorable :
- jusqu'au nombre de trimestres requis,
- jusqu'à l'âge de la retraite à taux plein.

Exemple - *Un assuré né en juin 1962 totalise 164 trimestres au moment de la liquidation de ses droits à la retraite. Il lui manque donc 5 trimestres pour obtenir une retraite à taux plein en 2024. Le taux de la pension est diminué de 3,125 points (5 × 0,625), soit un taux minoré de 46,875 %. Il manque à ce même assuré 4 ans et 6 mois, soit 18 trimestres, pour atteindre l'âge du taux plein (67 ans), qui aboutit à un taux minoré de 38,75 %. Le premier calcul est appliqué parce que plus favorable pour l'assuré.*

À l'inverse, lorsque l'assuré prolonge son activité au-delà de la durée d'assurance minimale requise, il bénéficie d'une majoration de pension (ou surcote) [§ 5].

5. Montant de la pension

Le montant de la retraite de base est ainsi fonction :
- du salaire annuel moyen,
- de la durée d'assurance au régime de base,
- et, le cas échéant, de la durée d'assurance, tous régimes alignés confondus.

Retraite de base d'un assuré (1)
50 % (2) × salaire annuel moyen (3) × [durée d'assurance au régime général (4) / 169 (5)].

(1) Conditions requises pour un assuré né en 1962 (+ 1 trimestre par génération suivante jusqu'à 172 trimestres pour les générations nées à partir de 1965 [§ 1].
(2) Taux maximal ou "taux plein" accordé automatiquement sous condition d'âge [§ 4] ou, en dessous de cet âge, sous condition de durée d'assurance, tous régimes confondus (si cette durée n'est pas remplie, une décote est appliquée).
(3) Moyenne des 25 meilleures années, prises en compte dans la limite du plafond de la sécurité sociale.
(4) Également appelée "durée de référence" et plafonnée à 169 trimestres pour un assuré né en 1962 (+ 1 trimestre par génération suivante pour atteindre 172 trimestres pour un assuré né à partir de 1965).
(5) 169 trimestres pour un assuré né en 1962 (+ 1 trimestre par génération suivante pour atteindre 172 trimestres pour un assuré né à partir de 1965 [§ 1]).

Majorations diverses (1)
• **10 % pour 3 enfants**. • **Assistance d'une tierce personne** : 40 % de la pension (15 199,50 € minimum par an au 01.04.2024). • **Surcote** (majoration par trimestre supplémentaire cotisé au-delà de l'âge légal de départ à la retraite et au-delà de la durée d'assurance minimale) : 1,25 % par trimestre cotisé depuis 2009 (soit 5 % par an) (2).

(1) La majoration pour conjoint à charge (soit 608,80 €) est supprimée pour les pensions liquidées depuis 2011. Elle est maintenue, sous condition de ressources, pour ceux qui en bénéficiaient avant cette date.
(2) Par dérogation, à compter du 01.09.2023, les parents bénéficiant d'une majoration de durée d'assurance (pour maternité, éducation, adoption, enfant handicapé ou congé parental d'éducation [§ 3]) peuvent bénéficier de la surcote un an avant l'âge légal de départ à la retraite, à partir de 63 ans.

6. Exemples de retraite

Voir [39]. ■

35. Maximum et minimum

Quels que soient l'âge lors du départ à la retraite, le revenu annuel moyen et la durée d'assurance, la retraite de base ne peut excéder un certain plafond. Inversement, la loi fixe des montants "planchers".

1. Maximum

Compte tenu des modalités de calcul, le montant maximal de la retraite de base ne peut en aucun cas excéder 50 % du plafond de la sécurité sociale **[34]**.

Retraite de base maximale en 2024 (1)
23 184 € (soit 1 932 € par mois).

(1) Hors majorations pour enfants, conjoint et/ou tierce personne.

Dans les faits, compte tenu de l'évolution des coefficients de revalorisation appliqués aux salaires **[34 § 2]** souvent inférieure à la revalorisation du plafond annuel de la sécurité sociale, la pension est généralement inférieure au montant ci-dessus.

Exemple - *Un assuré prend sa retraite au 01.01.2024. Sa pension est calculée sur la base des 25 meilleurs salaires perçus pris dans la limite du plafond annuel de la sécurité sociale auxquels les coefficients de revalorisation ont été appliqués. Le salaire annuel moyen est égal à 42 489,11 € (1 062 227,80 € / 25). Hors bonification, le montant de la pension est égal à [42 489,11 × 50 % × (169 / 169)] = 21 244,56 €, soit 97 % de la moitié du plafond de la sécurité sociale de 2023.*

2. Minimum "contributif"

Les personnes bénéficiant du taux plein de 50 % **[35]** ont droit à une retraite de base qui ne peut être inférieure à un certain montant.

Dès lors que la condition de durée d'assurance n'est pas remplie, le montant du minimum contributif est réduit au prorata de la durée d'assurance validée.

Retraite de base minimale au 01.01.2024 (1)
8 796,38 € par an (soit 733,03 € par mois). Minimum majoré : **10 513,61 €** (soit 876,13 € par mois) (2).

(1) Hors majorations pour enfants et/ou conjoint.
(2) Servi aux assurés disposant du nombre de trimestres requis pour obtenir une retraite à taux plein et au minimum 120 trimestres d'assurance cotisés.

Le minimum est dit "contributif", car il est versé en contrepartie de cotisations, sous réserve que le montant total des pensions (base et complémentaire) ne dépasse pas un certain plafond. Il peut être attribué :

- à partir de l'âge du taux plein, sans condition de durée d'assurance **[34]**,
- ou à un âge inférieur, à condition de justifier de la durée d'assurance requise (169 trimestres d'assurance pour un assuré né en 1962, durée progressivement augmentée, à raison de 1 trimestre par génération, suivante pour atteindre 172 trimestres pour les assurés nés à partir de 1965).

3. Minimum "non contributif"

Une allocation de solidarité aux personnes âgées (ASPA) **[16]**, garantissant un minimum de ressources (communément appelé "minimum vieillesse"), est accordée à toute personne :

- ayant atteint 65 ans,
- dont les ressources n'excèdent pas, en 2024, 12 144,27 € (personne seule) ou 18 854,02 € (ménage). ■

36. Retraite de base : réversion

Au décès de l'assuré, son conjoint (marié) peut demander, sous certaines conditions, une pension de réversion, c'est-à-dire une fraction des droits à retraite accumulés par le défunt. Depuis le 01.09.2023, l'enfant âgé de moins de 21 ans qui a perdu ses deux parents peut également bénéficier d'une pension de réversion.

RÉVERSION EN FAVEUR DU CONJOINT

1. Bénéficiaires

Bénéficient, sous conditions, d'une pension de réversion le veuf ou la veuve d'un assuré décédé, ainsi que son ex-conjoint divorcé.

Remarque - Le versement de la retraite de réversion n'est pas automatique ; il faut en faire la demande :

- *si la demande est déposée dans un délai d'un an suivant le décès, la pension de réversion prend effet à compter du lendemain du décès,*
- *dans le cas contraire, la pension n'est attribuée qu'à compter du 1er jour du mois suivant la date de réception de la demande par la caisse de retraite.*

2. Condition relative au défunt

Le défunt devait être retraité ou aurait pu obtenir une retraite de base.

3. Conditions relatives au conjoint

Le versement de la pension de réversion est soumis :

- à une condition d'âge minimal : 55 ans,
- et à un montant de ressources : 24 232 € pour une personne seule ou 38 771,20 € pour un couple, en 2024.

La pension de réversion peut se cumuler avec une pension personnelle tant que la somme des ressources du conjoint survivant ne dépasse pas les plafonds autorisés. Dans le cas contraire, la pension de réversion est réduite en conséquence.

Remarque - De façon générale, pour estimer le montant des ressources, il convient :

- *de retenir notamment les salaires et les autres revenus professionnels du conjoint, les revenus de remplacement, les biens mobiliers et immobiliers personnels censés produire un revenu annuel fictif égal à 3 % de leur valeur vénale,*
- *et d'exclure notamment certaines aides et prestations sociales (APA, AAH, ASPA, allocation logement...), les pensions alimentaires perçues en vertu de l'obligation alimentaire, les avantages de réversion des régimes complémentaires obligatoires, les revenus de biens communs et de biens du défunt.*

4. Montant de la réversion

La pension de réversion est égale à un pourcentage de la pension principale dont bénéficiait ou eût bénéficié l'assuré défunt.

<table>
<tr><th colspan="2">Retraite de réversion</th></tr>
<tr><td colspan="2">Retraite de base du défunt × 54 % (1).</td></tr>
<tr><td>Majorations :
• majoration de 10 % pour 3 enfants,
• majoration forfaitaire par enfant à charge de 110,16 € par mois en 2024, sous conditions (2).</td><td>Réversion minimale :
• 3 897,55 € en 2024 (soit 324,80 € par mois) si le défunt a cotisé au moins 15 ans (soit 60 trimestres) au régime général,
• au prorata de la durée d'assurance, en dessous de 15 ans.
Réversion maximale : 12 519,36 € en 2024 (soit 1 043,28 € par mois).</td></tr>
</table>

(**1**) Majoration de 11,1 % sous certaines conditions de la pension de réversion pour les veuves et veufs modestes ayant atteint l'âge du taux plein, si la retraite totale n'excède pas 2 928,71 € par trimestre en 2024.
(**2**) Majoration accordée dès lors que le demandeur n'est pas titulaire d'une pension de retraite personnelle et qu'il n'a pas atteint l'âge d'obtention d'une retraite à taux plein.

SALARIÉS

RÉVERSION EN FAVEUR DE L'ORPHELIN

5. Bénéficiaires
Au décès de l'ensemble des personnes avec lesquelles il entretient un lien de filiation (ou disparition ou absence ayant entraîné une déclaration judiciaire), l'orphelin a droit, sur demande, à une pension pour chaque assuré décédé.

6. Condition relative au défunt
Le défunt devait être retraité ou aurait pu obtenir une retraite de base.

7. Conditions relatives à l'orphelin
L'orphelin doit être âgé de moins de 21 ans.

Dès lors que le revenu d'activité n'excède pas 55 % du taux horaire brut du SMIC au 1er janvier × 169 × 12 (soit 12 994,41 € en 2024), versement possible :
- avant 25 ans,
- ou sans limite d'âge en cas d'incapacité permanente d'au moins 80 % constatée avant 21 ans.

Les limites d'âge conditionnent la durée de versement de la pension d'orphelin.

8. Montant de la réversion
La pension est égale à 54 % de la retraite de base du défunt. Montant minimal : 105,30 € par mois.

En présence de plusieurs bénéficiaires, le montant est partagé. ■

37. Rachat de cotisations

Les assurés peuvent, dans une certaine limite, procéder au versement volontaire de cotisations afin que les années d'études supérieures puissent être prises en compte dans le calcul de la retraite ou en vue de combler des années incomplètes. L'opération, appelée communément "rachat de cotisations", vise à améliorer le montant final de la pension de retraite.

1. Bénéficiaires
Le rachat est ouvert aux personnes âgées d'au moins 20 ans et de moins de 67 ans, qui ne bénéficient pas encore d'une retraite personnelle du régime général.

2. Périodes concernées
Sont visées :
- les années d'études supérieures validées par un diplôme français ou équivalent (dans des établissements d'enseignement supérieur, écoles techniques supérieures, grandes écoles et classes préparatoires du 2e degré),
- et les années d'activité incomplètes dont tout ou partie des trimestres n'ont pu être validés bien que l'assuré ait été affilié au régime général à quelque titre que ce soit.

Le nombre de trimestres rachetés est limité à 12, soit 3 années (2 trimestres au maximum pour les périodes de stage en entreprise).

3. Coût du rachat
Il diffère selon les revenus d'activité salariée et non salariée, l'âge et l'option choisie par l'assuré :
- la seule atténuation de la décote applicable en dessous de l'âge de la retraite à taux plein lorsque la condition de durée d'assurance requise, tous régimes confondus, n'est pas remplie,
- ou l'atténuation de la décote et la prise en compte des périodes rachetées dans la durée d'assurance retenue pour calculer le montant de retraite.

Remarque - Si le rachat porte sur un seul trimestre, l'assuré doit s'acquitter de la somme due en une seule fois. Au-delà d'un trimestre, il peut opter pour un échelonnement en mensualités égales, à raison de 12 ou 36 mensualités, de 2 à 8 trimestres rachetés ; 12, 36 ou 60 mensualités, de 9 à 12 trimestres rachetés.

Les années comprenant une période rachetée ne sont pas prises en compte pour la détermination du salaire annuel moyen retenu pour calculer la retraite de base.

Exemples de coût de 1 trimestre racheté en 2024 (1)		
Âge en 2024	**Option 1 : atténuation de la décote exclusivement**	**Option 2 : atténuation de la décote et prise en compte pour la durée**
20 ans	Entre 1 055 et 1 407 €	Entre 1 564 et 2 085 €
30 ans	Entre 1 487 et 1 983 €	Entre 2 204 et 2 938 €
40 ans	Entre 2 065 et 2 753 €	Entre 3 060 et 4 080 €
50 ans	Entre 2 672 et 3 563 €	Entre 3 960 et 5 279 €
60 ans	Entre 3 275 et 4 367 €	Entre 4 854 et 6 472 €
66 ans	Entre 3 044 et 4 059 €	Entre 4 512 et 6 015 €

(1) Le coût du rachat étant également fonction des revenus des 3 années précédant la demande, seuls les montants minimaux et maximaux sont ci-dessus indiqués.

Bénéficient d'un <u>tarif préférentiel</u> les rachats effectués par :

- des jeunes entrant dans la vie active, la demande devant être formulée désormais avant 40 ans lorsqu'elle porte sur une période d'études supérieures et avant 30 ans pour une période de stage,
- des assistants maternels, au titre de périodes incomplètes de cotisation comprises entre le 01.01.1975 et le 31.12.1990,
- des apprentis, pour les trimestres d'apprentissage accomplis dans le cadre d'un contrat conclu entre le 01.07.1972 et le 31.12.2013.

Remarque - Peuvent également faire l'objet d'un rachat de cotisation les périodes d'activité pendant lesquelles l'assuré a été légalement empêché de cotiser (par exemple, activité au sein d'une organisation internationale ou activité exercée à l'étranger). ■

38. Retraite complémentaire AGIRC-ARRCO

Unifié depuis 2019, l'AGIRC-ARRCO est le régime de retraite complémentaire obligatoire des salariés du secteur privé. Le montant de la retraite complémentaire dépend directement du nombre de points de retraite acquis par l'intéressé en contrepartie des cotisations versées tout au long de sa carrière.

1. Personnes concernées

En plus de la retraite de base versée par le régime général de la sécurité sociale **[34]**, les salariés du secteur privé bénéficient d'une retraite complémentaire versée par le régime AGIRC-ARRCO. Cet organisme est issu de la fusion, au 01.01.2019, des organismes ARRCO, en charge avant cette date de la retraite complémentaire des non-cadres, et AGIRC, en charge de celle des salariés cadres, dont il a repris les droits et les obligations.

Remarque - Les salariés agricoles et les expatriés font l'objet de dispositions spécifiques.

2. Assiette des cotisations

Les cotisations sont calculées en pourcentage du salaire brut du salarié et réparties sur 2 tranches **[26]**.

Remarque - Le taux d'appel des cotisations AGIRC-ARRCO étant fixé à 127 % du taux contractuel, les cotisations versées sont par conséquent supérieures à celles effectivement prises en compte pour le calcul de la retraite.

PENSION PERSONNELLE

3. Liquidation des droits à retraite

"<u>Âge normal</u>" : 67 ans pour les assurés nés à partir de 1955.

Le <u>départ anticipé</u> est cependant autorisé au plus tôt 10 ans avant cet âge normal (soit 57 ans) :

- avec minoration, normalement,
- sauf en cas de liquidation de la retraite de base au taux plein **[34]**.

SALARIÉS

4. Calcul de la pension personnelle

Le montant de la retraite complémentaire AGIRC-ARRCO est fonction du nombre de points inscrits au compte de l'intéressé et, le cas échéant, de la minoration applicable en cas de départ à la retraite avant l'âge normal **[§ 3]**.

Les points de retraite peuvent être :
- acquis par cotisations,
- validés au titre de périodes assimilées à celles de cotisations (chômage, arrêt de travail de plus de 2 mois pour maladie, maternité, accident),
- attribués gratuitement au titre de services passés.

Seules les cotisations contractuelles (hors taux d'appel, donc) permettent d'obtenir des points de retraite.

Chaque année, le nombre de points acquis s'obtient en divisant le montant des cotisations versées par le salaire de référence (ou prix d'achat du point de retraite).

Modalités d'acquisition des points de retraite
Cotisation contractuelle / 19,6321 € (1).

(1) Salaire de référence en 2024.

Exemple - *En 2024, une personne perçoit un salaire de 38 000 €. Sa cotisation annuelle génératrice de droits s'élève à 2 356 € (38 000 × 6,20 %). Au titre de 2024, elle acquiert ainsi 120 points (2 356 / 19,6321).*

Le montant de la pension s'obtient en multipliant le nombre de points ainsi acquis tout au long de la carrière professionnelle par la valeur du point AGIRC-ARRCO au moment de la liquidation des droits.

Calcul de la pension AGIRC-ARRCO
Nombre de points × **1,4159 € (1)** + majorations pour enfants **[§ 6]**.

(1) Valeur de service du point au 01.11.2023.

Remarque - L'accord AGIRC-ARRCO signé le 05.10.2023 pour la période 2023-2026 a mis fin au mécanisme du bonus-malus influant le calcul des pensions depuis 2019.

5. Départ anticipé avant l'âge normal de départ à la retraite

Application d'un coefficient réducteur au nombre de points inscrits de l'intéressé.

Calcul effectué en tenant compte de la solution la plus favorable pour l'intéressé : l'âge ou le nombre de trimestres manquants.

Âge normal de départ à la retraite [§ 3]	Coefficient réducteur	Âge normal de départ à la retraite [§ 3]	Coefficient réducteur
– 10 ans	**0,43**	– 5 ans	**0,78**
– 9 ans et 3 trimestres	**0,4475**	– 4 ans et 3 trimestres	**0,7925**
– 9 ans et 2 trimestres	**0,465**	– 4 ans et 2 trimestres	**0,805**
– 9 ans et 1 trimestre	**0,4825**	– 4 ans et 1 trimestre	**0,8175**
– 9 ans	**0,5**	– 4 ans	**0,83**
– 8 ans et 3 trimestres	**0,5175**	– 3 ans et 3 trimestres	**0,8425**
– 8 ans et 2 trimestres	**0,535**	– 3 ans et 2 trimestres	**0,855**
– 8 ans et 1 trimestre	**0,5525**	– 3 ans et 1 trimestre	**0,8675**
– 8 ans	**0,57**	– 3 ans	**0,88**
– 7 ans et 3 trimestres	**0,5875**	– 2 ans et 3 trimestres	**0,89**
– 7 ans et 2 trimestres	**0,605**	– 2 ans et 2 trimestres	**0,9**
– 7 ans et 1 trimestre	**0,6225**	– 2 ans et 1 trimestre	**0,91**
– 7 ans	**0,64**	– 2 ans	**0,92**
– 6 ans et 3 trimestres	**0,6575**	– 1 an et 3 trimestres	**0,93**
– 6 ans et 2 trimestres	**0,675**	– 1 an et 2 trimestres	**0,94**
– 6 ans et 1 trimestre	**0,6925**	– 1 an et 1 trimestre	**0,95**
– 6 ans	**0,71**	– 1 an	**0,96**
– 5 ans et 3 trimestres	**0,7275**	– 3 trimestres	**0,97**
– 5 ans et 2 trimestres	**0,745**	– 2 trimestres	**0,98**
– 5 ans et 1 trimestre	**0,7625**	– 1 trimestre	**0,99**

6. Majorations

Majoration :

- 5 % par enfant à charge au moment de la liquidation de la retraite, aussi longtemps que l'enfant reste à charge,
- ou 10 % si 3 enfants au moins élevés pendant 9 ans avant l'âge de 16 ans, pour les droits acquis depuis 2012.

Ces majorations sont calculées avant application des coefficients d'anticipation (et de majoration, dans le cadre de certains régimes).

Remarque - Pour les inscrits à l'ancien régime ARRCO, majoration de 5 % pour les droits acquis entre 1999 et 2011 et variable selon les ex-caisses ARRCO pour les droits acquis antérieurement, et majoration pour ancienneté pour certains salariés (droits ARRCO antérieurs à 1999). Pour les inscrits à l'ancien régime AGIRC : majoration de 8 % pour 3 enfants, 12 % pour 4, 16 % pour 5,20 % pour 6 et 24 % pour 7 et plus pour les droits acquis avant 2012.

7. Rachat de points au titre des années d'études supérieures

Il est possible d'acquérir un nombre forfaitaire de 140 points par année d'études supérieures complète faisant l'objet d'un rachat auprès du régime de base (dans la limite de 3 ans).

Les conditions sont identiques à celles requises dans le régime général.

Le coût du rachat s'obtient :

- en multipliant le nombre de points acquis par la valeur de service du point de retraite l'année du versement,
- puis en appliquant au résultat ainsi obtenu un coefficient fonction de l'âge de l'intéressé à la date du versement.

Coefficients de rachat (1)					
Âge	**Coefficient**	**Âge**	**Coefficient**	**Âge**	**Coefficient**
20 à 28 ans	29,0	**44 et 45 ans**	28,3	**57 à 60 ans**	27,6
29 à 32 ans	28,9	**46 ans**	28,2	**61 ans**	27,7
33 et 35 ans	28,8	**47 et 48 ans**	28,1	**62 et 63 ans**	27,8
36 à 38 ans	28,7	**49 ans**	28,0	**64 ans**	27,0
39 et 40 ans	28,6	**50 et 51 ans**	27,9	**65 ans**	26,9
41 ans	28,5	**52 et 53 ans**	27,8	**66 ans**	25,9
42 et 43 ans	28,4	**54 à 56 ans**	27,7		

(1) Barème applicable aux rachats intervenant en 2024.

Exemple - *En mars 2024, un salarié âgé de 55 ans rachète 70 points AGIRC-ARRCO au titre d'une année d'études supérieures.*
Le coût du rachat s'élève à : (70 × 1,4159 € × 27,7) = 2 745,43 €.

Le rachat s'effectue obligatoirement en une fois.

RÉVERSION

8. Bénéficiaires

De façon générale peut demander à bénéficier de la pension de réversion AGIRC-ARRCO le conjoint survivant non remarié de l'assuré decédé (inclus ex-conjoint divorcé).

9. Condition relative au défunt

Le défunt devait être retraité ou aurait pu obtenir une retraite complémentaire AGIRC-ARRCO.

10. Conditions relatives au conjoint

Peut bénéficier de la pension de réversion le conjoint survivant non remarié :

- âgé de 55 ans au moins,
- quel que soit son âge, s'il a au moins 2 enfants à charge à la date du décès ou s'il est invalide à cette date ou le devient ultérieurement.

Aucune condition de durée de mariage n'est exigée.

11. Calcul de la réversion

La pension de réversion du régime AGIRC-ARRCO est calculée en pourcentage de la retraite complémentaire que percevait le défunt, ou qu'il aurait pu percevoir s'il est décédé avant de partir à la retraite.

Remarque - Il est également tenu compte des droits acquis au titre des éventuelles majorations. Inversement, les coefficients éventuels d'anticipation ou d'ajournement ne sont pas pris en compte.

Retraite de réversion
Retraite complémentaire du défunt × **60 % (1)**.

(1) Compte non tenu, le cas échéant, des coefficients d'anticipation et d'ajournement applicables.

12. Suppression de la pension en cas de remariage

Contrairement à ce qui se passe dans le cadre du régime général, la pension de réversion est supprimée en cas de remariage du conjoint survivant postérieurement à son attribution, mais non en cas de concubinage.

Remarque - Lorsque l'allocation de réversion est attribuée sans condition d'âge en raison de l'état d'invalidité du conjoint survivant, le service est interrompu lorsque l'état d'invalidité cesse. Il reprend à l'âge normalement requis. En revanche, lorsque l'allocation est attribuée sans condition d'âge du fait de l'existence de 2 enfants à charge, il est maintenu même si les enfants ne sont plus à charge. ■

39. Exemples de retraite

Estimations effectuées par e-DIXIT® (mars 2024).

1. Cas n° 1 : salarié non cadre rémunéré au SMIC

Pierre, célibataire, a commencé sa carrière le 01.01.1984.

Évolution du salaire annuel au cours de la carrière calée au niveau du SMIC (21 203 € en 2024).

Compte tenu de sa date de naissance, les conditions minimales pour obtenir une pension à taux plein : départ à 62 ans et 6 mois et réunir 169 trimestres.

2 hypothèses de départ à la retraite (incluant une progression annuelle du revenu d'ici au départ à la retraite limitée à + 1 %) :

- au 01.01.2025, à 62,5 ans, avec une décote, le nombre de trimestres requis n'étant pas atteint (5 trimestres manquants),
- report du départ au 01.04.2026, afin de réunir les 169 trimestres permettant un départ à taux plein.

	Hypothèse 1	Hypothèse 2
Retraite de base	8 943 €	10 710 €
Retraite complémentaire	3 403 €	3 701 €
Montant total annuel brut	12 346 €	14 411 €
Taux de remplacement (1)	69 %	80 %

(1) Montant brut de la retraite comparé au dernier salaire brut.

2. Cas n° 2 : salarié non cadre

Paul, célibataire, a commencé sa carrière le 01.01.1984.

Évolution du salaire annuel au cours de la carrière professionnelle entre 1 SMIC et 1,5 fois le plafond annuel de la sécurité sociale (69 552 € en 2024).

Compte tenu de sa date de naissance, les conditions minimales pour obtenir une pension à taux plein : départ à 62 ans et 6 mois et réunir 169 trimestres.

2 hypothèses de départ à la retraite (incluant une progression annuelle du revenu limitée à + 1 %) :

- au 01.01.2025, à 62,5 ans, avec une décote, le nombre de trimestres requis n'étant pas atteint,
- report du départ au 01.10.2025, afin de réunir les 169 trimestres permettant un départ à taux plein.

	Hypothèse 1	Hypothèse 2
Retraite de base	19 230 €	21 386 €
Retraite complémentaire	8 525 €	9 547 €
Montant total annuel brut	27 754 €	30 933 €
Taux de remplacement (1)	47 %	52 %

(1) Montant de la retraite nette comparé au revenu net.

SALARIÉS

3. Cas n° 3 : salarié cadre

Rémi, célibataire, a commencé sa carrière le 01.01.1988.

Évolution du salaire annuel au cours de la carrière entre 1,5 fois et 5 fois le plafond annuel de la sécurité sociale (231 840 € en 2024).

Compte tenu de sa date de naissance, les conditions minimales pour obtenir une pension à taux plein : départ à 62 ans et 6 mois et réunir 169 trimestres.

3 hypothèses de départ à la retraite (incluant une progression annuelle du revenu d'ici au départ à la retraite limitée à + 1 %) :

- au 01.01.2025, à 62,5 ans (âge minimal atteint, mais départ pénalisé par une décote,
- au 01.07.2025, à 65 ans (âge minimal atteint, mais départ toujours pénalisé par une décote,
- au 01.07.2029, à 67 ans (âge du taux plein automatique).

	Hypothèse 1	Hypothèse 2	Hypothèse 3
Retraite de base	14 530 €	18 403 €	21 753 €
Retraite complémentaire	35 048 €	46 049 €	56 274 €
Montant total annuel brut	49 577 €	64 452 €	78 027 €
Taux de remplacement (1)	25 %	33 %	39 %

(1) Montant de la retraite nette comparé au revenu net. ■

40. Retraite progressive des salariés

SALARIÉS

***La retraite progressive permet aux salariés ayant atteint l'âge légal de départ à la retraite de percevoir une fraction de leur retraite (régime général et régimes complémentaires) tout en continuant à exercer une activité à temps partiel. Pour l'assuré, le dispositif constitue une solution alternative au cumul emploi-retraite* [19].**

1. Bénéficiaires

Le dispositif est ouvert aux salariés du secteur privé non agricole, à ceux du secteur agricole **[79]** et, depuis le 01.09.2023, aux agents la fonction publique **[42]**, qu'ils soient soumis à un cadre horaire, qu'ils aient conclu une convention de forfait en jours sur l'année avec leur employeur ou, désormais, qu'ils ne soient pas soumis à une durée du travail (VRP, salariés rémunérés à la tâche, à la pige, etc.).

Les assurés sont informés des conditions d'application de la retraite progressive **[23]**.

Remarque - Pour les salariés non soumis à une durée du travail, la demande de retraite progressive est soumise à une condition de revenu, similaire à celle requise pour les indépendants **[51]**. *Les modalités de service de la pension sont également identiques.*

2. Trois conditions

Pour demander à bénéficier de la retraite progressive, l'assuré doit :

- avoir atteint l'âge légal de départ à la retraite selon sa génération **[12]** diminué de 2 ans (par exemple, 60 ans et 6 mois pour un assuré né en 1962),
- justifier d'au moins 150 trimestres d'assurance ou de périodes reconnues équivalentes dans un ou plusieurs des régimes d'assurance vieillesse obligatoires,
- s'engager à exercer une activité à temps partiel : la durée de ce temps partiel ne doit être ni inférieure à 40 % ni supérieure à 80 % de la durée de travail applicable dans l'entreprise, exprimée selon la situation du salarié, en heures ou en jours.

Remarque - En cas de cumul d'emplois partiels pendant la période de retraite progressive, la somme des temps partiels est cumulée pour déterminer si la condition de durée globale d'activité à temps partiel est remplie.

3. Montant et versement de la retraite progressive

Le montant de la retraite progressive est inversement proportionnel à la quotité de travail à temps partiel effectuée par le salarié.

Il correspond à une fraction de la pension de vieillesse :

- retraite de base,
- + retraite(s) complémentaire(s).

Exemple - *Un salarié souhaite bénéficier du dispositif de la retraite progressive. Il réduit son temps de travail à 25 heures, au lieu des 35 heures hebdomadaires applicables dans son entreprise. La quotité de travail est égale à : 25 / 35 × 100 = 71,4285, arrondi à l'entier le plus proche, soit 71 %. Le pourcentage de fractionnement à appliquer au montant entier de la retraite calculé de façon provisoire est égal à 100 – 71, soit 29 %. Durant la période de retraite progressive, il percevra ainsi 29 % de sa retraite.*

La fraction de pension est versée pendant 1 an. À l'issue de chaque période annuelle, le salarié doit justifier la durée de son travail à temps partiel.

Le versement est supprimé lorsque le salarié :

- ne répond pas au questionnaire périodique de contrôle de la durée de l'activité à temps partiel,
- reprend une activité à temps plein ou exerce une autre activité à temps partiel en sus de celle ouvrant droit à la fraction de pension,
- cesse définitivement son activité et demande la liquidation définitive de ses droits à retraite.

Le versement est suspendu en cas de modification du temps de travail et du non-respect des seuils de 40 % et 80 %. Le versement reprend lorsque les conditions sont à nouveaux réunies, l'assuré devant être en mesure de le justifier auprès de sa caisse d'assurance vieillesse.

4. Régime social
La retraite progressive est soumise aux mêmes cotisations que les retraites [107].

La rémunération tirée de l'activité partielle est soumise aux cotisations applicables aux salaires. Ces cotisations permettent d'acquérir des droits supplémentaires au titre de la retraite de base dès lors qu'aucun droit à retraite n'a été liquidé par ailleurs. La pension est recalculée en tenant compte des salaires soumis à cotisations et de la durée d'assurance validée au titre de l'activité à temps partiel. Le montant obtenu ne peut être inférieur au montant ayant servi de base au calcul de la retraite progressive.

Concernant le régime complémentaire, les cotisations versées durant l'activité à temps partiel permettent d'obtenir des points de retraite supplémentaires.

› FISCAL

La retraite progressive est imposable à l'IR au titre des pensions et rentes viagères à titre gratuit [104].

Bien évidemment, la rémunération tirée de l'activité partielle est imposable au titre des traitements et salaires. ■

41. Préretraite des salariés

La préretraite permet aux salariés de cesser, en tout ou partie, leur activité professionnelle, tout en percevant une allocation temporaire. Un seul dispositif particulier est aujourd'hui accessible.

1. Seul dispositif en vigueur : "préretraite amiante" (CAATA)

Conditions d'attribution	Montant de l'allocation en 2024 et durée de versement
Salariés âgés d'au moins 50 ans : • reconnus atteints d'une maladie professionnelle provoquée par l'amiante, • ou ayant été exposés à des poussières d'amiante au cours de leur carrière exercée au sein d'établissements de fabrication ou de traitement de l'amiante, de chantiers de construction ou de réparation navale ou de ports dans lesquels était manipulée l'amiante, dont la liste est fixée par arrêté ministériel. Cessation de l'activité professionnelle. Demande spécifique à effectuer auprès de la caisse régionale d'assurance maladie.	• 65 % du salaire de référence mensuel dans la limite de 3 864 € (1), • + 50 % du salaire de référence mensuel compris entre 3 864 € et 7 728 € (1). Montant minimal : 1 260,35 € par mois. Fin de versement lorsque l'allocataire réunit les conditions pour bénéficier d'une retraite à taux plein.

(1) Moyenne des 12 derniers salaires bruts.

2. Régime social
La période de préretraite est prise en compte pour le calcul de la durée d'assurance [34].

Des points gratuits de retraite complémentaire peuvent être attribués.

› FISCAL

Les allocations sont imposables à l'IR au titre des traitements et salaires, après déduction d'une cotisation maladie spéciale. Elles sont soumises à la CSG au taux de 9,2 % et à la CRDS au taux de 0,5 %. ■

42. Régime spécial des fonctionnaires

SALARIÉS

Les agents titulaires de l'État (fonctionnaires) relèvent de l'un des régimes spéciaux existant en marge du régime général de sécurité sociale. Les agents non titulaires (auxiliaires et contractuels) relèvent, eux, du régime général des salariés et, à titre complémentaire, de l'IRCANTEC.

1. Bénéficiaires

Bénéficient du régime spécial des fonctionnaire :

- les agents civils relevant du statut général (membres titulaires d'une administration centrale de l'État ou des établissements publics qui en dépendent),
- les militaires,
- les magistrats de l'ordre judiciaire.

Le régime de retraite des fonctionnaires territoriaux ou hospitaliers est aligné sur celui des fonctionnaires civils d'État.

Remarque - La loi n° 2023-270 du 14.04.2023 a fermé plusieurs régimes spéciaux à compter du 01.09.2023 : industries électriques et gazières (IEG), RATP, clercs et employés de notaires (CRPCEN), Banque de France et Conseil économique, social et environnemental (CESE). Les agents et personnels de ces secteurs d'activité ou professions recrutés à partir de cette date sont, par conséquent, affiliés au régime général d'assurance vieillesse pour la retraite de base et à l'AGIRC-ARRCO pour la retraite complémentaire (à l'IRCANTEC pour les membres du CESE).

PRÉVOYANCE

2. Maladie-maternité

Les agents titulaires de l'État et des collectivités territoriales bénéficient :

- en cas de congé maladie "ordinaire" n'excédant pas 1 an :
  - de la totalité de leur traitement principal pendant 3 mois, puis de la moitié de ce traitement durant les 9 mois suivants,
  - et du supplément familial de traitement et de l'indemnité de résidence ;
- en cas de congé maladie de longue durée n'excédant pas 3 ans :
  - de la totalité de leur traitement principal pendant 1 an, puis de la moitié de ce traitement durant les 2 années suivantes,
  - et du supplément familial de traitement et de l'indemnité de résidence ;
- en cas de congé maternité, de l'intégralité de leur traitement.

3. Invalidité

Une allocation d'invalidité temporaire (AIT) est servie au fonctionnaire qui ne peut pas reprendre son activité dès lors que le taux d'incapacité est d'au moins 66 %.

Selon le degré d'invalidité **[28 § 1]**, le montant de l'allocation est égal à 30 % ou 50 % du traitement brut, primes et indemnités comprises (+ 40 % pour une invalidité de 3e catégorie nécessitant le recours à l'assistance d'une tierce personne), sans dépasser les montants maxima servis aux salariés du secteur privé **[28 § 4]**. Le supplément familial de traitement est maintenu en totalité.

4. Accident du travail, maladie professionnelle

Maintien de l'intégralité de la rémunération durant le congé pour accident de service ou maladie professionnelle jusqu'à la reprise du service ou jusqu'à la mise à la retraite.

En cas de décès du fonctionnaire à la suite d'un accident de service ou d'une maladie professionnelle, un capital est versé aux ayants droit de l'agent **[§ 5]**.

5. Décès

Les ayants droit des fonctionnaires décédés ont droit à un capital décès fixé, depuis 2021, sur la base de la rémunération brute annuelle de l'agent (montant forfaitaire auparavant).

Capital décès des fonctionnaires en 2024

En cas de décès :
- avant l'âge légal de départ à la retraite : **rémunération brute annuelle** de l'agent + majoration par enfant bénéficiaire de 862,53 €,
- après l'âge légal de départ à la retraite : 1/4 de la rémunération brute annuelle de l'agent, sans majoration "enfant",
- consécutif à un accident de service ou une maladie professionnelle : **rémunération brute annuelle** de l'agent + majoration "enfant" **(1)**,

Bénéficiaires (2) :
- conjoint ou partenaire pacsé **(3)**,
- enfant(s) à charge **(4)**.

(1) Versé pendant 3 ans si le décès résulte d'un attentat, d'une lutte dans l'exercice des fonctions de l'agent ou d'un acte de dévouement dans un intérêt public ou pour sauver la vie d'une ou plusieurs personnes.
(2) Le cas échéant, capital réparti à raison de 1/3 pour le conjoint et 2/3 pour l'enfant (quote-part répartie par parts égales en cas de pluralité d'enfants).
(3) PACS non dissous conclu plus de 2 ans avant le décès.
(4) Enfant âgé de moins de 21 ans ou sans limite d'âge si handicapé.

6. Chômage

Droit ouvert à l'assurance chômage **[30]** lorsque l'inscription résulte d'une privation d'emploi involontaire (ou assimilée), d'une rupture conventionnelle ou d'une démission régulièrement acceptée dans le cadre d'une restructuration de service.

7. Prévoyance complémentaire

En matière de complémentaire santé, les agents de la fonction publique vont progressivement bénéficier du même dispositif que les salariés du secteur privé **[95]**.

Depuis 2022, l'État prend en charge une partie du coût de la complémentaire santé souscrite par ses agents sous la forme d'un remboursement mensuel fixé à 15 €. Pour bénéficier du remboursement, l'agent doit adresser une demande à son employeur, accompagnée d'une attestation émise par l'organisme d'assurance précisant notamment que l'agent est bénéficiaire du contrat à titre individuel ou en qualité d'ayant droit. Pour l'agent bénéficiaire en qualité d'ayant droit d'un contrat collectif, le remboursement est possible à condition que les cotisations ne fassent pas l'objet d'un financement d'un employeur autre qu'un employeur public de l'État.

Entre 2025 et 2026, les employeurs des trois versants de la fonction publique devront avoir mis en place des accords prévoyant notamment le financement à hauteur de 50 % au moins des cotisations d'une assurance complémentaire santé.

RETRAITE DE BASE

8. Fonctionnement général

En matière de retraite, les fonctionnaires civils et militaires relèvent d'un régime spécial :
- réglementé par le Code des pensions civiles et militaires de retraite,
- géré ministère par ministère,
- fonctionnant par annuités.

Remarque - S'agissant des autres régimes spéciaux de retraite, certaines règles peuvent encore différer d'un régime à un autre. Cependant, depuis 2008, les principaux paramètres de fonctionnement ont progressivement été rapprochés, selon les cas, de ceux applicables à la fonction publique ou de ceux du régime général des salariés, notamment concernant le recul de l'âge minimal de départ à la retraite et des âges de départ anticipés, l'allongement de la durée de cotisation, l'introduction d'une décote et d'une surcote, la prise en compte de la pénibilité, la possibilité de rachat d'année d'études, etc.

Les agents non titularisés des organismes publics sont affiliés :
- au régime de base de la sécurité sociale,
- et, à titre complémentaire, au régime IRCANTEC.

9. Cotisation

Le traitement brut (compte non tenu des cotisations patronales) fait l'objet d'une retenue de 11,10 % depuis 2020.

10. Conditions de liquidation des droits

Pour les agents nés à compter du 01.09.1961, les âges minimaux de liquidation des droits sont progressivement reculés, à raison d'un trimestre par génération, pour atteindre 64 ans (59 ans ou 54 ans pour un fonctionnaire "actif") à partir de la génération 1968.

SALARIÉS

Versement de la retraite possible à partir de 2 années de service effectif, sous condition de cessation d'activité (sauf dérogations) et dans les cas suivants :
- être radié des cadres pour limite d'âge,
- être âgé d'au moins 62 ans et 6 mois pour un fonctionnaire "sédentaire" né en 1962, sauf départ anticipé autorisé,
- être âgé de 57 ans et 6 mois, voire de 52 ans et 6 mois pour un fonctionnaire "actif",
- être invalide,
- ou, quel que soit l'âge, pour les mères ou pères de 3 enfants et ayant au moins 15 années de service au 01.01.2012, sous certaines conditions, cette possibilité étant progressivement supprimée.

Les agents publics bénéficient également du dispositif de départ anticipé pour longue carrière.

Remarque - Les fonctionnaires quittant le service avant l'accomplissement de la durée minimale de service sont affiliés rétroactivement au régime général de la sécurité sociale et aussi à l'IRCANTEC.

Depuis le 01.09.2023, la liquidation des droits à retraite est impossible après un âge limite fixé à 70 ans pour un fonctionnaire "sédentaire" et à 62 ans, 61 ans ou 60 ans pour un fonctionnaire de la classe active ou super active.

11. Pension personnelle

Le montant de la pension personnelle est fonction :
- du nombre d'années de service,
- et du montant du traitement pris en référence.

Certaines périodes s'ajoutent aux années de service effectuées sans avoir donné lieu à cotisation, notamment les interruptions d'activité (congé parental, etc.) pour les enfants nés ou adoptés depuis 2004 (en remplacement de la bonification évoquée ci-après). Par ailleurs, des bonifications peuvent être accordées :
- bonification de 1 an par enfant né ou adopté avant 2004 et élevé pendant 9 ans au moins avant son 21e anniversaire pour tous les fonctionnaires, hommes et femmes, sous condition d'interruption d'activité (maternité, adoption, congé parental, etc.),
- majoration de 4 trimestres au maximum par enfant gravement handicapé élevé,
- bonifications liées aux conditions d'exercice de l'activité (par exemple, service en tant de guerre ou à l'étranger).

Majoration de la pension :
- pour enfants : 10 % pour l'assuré ayant eu 3 enfants (inclus ceux élevés durant 9 ans au moins avant l'âge de 16 ans) + 5 % par enfant au-delà du 3e,
- pour handicap : majoration calculée en fonction de la durée travaillée en étant handicapé.

Un minimum garanti de pension de retraite est accordé aux fonctionnaires sous condition de durée d'assurance ou d'âge.

Calcul de la pension de retraite d'un fonctionnaire (1)
Nombre de trimestres de service / 169 × 75 % (2) × traitement (3).
Majorations pour enfants : • 10 % pour les 3 premiers enfants, • 5 % par enfant supplémentaire au-delà du 3e. **Décote** : 1,25 % par trimestre manquant en cas de départ anticipé avant 67 ans et en dessous de 169 trimestres. **Surcote** : + 1,25 % par trimestre (4). **Majoration pour handicap**.

(1) Conditions requises pour un assuré né en 1962 ; la durée d'assurance requise augmente pour les générations suivantes, à raison d'un trimestre par génération pour atteindre 172 trimestres pour les assurés nés à partir de 1965.

(2) Soit 1,775 % par année de service. Taux plein, accordé sous condition de durée d'assurance de 169 trimestres pour les assurés nés en 1962 (+ 1 trimestre par génération suivante pour atteindre 172 trimestres pour les assurés nés à partir de 1965).

(3) Traitement brut "indiciaire" (primes et indemnités exclues) moyen des 6 derniers mois, au moment de la cessation des fonctions.

(4) Possible en cas de départ à la retraite reporté après l'âge minimal légal de départ à la retraite et sous réserve de remplir la condition requise de durée d'assurance (169 trimestres dans le cas présent).

12. Rachat au titre des années d'études supérieures

Il est possible de racheter des cotisations au titre des années d'études supérieures.

Tout fonctionnaire en activité peut ainsi procéder au rachat, à compter de sa première titularisation. Inversement, aucun rachat ne peut être effectué après :

- son départ à la retraite,
- ou sa radiation.

Comme pour les salariés du secteur privé, le nombre de trimestres rachetés est limité à 12, soit 3 années. Le coût du rachat est directement fonction :

- du traitement indiciaire du fonctionnaire,
- de son âge,
- et du choix de l'intéressé : option pour un supplément de liquidation (autrement dit, un supplément de retraite) et/ou une réduction de la décote.

Exemples de coût de 1 trimestre racheté en pourcentage du traitement indiciaire (1)

Âge	Option 1 : supplément de liquidation	Option 2 : réduction de la décote	Option 3 : supplément de liquidation + atténuation de la décote
20 ans	3,1	6,4	9,5
25 ans	3,8	8,1	12,0
30 ans	4,7	9,9	14,7
35 ans	5,7	11,9	17,6
40 ans	6,6	13,9	20,6
45 ans	7,6	15,9	23,5
50 ans	8,5	17,8	26,3
55 ans	9,3	19,5	28,8

(1) Traitement brut annuel, hors bonifications indiciaires.

13. Pension de réversion

Le conjoint survivant a droit à une pension de réversion, sous réserve que le mariage ait duré au moins 4 ans ou qu'il soit antérieur de 2 ans à la cessation d'activité avant son décès (condition non requise en présence d'enfants issus du mariage).

Montant : 50 % de la pension de l'époux décédé (montant majoré de 50 % en présence d'enfant ou en cas d'invalidité).

Dans tous les cas, le montant de la pension ne peut être inférieur au minimum vieillesse **[16 § 1]**, soit 12 144,27 € en 2024 pour une personne seule.

Chaque orphelin a droit :

- à une pension de 10 % de celle de sa mère ou de son père,
- augmentée, le cas échéant, de 10 % de la rente d'invalidité.

RETRAITE COMPLÉMENTAIRE OBLIGATOIRE

14. Principe

Le régime additionnel obligatoire, par répartition et par points, permet aux fonctionnaires d'acquérir des droits à retraite complémentaire sur une fraction de leurs primes et indemnités, autrement dit sur les éléments de leur rémunération non retenus pour le calcul de la retraite de base.

15. Cotisation

La cotisation annuelle s'élève à 10 % des primes et indemnités perçues au cours de l'année civile et retenues dans la limite de 20 % du traitement judiciaire brut annuel total, dont 5 % à la charge du fonctionnaire.

La cotisation donne droit à des points de retraite dont le nombre est égal au rapport entre le montant des cotisations et la valeur d'acquisition du point fixée en 2024 à 1,4112 €.

16. Conditions de liquidation des droits

La liquidation des droits à retraite intervient :

- sur demande, à partir de 62 ans et 6 mois (comme pour le régime de base, âge progressivement reculé à raison de 3 mois par génération),
- et sous condition d'obtention de la retraite de base.

SALARIÉS

17. Calcul de la pension
Le montant de la retraite est égal au nombre de points inscrits au compte de l'intéressé multiplié par la valeur de service du point (0,05378 € en 2024), après application d'un barème en fonction de l'âge de liquidation.

Aucun point ne peut être attribué à titre gratuit.

Remarque - Prestation versée sous forme de capital lorsque le nombre de points acquis est inférieur à 5 125.

18. Pension de réversion et d'orphelin
Le conjoint survivant a droit à une pension de réversion au taux de 50 %.

Par ailleurs, les orphelins de l'assuré peuvent percevoir, jusqu'à leurs 21 ans, une pension égale à 10 % de la pension qu'aurait perçue le défunt au titre des droits acquis au jour du décès.

Le montant total des prestations versées au conjoint survivant et aux orphelins est cependant limité au montant des prestations qu'aurait perçues l'assuré. ■

Les commerçants et les artisans

N° de fiche

43. Vue d'ensemble

Commerçants et artisans bénéficient d'un régime de protection sociale unifié.

1. Maladie-maternité
Les commerçants et les artisans relèvent du régime d'assurance maladie-maternité des professions indépendantes.

2. Invalidité-décès
Commerçants et artisans bénéficient du même régime en matière d'invalidité et d'assurance décès.

3. Accident du travail
Pas de protection obligatoire. Protection facultative possible auprès du régime général de la sécurité sociale des salariés [**29**] [**81 § 3**].

4. Retraite
Les commerçants et artisans bénéficient, à titre obligatoire :

- d'un régime de base, aligné depuis 1973 sur celui des salariés [**47**],
- et d'un régime complémentaire, institué depuis 2004 pour les commerçants, depuis 1979 pour les artisans [**48**], et unifié en 2013.

Commerçants et artisans ont accès au dispositif du cumul emploi-retraite [**19**].

5. Retraite progressive
Commerçants et artisans peuvent bénéficier du dispositif de la retraite progressive [**40**]. À la différence des salariés, la condition d'activité est appréciée par référence à la diminution des revenus, les fractions de pension étant néanmoins identiques. ■

COMMERÇANTS ET ARTISANS

44. Affiliation et cotisations

Les règles d'affiliation à la sécurité sociale pour les indépendants sont communes aux commerçants, aux industriels et aux artisans, de même que les cotisations dont les uns et les autres sont redevables.

1. Affiliation
Pour leur protection en matière de maladie-maternité, d'invalidité-décès et pour la retraite, les commerçants ainsi que les industriels et artisans sont affiliés obligatoirement auprès de la sécurité sociale pour les indépendants.

Par ailleurs, ils peuvent :

- volontairement s'affilier à la sécurité sociale pour bénéficier d'une protection au titre des accidents du travail [**29**] [**81 § 3**].
- souscrire un contrat d'assurance garantissant la perte d'emploi [**94**], étant entendu qu'il existe néanmoins un dispositif public de protection en faveur des travailleurs indépendants accessible sous diverses conditions [**52**].

2. Cotisations
L'assiette et le taux de cotisations dues par les commerçants et les artisans sont similaires en tous points.

Les cotisations sont calculées, à titre provisionnel, en pourcentage du revenu d'activité de l'avant-dernière année (ou sur un revenu forfaitaire pour les 2 premières années d'activité [**§ 3**]). Lorsque le revenu d'activité est définitivement connu, les cotisations font l'objet d'une régularisation.

Remarque - Par dérogation, calcul possible des cotisations provisionnelles sur la base du revenu estimé de l'année en cours.

La déclaration des revenus et le paiement des cotisations et contributions sociales par voie dématérialisée est obligatoire quel que soit le niveau du revenu professionnel.

Le paiement des cotisations est normalement opéré par le biais de prélèvements mensuels automatiques, sauf option pour un paiement trimestriel.

Remarque - Une réforme de l'assiette des cotisations et des contributions sociales des travailleurs indépendants entrera en vigueur pour les revenus perçus à partir de 2025 en vue d'une simplification. L'assiette sera calée sur celle de la CSG, à savoir en prenant en compte le revenu professionnel brut diminué d'un seul abattement de 26 %. La réforme s'accompagnera d'une révision du barème des cotisations sociales.

Prévoyance-retraite : cotisations sociales obligatoires 2024 (1)	
Taux (2)	**Assiette**
Maladie-maternité	
Entre 0,85 % et 7,20 % (3)	Revenu dans la limite de 5 P (4).
Invalidité-décès (5)	
1,30 %	Revenu dans la limite de P (4).
Retraite de base (6)	
17,75 % 0,60 %	Revenu dans la limite de P (4). Revenu supérieur à P.
Retraite complémentaire	
7 % 8 %	Revenu dans la limite de 42 946 €. Revenu entre 42 946 € et 4 P (4).

(1) Exonération, durant les 12 premiers mois de la nouvelle activité, au profit des créateurs ou repreneurs d'entreprise, sous conditions [§ 3].
(2) Taux de droit commun, hors application du micro-social ou des cotisations minorées de début d'activité [§ 3]. S'y ajoute une cotisation due au titre des prestations familiales, entre 0 et 3,10 % selon le montant du revenu d'activité.
(3) Réduction du taux lorsque le revenu est inférieur ou égal à 110 % du plafond annuel de la sécurité sociale (soit 51 005 € en 2024), voire inférieur à 60 % du même plafond (soit 27 821 € en 2024), jusqu'au taux plancher lorsque le revenu est inférieur ou égal à 40 % de ce même plafond (soit 18 547 € en 2024), selon 2 formules fixées par l'article D. 621-2 du Code de la sécurité sociale. À titre d'exemples, un revenu d'activité de 40 000 € entraîne une cotisation au taux de 5,92 %, un revenu d'activité de 30 000 € entraîne une cotisation au taux de 4,75 % et un revenu d'activité de 20 000 € entraîne une cotisation au taux de 1,13 %. Cotisation minimale : 93 €. Par dérogation, lorsque le revenu est supérieur à 5 P (231 840 € en 2024), la fraction de revenu supérieur à ce seuil est soumise au taux de cotisation de 6,5 %.
(4) P = plafond annuel de la sécurité sociale, soit 46 368 € en 2024. 4 P = 185 472 €. 5 P = 231 840 €.
(5) Cotisation minimale : 69 €.
(6) Cotisation minimale : 931 €.

3. Cotisations sociales en début d'activité

Les personnes qui créent leur entreprise sont, en principe, exonérées de cotisations sociales au titre de leurs 12 premiers mois d'activité.

Cependant, l'exonération :

- est accordée si l'entrepreneur exerce le contrôle de son entreprise ou de sa société de manière effective,
- porte sur les cotisations d'assurance maladie-maternité, d'invalidité-décès, de retraite de base et d'allocations familiales (la cotisation de retraite complémentaire, la contribution pour la formation professionnelle, la CSG et la CRDS restent dues),
- est soumise à une condition de revenu : pour les créations effectuées en 2024, elle est totale si le revenu professionnel est inférieur à 75 % du plafond annuel de la sécurité sociale, soit 34 776 €, dégressive au-delà de ce seuil jusqu'à s'annuler lorsque le revenu professionnel est au moins égal au plafond annuel de la sécurité sociale, soit 46 368 €.

Dès lors que l'exonération ne s'applique pas ou plus, les indépendants qui démarrent leur activité relèvent de fait du régime micro-social, qui se traduit par un prélèvement social libératoire spécifique calculé sur le chiffre d'affaires ou les recettes [**tableau**].

Micro-social : taux de droit commun (1)	
Activités d'achat-revente et prestations d'hébergement relevant des BIC	12,3 %
Prestations de services relevant des BNC	21,1 %
Professions libérales affiliées à la CIPAV	21,2 %
Locations meublées touristiques	6 %

(1) Taux réduit de moitié pendant 12 mois pour les micro-entrepreneurs anciennement demandeurs d'emploi (ou assimilés).

Sur option, les cotisations sociales de chacune des 2 premières années d'activité peuvent être calculées, à titre provisionnel, sur une base forfaitaire égale :

- à 40 % du plafond de la sécurité sociale (soit 18 547 € en 2024) pour l'assurance maladie-maternité,
- à 19 % du même plafond (soit 8 810 € en 2024) pour la retraite de base, la retraite complémentaire, l'invalidité-décès, les allocations familiales, la CSG et la CRDS.

La contribution pour la formation professionnelle est, elle, calculée sur une base égale au plafond annuel de la sécurité sociale (46 368 € en 2024).

La base de calcul vaut pour les 2 années.

Les cotisations au titre de ces 2 premières années sont par la suite régularisées sur la base du revenu réel effectivement déclaré [§ 2].

Remarque - Les assurés peuvent bénéficier d'un système de report et d'étalement de la cotisation due au titre de la première année. ■

45. Maladie-maternité : prestations

Les prestations servies consistent en un remboursement de frais (prestations en nature) et en indemnités journalières (prestations en espèces).

1. Maladie

Prestations en nature identiques à celles des salariés [27].

Des indemnités journalières sont versées en cas d'incapacité temporaire.

Indemnités journalières incapacité temporaire de travail en 2024 (1)
• 1/730e × revenu annuel professionnel (2), • minimum : **5,77 € (3)**, • maximum : **63,52 €**.

(1) Servies après un délai de carence de 3 jours.
(2) Calculé par référence à la moyenne des 3 dernières années et pris en compte dans la limite du plafond de la sécurité sociale en vigueur au moment de l'avis médical constatant l'incapacité de travail.
(3) Pas d'indemnité lorsque le revenu d'activité annuel moyen pris en compte pour le calcul des cotisations des 3 années civiles précédant la date prévue de versement de l'indemnité journalière est inférieur à 10 % de la moyenne sur les 3 mêmes années du plafond de la sécurité sociale, soit 4 209 € en 2024 (la règle de calcul dérogatoire exposée dans la note précédente peut aussi trouver à s'appliquer).

2. Maternité

L'assurée bénéficie :

- d'une allocation de repos maternel (3 864 € en 2024),
- et, en cas de cessation d'activité, d'une indemnité journalière (63,52 € par jour en 2024), servie pendant 8 semaines au minimum.

3. Congé de paternité

Les indépendants, comme les salariés, peuvent demander à bénéficier d'un congé de paternité [27 § 7], lequel ouvre droit au versement d'indemnités journalières équivalentes à celles de l'assurance maternité [§ 2]. ■

46. Invalidité-décès : prestations

Commerçants et artisans perçoivent les mêmes prestations en cas d'invalidité ou de décès. Les rentes d'invalidité peuvent être versées jusqu'à l'âge normal de départ à la retraite.

1. Invalidité

Invalidité partielle > 66 % (1)
Rente annuelle : • 30 % × revenu professionnel moyen calculé sur les 10 meilleures années cotisées dans la limite du plafond de la sécurité sociale, • minimum forfaitaire : **6 206,59 €** (517,22 € par mois), maximum : **13 910,40 €**.
Invalidité totale et définitive (1)
Rente annuelle : • 50 % × revenu professionnel moyen calculé sur les 10 meilleures années cotisées dans la limite du plafond de la sécurité sociale, • minimum : **8 744,23 €** (728,69 € par mois), maximum : **23 184 €**. **+ majoration pour tierce personne (15 199,27 €** par an au minimum).

(1) Montants au 01.04.2024.

2. Décès

Règle de versement équivalente à celle appliquée dans le régime général des salariés [31 § 1].

Capital décès (1)
Selon les circonstances : • assuré en activité au moment du décès : 20 % de P, soit **9 273,60 €**, • assuré à la retraite au moment du décès : 8 % de P, soit 3 709,44 €. Capital orphelin : 5 % de P, soit 2 318,40 €.

(1) Montants en 2024. P : plafond annuel de la sécurité sociale (46 368 € en 2024).

Remarque - À la suite du décès d'un enfant, les parents peuvent bénéficier :

- *d'un congé de deuil de 15 jours au maximum, ouvrant droit à une indemnité équivalente à l'indemnité journalière de maternité* [45 § 2],
- *et d'une allocation versée par la caisse d'allocations familiales, modulée selon les ressources, de 1 125,61 € ou 2 251,16 €, exclusive de toute autre prestation versée au titre du décès par un régime de retraite ou de prévoyance obligatoire.* ■

COMMERÇANTS ET ARTISANS

47. Retraite de base

Le régime de retraite de base obligatoire des commerçants et des artisans est commun et aligné sur celui des salariés depuis 1973, la pension étant calculée selon des modalités identiques à celles du régime général. S'y ajoute une retraite à points pour les personnes en activité avant 1973.

1. Personnes affiliées obligatoirement

Sont visés les commerçants et les artisans, personnes physiques, inscrits au registre national des entreprises (RNE) et, le cas échéant, au registre du commerce (RCS) ou assujettis à la cotisation foncière des entreprises.

Sont également obligatoirement affiliés les associés ou dirigeants de société exerçant une activité commerciale, industrielle ou artisanale suivants :

- gérants majoritaires de SARL, gérants appartenant à un collège de gérance majoritaire, associés majoritaires non gérants exerçant une activité non salariée au sein de l'entreprise,
- associés des sociétés en nom collectif,
- associés uniques gérants de droit ou de fait d'EURL,
- associés commandités des sociétés en commandite simple ou par actions,
- gérants des sociétés en participation,
- associés de fait.

Le conjoint qui a la qualité de conjoint collaborateur ou de conjoint associé est également tenu de s'affilier [53].

COMMERÇANTS ET ARTISANS

Remarque - Les aidants familiaux dans les entreprises commerciales ou artisanales, qui ne sont pas affiliés par ailleurs à un régime obligatoire d'assurance vieillesse, peuvent adhérer et cotiser volontairement pour la retraite de base et complémentaire. Une affiliation volontaire est possible aussi pour les personnes de nationalité française ou d'un autre pays de l'Espace économique européen exerçant une activité commerciale, industrielle ou artisanale à l'étranger **[81 § 4]**.

2. Liquidation des droits à la retraite

Avant l'âge légal de départ à la retraite **[12 § 1]** :

- liquidation impossible,
- sauf départ anticipé autorisé pour longue carrière **[12 § 2]**, handicap **[12 § 3]**, incapacité permanente **[12 § 4]** ou inaptitude au travail **[12 § 5]**.

La retraite à "taux plein" est accordée, sous condition de cessation d'activité, à partir de :

- 62 ans et 6 mois pour les assurés nés en 1962 (comme pour les salariés **[34]** : âge progressivement augmenté, à raison de 3 mois par génération, pour atteindre 64 ans pour les assurés nés à partir de 1968 **[12 § 1]**), si 169 trimestres d'assurance au moins (durée d'assurance requise progressivement relevée, à raison d'un trimestre par génération, pour atteindre 172 trimestres pour les assurés nés à partir de 1965),
- 62 ans en cas d'inaptitude (quelle que soit l'année de naissance),
- ou 67 ans sans condition pour les assurés nés à partir de 1955, sauf exception pour les parents d'un enfant handicapé, handicapés et aides familiaux (comme pour les salariés **[34 § 1]**).

Conditions de liquidation (1)
Âge : 62 ans et 6 mois, sans minoration si minimum 169 trimestres (condition non exigée à partir de l'âge de la retraite à taux plein **[14]** ou si inaptitude ou passé militaire). **Radiation du RNE et cessation de l'activité** (dérogation possible dans le cadre du cumul emploi-retraite **[19]**).

(1) Conditions requises pour un assuré né en 1962. L'âge minimal et la durée d'assurance exigée augmentent pour les générations suivantes **[12 § 1]** **[14]**.

3. Prestations

Les modalités de calcul diffèrent selon la date d'acquisition des droits à retraite :

- droits à retraite acquis depuis 1973 : retraite "alignée" sur le régime général des salariés **[34]**,
- droits à retraite acquis avant 1973 : retraite par points, le montant de la pension étant directement fonction du nombre de points inscrits au compte de l'intéressé.

Retraite alignée (droits acquis depuis 1973) (1)
50 % × revenu professionnel (2) × nombre de trimestres d'assurance (3) / 169 + majorations identiques à celles des salariés **[34]**.
Retraite par points (droits acquis avant 1973)
Commerçants : nombre de points × **14,39397 €** (4) + **bonification aux mères de famille**. Artisans : nombre de points × **10,4381 €** (4) + **bonification aux mères de famille**.

(1) Sous conditions de durée d'assurance avant l'âge de la retraite à taux plein **[14]** (soit 169 trimestres pour un assuré né en 1962 ; durée progressivement relevée, à raison d'un trimestre par génération, pour atteindre 172 trimestres pour un assuré né à partir de 1965).

(2) Revenu professionnel annuel moyen des 25 meilleures années, prises en compte dans la limite du plafond de la sécurité sociale.

(3) Dans la limite de 169 trimestres pour un assuré né en 1962 ; durée progressivement relevée pour les générations suivantes, voir (1).

(4) Valeur de service du point au 01.01.2024.

Décote [34 § 4] : 1,25 % par trimestre manquant, dans la limite de 20 trimestres, si l'âge de la retraite à taux plein n'est pas atteint et la condition de durée d'assurance n'est pas remplie.

Surcote en cas de départ au-delà de l'âge légal et sous condition de justifier la durée d'assurance minimale requise (comme pour les salariés [34 § 5]) : 1,25 % par trimestre supplémentaire cotisé depuis 2009 au-delà de la durée d'assurance minimale requise.

Remarque - Les commerçants et les artisans relevant des secteurs les plus touchés par les mesures de restriction sanitaire liées à l'épidémie de Covid-19 et des secteurs connexes (principalement les secteurs S1 et S1 bis) bénéficient d'une attribution gratuite de trimestres d'assurance pour le calcul de la retraite de base au titre des années 2020 et 2021, leur permettant ainsi de valider pour chacune des deux années, si tel n'est pas le cas, un nombre de trimestres au moins équivalant à la moyenne de ceux validés antérieurement au titre des années 2017 à 2019 pour le cas général (moyenne de 2018 et de 2019 pour ceux ayant démarré leur activité en 2018 ; 2019 pour ceux dont l'activité a débuté en 2019).

4. Rachat au titre des années incomplètes ou d'études supérieures

Le versement volontaire pour la retraite, ou "rachat de trimestres", est ouvert aux personnes âgées d'au moins 20 ans et de moins de 67 ans, qui ne bénéficient pas encore d'une retraite personnelle du régime général [37].

Il vise :

- les années d'études supérieures validées par un diplôme (enseignement supérieur, écoles techniques supérieures, grandes écoles et classes préparatoires du 2e degré),
- et les années d'activité incomplètes dont tout ou partie des trimestres n'ont pu être validés bien que l'assuré ait été affilié à quelque titre que ce soit.

Le nombre de trimestres rachetés est limité à 12, soit 3 années.

Pour les périodes postérieures au 31.12.1972, le coût du rachat est identique à celui applicable dans le cadre du régime général.

Pour les périodes antérieures au 01.01.1973, le coût du rachat diffère selon l'âge et l'option choisie par l'intéressé, ce dernier pouvant en effet choisir entre :

- une atténuation du coefficient de minoration applicable lorsque la condition de durée d'assurance n'est pas remplie (par exemple, 169 trimestres pour les assurés nés en 1962 ; durée progressivement relevée par la suite, à raison d'un trimestre par génération, pour atteindre 172 trimestres pour un assuré né à partir de 1965 [12 § 1]),
- et à la fois une atténuation du coefficient de minoration et une attribution de points de retraite supplémentaires.

Coût de 1 trimestre racheté en 2024 pour les périodes d'activité commerciale antérieures au 01.01.1973 (1)

Âge en 2024	Option 1 : atténuation de la décote	Option 2 : atténuation de la décote et attribution de points supplémentaires
62 ans	5 055 €	7 491 €
63 ans	4 929 €	7 304 €
64 ans	4 802 €	7 117 €
65 ans	4 676 €	6 929 €
66 ans	4 550 €	6 742 €

(1) Pour les périodes postérieures, le coût du rachat est identique à celui applicable dans le cadre du régime général des salariés.

Coût de 1 trimestre racheté en 2024 pour les périodes d'activité artisanale antérieures à 1973 (1)		
Âge en 2024	**Option 1 : atténuation de la décote**	**Option 2 : atténuation de la décote et attribution de points supplémentaires**
57 ans	3 387 €	5 019 €
58 ans	3 460 €	5 128 €
59 ans	3 533 €	5 236 €
60 ans	3 605 €	5 342 €
61 ans	3 675 €	5 446 €
62 ans	3 743 €	5 547 €
63 ans	3 650 €	5 409 €
64 ans	3 556 €	5 270 €
65 ans	3 463 €	5 131 €
66 ans	3 369 €	4 993 €

(**1**) Pour les périodes postérieures, le coût du rachat est identique à celui applicable dans le cadre du régime général des salariés.

Remarque - Un dispositif spécifique de rachat de trimestres d'assurance vieillesse est ouvert, entre le 01.07.2022 et le 31.12.2026, au profit d'un certain nombre de travailleurs indépendants n'ayant pas été affiliés à un régime de retraite de base du fait de la non-reconnaissance de leur profession. Il concerne notamment les ostéopathes, les chiropracteurs, les naturopathes, les étiopathes, les acupuncteurs, les sophrologues et les hypnotiseurs. Les modalités du rachat, limité à 4 trimestres par année, seront fixées par décret.

5. Réversion en faveur du conjoint et des orphelins de père et de mère

Comme pour les salariés [**36**]. ■

48. Retraite complémentaire

Obligatoire depuis 1979 pour les artisans et depuis 2004 pour les commerçants, le régime de retraite complémentaire est commun depuis 2013.

1. Liquidation des droits à la retraite

Conditions d'âge et de durée d'assurance identiques à celles exigées pour la retraite de base [**47**].

Remarque - Une attribution de points gratuits est accordée :

- *au profit de certaines personnes dispensées de cotisations : invalides, jusqu'à l'âge légal de départ à la retraite ; pendant la période de dispense, en cas de maladie, accident ou service militaire,*
- *et/ou pour les années d'activité antérieures à l'obligation de cotiser, à raison de 64 points par année d'activité antérieure à 1973 ; autant de points que ceux acquis en moyenne annuelle, à partir de 1979, par année d'activité.*

S'agissant du régime des artisans, les assurées mères de famille peuvent bénéficier d'une bonification de 128 points supplémentaires par enfant dès lors qu'elles ont bénéficié de la même bonification au titre du régime de base.

Décote pour un départ avant l'âge de la retraite à taux plein [**12**] : entre 1 % pour 1 trimestre manquant et 22 % pour 20 trimestres manquants.

Aucune majoration en cas de départ différé après l'âge de la retraite à taux plein [**12**].

2. Prestations

Le montant de la retraite complémentaire est directement fonction du nombre de points acquis par l'intéressé.

Mode d'acquisition des points
Cotisation annuelle / **20,734 € (1)**.
Calcul de l'allocation
Nombre de points × **1,327 € (2)**.

(1) Valeur d'achat du point en 2024.
(2) Valeur de service du point en 2024

3. Pension de réversion

Réversion, au taux de 60 %, en faveur du conjoint survivant :

- âgé de 55 ans,
- et justifiant de ressources inférieures, en 2024, à 92 736 €. ■

COMMERÇANTS ET ARTISANS

49. Exemples de retraite

Estimations effectuées par e-DIXIT[*] (mars 2024).

1. Cas n° 1 : commerçant

M. Dupont, commerçant, célibataire :

- est né le 01.07.1962,
- a débuté sa carrière le 01.01.1987.

Revenu annuel moyen : 34 776 €, soit 75 % du plafond annuel de la sécurité sociale en 2024.

3 hypothèses de départ à la retraite (incluant une progression annuelle du revenu d'ici au départ à la retraite limitée à + 1 %) :

- au 01.01.2025, à 62,5 ans (âge minimal atteint, mais départ pénalisé par une décote pour 17 trimestres manquants),
- au 01.07.2027, à 65 ans (âge minimal atteint, mais départ toujours pénalisé par une décote pour 7 trimestres manquants),
- au 01.07.2029, à 67 ans, les conditions étant réunies pour un départ à taux plein automatique.

	Hypothèse 1	Hypothèse 2	Hypothèse 3
Retraite de base	11 372 €	14 268 €	16 785 €
Retraite complémentaire	2 593 €	3 294 €	3 860 €
Montant total annuel brut	13 965 €	17 562 €	20 645 €
Taux de remplacement (1)	37 %	46 %	54 %

(1) Montant de la retraite nette comparé au revenu net.

2. Cas n° 2 : artisan

M. Durand, artisan, célibataire :

- est né le 01.07.1962,
- a débuté sa carrière le 01.01.1987.

Revenu annuel moyen : 27 820 €, soit environ 60 % du plafond annuel de la sécurité sociale en 2024.

Les 3 hypothèses de départ à la retraite sont équivalentes à celles du commerçant ci-dessus).

	Hypothèse 1	Hypothèse 2	Hypothèse 3
Retraite de base	9 097 €	11 414 €	13 427 €
Retraite complémentaire	4 431 €	5 303 €	5 962 €
Montant total annuel brut	13 529 €	16 717 €	19 390 €
Taux de remplacement (1)	44 %	55 %	63 %

(1) Montant de la retraite nette comparé au revenu net. ■

50. Aide au départ à la retraite

Une aide financière dite d'"accompagnement au départ à la retraite" (ADR) peut être attribuée, à leur demande expresse et sous certaines conditions (de ressources, notamment), aux commerçants et aux artisans partant à la retraite.

1. Personnes concernées

L'aide financière peut être attribuée aux personnes ayant le statut de commerçant ou d'artisan, ainsi qu'à leur conjoint collaborateur.

2. Conditions

De façon générale, pour bénéficier de l'indemnité, le demandeur doit :

- être cotisant actif à la sécurité sociale pour les indépendants au moment du passage à la retraite,
- avoir atteint l'âge légal de départ à la retraite au moins **[12]**,
- avoir été affilié majoritairement à la sécurité sociale pour les indépendants sur l'ensemble de sa carrière,
- justifier de 15 ans ou 60 trimestres de cotisations au moins à la sécurité sociale des indépendants,
- être non imposable sur les revenus pour les 2 dernières années civiles qui précèdent le passage à la retraite.

3. Versement et montant

Le versement de l'aide est soumis à deux conditions :

- cessation définitive de toute activité,
- radiation du registre national des entreprises.

Remarque - L'accompagnement au départ à la retraite n'est toutefois pas incompatible avec la reprise d'une activité dans le cadre du cumul emploi-retraite **[19]**. *En aucun cas, l'aide ne peut être utilisée pour le rachat d'un trimestre.*

Paiement en une seule fois, entre les mains du bénéficiaire.

Montant compris entre 7 500 € et 10 000 €, en fonction :

- des ressources du demandeur,
- et de la valeur du fonds.

L'attribution de l'aide est confiée aux commissions d'action sanitaire et sociale de la sécurité sociale pour les indépendants.

› FISCAL

L'accompagnement au départ à la retraite est exonéré d'impôt sur le revenu mais supporte les prélèvements sociaux. ■

51. Retraite progressive

Un commerçant ou un artisan peut continuer à exercer son activité à temps partiel, tout en bénéficiant, sous les mêmes conditions que les salariés [40], d'une fraction de pension de retraite. Cependant, à la différence des salariés, le montant de la pension pendant cette période est fonction de la diminution des revenus professionnels, non de la diminution du temps de travail.

1. Conditions

Pour demander à bénéficier de la retraite progressive, l'assuré doit :

- avoir atteint l'âge normal de départ à la retraite **[12]** diminué de 2 ans (par exemple, 60 ans et 6 mois pour un assuré né en 1962),
- totaliser 150 trimestres d'assurance au moins ou de périodes reconnues équivalentes dans un ou plusieurs des régimes d'assurance vieillesse visés par la loi,
- et justifier d'une diminution de ses revenus professionnels.

2. Montant et versement

Le montant de la retraite progressive est fonction de la diminution des revenus professionnels par rapport à ceux qu'aurait perçus l'intéressé s'il avait continué à exercer son activité à temps plein.

Calculé en pourcentage de la pension de retraite de base et de la retraite complémentaire, il est égal à la différence entre 100 % et la fraction de réduction des revenus, sans que la fraction de cette réduction ne puisse être inférieure à 40 % et supérieure à 80 %.

Exemple - *Un indépendant souhaite bénéficier de la retraite progressive et s'engage à réduire son activité de telle sorte que son revenu professionnel diminue de 40 %. La fraction de pension perçue au cours de la retraite progressive sera de 60 %.*

Le service de l'allocation prend effet au 1er janvier suivant la demande. Pendant la première année et le premier semestre qui suit, la fraction de pension de vieillesse est fixée, à titre provisionnel, au taux de 50 % des revenus tirés de l'activité indépendante. Par la suite, le pourcentage de réduction des revenus est calculé au 1er juillet de chaque année.

Remarque - Les cotisations que le bénéficiaire continue à verser procurent des droits supplémentaires à la retraite de base. La pension de base sera donc calculée dans les conditions de droit commun (comme s'il s'agissait d'une première liquidation), en tenant compte de la durée d'assurance accomplie depuis l'entrée en jouissance.

Le versement de la pension peut être suspendu ou supprimé si toutes les conditions requises ne sont plus remplies **[40 § 3]**. ■

52. Allocation des travailleurs indépendants

Les travailleurs indépendants peuvent, sous diverses conditions, bénéficier d'un dispositif public d'assurance chômage en cas de cessation totale d'activité. Ce dernier a la particularité de ne pas être financé par une cotisation dédiée.

1. Bénéficiaires

L'allocation aux travailleurs indépendants (ATI) est réservée aux personnes non salariées dont l'activité commerciale, artisanale, libérale ou agricole cesse en raison :

- d'un jugement d'ouverture de liquidation judiciaire,
- d'une procédure de redressement judiciaire assortie d'un plan prévoyant le remplacement du dirigeant,
- de son caractère économique non viable, celui-ci étant attesté par un tiers de confiance (expert-comptable ou personne habilitée de la chambre de commerce ou chambre de métiers ou chambre d'agriculture), principalement sur la base d'une baisse du revenu d'activité d'au moins 30 %.

Le travailleur indépendant doit :

- justifier d'une activité non salariée exercée pendant au moins 2 ans au

sein de l'entreprise affectée par la cessation d'activité,
- justifier de revenus non salariés égaux ou supérieurs à 10 000 €, montant apprécié sur l'une des deux dernières années d'activité non salariée,
- justifier, au moment de la demande de l'allocation, de ressources inférieures au montant mensuel du RSA,
- être, de manière active, à la recherche d'un emploi.

2. Condition et durée de versement

Le travailleur indépendant dispose d'un délai de 12 mois à compter de la fin d'activité non salariée pour faire la demande d'allocation.

L'allocation est attribuée pour une période de 182 jours calendaires, soit 6 mois.

Avant toute nouvelle demande, un délai de carence de 5 années court à compter de la date à laquelle la personne a cessé de bénéficier de l'allocation au titre d'une activité antérieure.

3. Montant

Le montant de l'allocation est forfaitaire et unique, quelles que soient l'activité antérieure et la durée d'exercice.

Montant de l'ATI au 01.04.2024 (1)
26,30 € par jour au maximum.

(1) Si l'allocation versée mensuellement excède le montant moyen mensuel du revenu d'activité antérieur, elle est réduite d'autant, sans pouvoir être inférieure à un montant journalier de 19,73 €. ■

53. Conjoint participant à l'activité

La personne participant à l'activité commerciale ou artisanale de son conjoint doit opter, selon le cas, pour le statut de conjoint collaborateur, d'associé ou de salarié. Le choix du statut entraîne des conséquences directes sur sa protection sociale. À défaut de déclaration, le conjoint est réputé avoir le statut de conjoint salarié.

CONJOINT COLLABORATEUR

1. Conditions

Peut opter pour le statut de conjoint collaborateur le conjoint :
- marié ou lié par un PACS avec le chef d'entreprise,
- ou vivant en concubinage avec celui-ci.

L'accès au statut est possible sous réserve de 4 conditions :
- exercer une activité professionnelle régulière dans l'entreprise,
- ne pas être rémunéré pour ce travail,
- ne pas avoir la qualité d'associé,
- ne pas exercer une activité professionnelle hors de l'entreprise (exception faite pour une activité salariée d'une durée inférieure ou égale à un mi-temps).

Le choix du statut de conjoint collaborateur doit faire l'objet d'une déclaration entraînant une mention inscrite au registre national des entreprises. L'inscription doit être accompagnée d'une attestation sur l'honneur signée par le conjoint confirmant son choix.

Remarque - Le statut de conjoint collaborateur est dorénavant limité à 5 années au cours d'une même carrière professionnelle afin d'inciter le chef d'entreprise et son conjoint à opter pour un statut davantage protecteur en cas de poursuite de l'activité dans l'entreprise, comme celui de salarié ou d'associé. Pour les personnes ayant le statut de conjoint collaborateur au 01.01.2022, la durée de 5 ans s'apprécie au regard des seules périodes postérieures à cette date.

2. Prévoyance et santé

Pas de cotisation au titre de l'assurance maladie-maternité. En revanche, une cotisation forfaitaire de 93 € est due au titre du régime des indemnités journalières couvrant les arrêts maladie.

Le conjoint collaborateur bénéficie des prestations en nature de l'assurance maladie-maternité.

Le conjoint collaborateur ne bénéficie pas de protection contre le chômage.

3. Retraite

Le conjoint collaborateur, déclaré comme tel, doit obligatoirement être affilié :

- au régime de retraite de base des indépendants [47],
- et à leur régime de retraite complémentaire obligatoire [48].

Calcul des cotisations :

- taux de cotisation identiques à ceux du chef d'entreprise commerciale ou artisanale et cotisation minimale similaire [44 § 2],
- mais assiette différente (ci-dessous).

5 formules de cotisations retraite

Au choix :

- soit sur une assiette forfaitaire = 1/3 × plafond de la sécurité sociale (15 456 € pour 2024),
- soit sur 50 % ou 33,33 % du revenu professionnel du chef d'entreprise,
- soit, avec l'accord du chef d'entreprise, sur 50 % ou 33,33 % du revenu professionnel de ce dernier, cette fraction étant alors déduite du revenu professionnel du chef d'entreprise pris en compte pour le calcul de sa propre cotisation d'assurance vieillesse.

Allocations vieillesse : mêmes conditions et modalités de calcul que celles applicables au chef d'entreprise.

CONJOINT ASSOCIÉ

4. Conditions

Option possible dès lors que l'entreprise est une société, que le conjoint détient des parts et qu'il participe effectivement et de façon régulière à l'activité de l'entreprise.

5. Prévoyance et retraite

Le conjoint associé, quel que soit le type d'union le liant avec le chef d'entreprise, est affilié et cotise personnellement aux régimes de protection sociale des professions commerciales ou artisanales.

CONJOINT SALARIÉ

6. Conditions

L'option pour le statut de conjoint salarié est possible sous 2 conditions :

- exercer à titre professionnel et habituel une activité dans le commerce ou l'entreprise artisanale,
- percevoir en contrepartie un salaire correspondant à la fonction exercée et au moins égal au SMIC.

7. Prévoyance et retraite

Le conjoint salarié du chef d'entreprise bénéficie du régime de protection sociale des salariés [25]. ■

Les professions libérales

N° de fiche

54. Panorama de la protection sociale

Les professions libérales bénéficient du même régime de protection en matière de maladie-maternité et, sauf avocats, de retraite de base. Ils sont soumis à des régimes différents au titre de la retraite complémentaire et de l'assurance invalidité-décès.

1. Personnes concernées

De façon générale, la catégorie inclut toutes les personnes exerçant de manière indépendante une activité non salariée, non commerciale, non artisanale et non agricole. S'agissant de l'affiliation à un régime de protection sociale, l'article L. 640-1 du Code de la sécurité sociale fixe une liste délimitée de professions relevant toutes de la CNAVPL pour leur retraite de base. Professionnels libéraux également, les avocats relèvent d'une organisation propre et autonome.

Principales professions libérales (hors avocats [61])	Section professionnelle correspondante rattachée à la CNAVPL
Agent général d'assurance [58]	**CAVAMAC** (Caisse d'allocation vieillesse des agents généraux et des mandataires non salariés de l'assurance et de la capitalisation).
Architecte, ingénieur, expert... [59](1)	**CIPAV** (Caisse interprofessionnelle de prévoyance et d'assurance vieillesse).
Auxiliaire médical [60]	**CARPIMKO** (Caisse autonome de retraite et de prévoyance des infirmiers, masseurs-kinésithérapeutes, pédicures-podologues, orthophonistes et orthoptistes).
Chirurgien-dentiste [62]	**CARCDSF** (Caisse autonome de retraite des chirurgiens-dentistes et des sages-femmes).
Expert-comptable [63]	**CAVEC** (Caisse d'allocation vieillesse des experts-comptables et des commissaires aux comptes).
Médecin [64]	**CARMF** (Caisse autonome de retraite des médecins de France).
Notaire [65]	**CPRN** (Caisse de prévoyance et de retraite des notaires).
Officier ministériel [66] (2)	**CAVOM** (Caisse d'assurance vieillesse des officiers ministériels, officiers publics et des compagnies judiciaires).
Pharmacien [67]	**CAVP** (Caisse d'assurance vieillesse des pharmaciens).
Sage-femme [68]	**CARCDSF** (Caisse autonome de retraite des chirurgiens-dentistes et des sages-femmes).
Vétérinaire [69]	**CARPV** (Caisse autonome de retraite et de prévoyance des vétérinaires).

(1) Et ingénieur-conseil, géomètre, etc.
(2) Avoué, commissaire de justice, administrateur judiciaire, etc.

Protection sociale obligatoire des professions libérales	
Maladie-maternité (avocats inclus)	**Invalidité-décès**
Sécurité sociale pour les indépendants.	Caisses des différentes sections professionnelles [§ 1]. Avocats : CNBF (2).
Retraite de base	**Retraite complémentaire**
Caisse nationale d'assurance vieillesse des professions libérales (CNAVPL) (1). Avocats : Caisse nationale des barreaux français (CNBF).	Caisses des différentes sections professionnelles [§ 1]. Avocats : CNBF.

(1) Les caisses de retraite complémentaire des différentes sections professionnelles gèrent toutefois le régime de base auprès des affiliés pour le compte de la CNAVPL.
(2) La Prévoyance des Avocats (LPA) assure le versement des prestations invalidité-décès de la CNBF.

2. Maladie-maternité

Les professions libérales relèvent du régime d'assurance maladie-maternité des professions indépendantes commun aux commerçants, artisans et industriels, géré au sein du régime général dans une organisation spécifique : la sécurité sociale pour les indépendants.

3. Accident du travail, maladie professionnelle et incapacité

Les professions libérales ne bénéficient pas de protection obligatoire

4. Invalidité-décès et retraite : plusieurs niveaux de protection

Les professions libérales bénéficient :

- d'un régime d'assurance vieillesse de base [57] obligatoire et unique, les avocats relevant d'un régime autonome,
- d'un régime complémentaire d'assurance vieillesse et d'un régime d'assurance invalidité-décès, propre à chaque profession,
- et d'un régime de retraite supplémentaire obligatoire pour les seules professions de santé conventionnées.

À l'exception des avocats, les professionnels libéraux sont rattachés, selon leur activité :

- à l'une des 10 caisses ("sections professionnelles"),
- réunies au sein de la CNAVPL (Caisse nationale d'assurance vieillesse des professions libérales).

Les avocats [61] relèvent d'un régime propre, géré par la CNBF (Caisse nationale des barreaux français).

Remarque - Les professionnels libéraux peuvent bénéficier d'un congé de 15 jours pour le deuil d'un enfant ouvrant droit au versement d'indemnités journalières équivalentes à celles de l'assurance maladie des indépendants [45 § 1]. *Pour le même motif, ils peuvent également percevoir une allocation décès versée par la CAF* [31 § 1].

5. Préretraite

Seuls les chirurgiens-dentistes bénéficient d'un tel dispositif [62].

6. Retraite progressive et aide au départ à la retraite

Les professionnels libéraux ne bénéficient pas d'un dispositif d'aide au départ à la retraite comme celui des commerçants/artisans [51].

Depuis le 01.09.2023, les professionels libéraux peuvent accéder au dispositif de la retraite progressive tel qu'il est appliqué pour les commerçants/artisans [50].

Les vétérinaires disposent d'une possibilité de liquidation partielle de leurs droits à la retraite complémentaire sous certaines conditions [69 § 6].

7. Prévoyance et retraite facultatives

Les professionnels libéraux, ainsi que leurs conjoints collaborateurs, peuvent adhérer à des contrats d'assurance leur permettant :

- de renforcer leur protection sociale (incapacité, invalidité, décès, etc.),
- et/ou de se constituer un complément de retraite par capitalisation,
- et de déduire, sous conditions et dans certaines limites, les cotisations versées à ce titre [**100 § 2**].

8. Allocation des travailleurs indépendants
Les professionnels libéraux peuvent, sous certaines conditions, faire la demande de versement d'une allocation spécifique couvrant la perte d'emploi pendant 6 mois au maximum [**52**]. ■

55. Affiliation et cotisations

Les professionnels libéraux relèvent du régime d'assurance maladie-maternité commun aux indépendants. En matière d'assurance vieillesse de base, seuls les avocats relèvent d'une organisation séparée. Les régimes complémentaires d'assurance vieillesse et d'invalidité-décès sont particuliers à chaque profession.

MALADIE-MATERNITÉ

1. Personnes affiliées
Les professions libérales sont obligatoirement affiliées au régime de protection sociale des indépendants pour l'assurance maladie-maternité, commun avec les commerçants, artisans et industriels, géré au sein du régime général de la sécurité sociale dans une organisation spécifique.

2. Cotisation
La cotisation [**tableau**] est calculée :
- chaque année à titre prévisionnel sur les revenus professionnels imposables de l'avant-dernière année,
- puis régularisée l'année suivante lorsque les revenus sont connus.

Par dérogation, le professionnel libéral peut demander à cotiser sur la base de son revenu estimé pour l'année en cours.

Remarque - Une réforme de l'assiette des cotisations et des contributions sociales des travailleurs indépendants entrera en vigueur pour les revenus perçus à partir de 2025 en vue d'une simplification. L'assiette sera calée sur celle de la CSG, à savoir en prenant en compte le revenu professionnel brut diminué d'un seul abattement de 26 %. La réforme s'accompagnera d'une révision du barème des cotisations sociales.

INVALIDITÉ-DÉCÈS

3. Affiliation et cotisation
Les règles d'affiliation et la cotisation sont déterminées au niveau de chaque section professionnelle (par la CNBF, s'agissant des avocats).

RETRAITE

4. Personnes affiliées
Les professionnels libéraux, à l'exception des avocats, sont tenus de s'affilier auprès de l'une des 10 caisses liées à la CNAVPL [**54**] pour la gestion :
- de leur régime de retraite de base commun,
- de la retraite complémentaire propre à chacune des sections professionnelles.

Les avocats relèvent d'un régime autonome, tant pour l'assurance vieillesse de base que pour leur retraite complémentaire [**61**].

Dans les deux cas, les conjoints collaborateurs déclarés comme tels doivent également s'affilier et cotiser [**70**].

5. Cotisations
Si l'on excepte le cas particulier des avocats :
- les professionnels libéraux cotisent de façon entièrement proportionnelle à leurs revenus professionnels au titre de leur régime de retraite de base [**tableau**] ;
- les cotisations dues au titre de la retraite complémentaire varient selon les sections professionnelles.

Prévoyance et retraite : cotisations sociales obligatoires des professions libérales (1)		
Taux	**Assiette**	**Cotisation minimale**
Maladie-maternité (2)		
Entre 1,50 % et 6,50 % au maximum (3)	Totalité du revenu.	-
Maladie (indemnités journalières)		
0,30 %	Revenu dans la limite de 3 P.	56 €
Invalidité-décès		
Variable selon les professions.		
Retraite de base (4)		
8,23 % (tranche 1) 1,87 % (tranche 2)	Revenu dans la limite de P (5). Revenu pris dans la limite de 5 P.	529 €
Retraite complémentaire		
Variable selon les professions.		

(1) Taux de droit commun, hors application du micro social [44 § 3] ou des cotisations minorées de début d'activité. S'y ajoute une cotisation due au titre des prestations familiales, entre 0 et 3,10 % selon le montant du revenu d'activité.
(2) Couvre les prestations maladie en nature et l'assurance maternité.
(3) Réduction du taux lorsque le revenu d'activité est inférieur à 110 % du plafond annuel de la sécurité sociale (soit 51 005 € en 2024), voire inférieur à 60 % du même plafond (soit 27 821 € en 2024, jusqu'à s'annuler lorsque le revenu est inférieur à 40 % du même plafond (soit 18 547 € en 2024) selon deux formules fixés par l'article D. 621-3 du Code de la sécurité sociale. À titre d'exemples, un revenu d'activité de 25 000 € entraîne une cotisation au taux de 2,78 %, un revenu de 30 000 € entraîne une cotisation au taux de 4,23 % et un revenu d'activité de 45 000 €, une cotisation au taux de 5,85 %.
(4) Nombre de points attribués : 525 points au maximum pour la tranche 1 ; 25 points au maximum pour la tranche 2. Des points gratuits sont attribués dans certaines situations [57].
(5) P = plafond annuel de la sécurité sociale, soit 46 368 € en 2024. 5 P = 231 840 €.

DÉBUT D'ACTIVITÉ

6. Première année exonérée

Les personnes qui créent leur entreprise sont, en principe, exonérées de cotisations sociales au titre de leurs 12 premiers mois d'activité. L'exonération ne vise pas toutes les cotisations sociales ; elle est soumise à une condition de ressources [44 § 3].

7. Micro-social ou base forfaitaire de calcul

Dès lors que l'exonération évoquée ci-dessus ne s'applique pas ou plus et s'ils en remplissent les conditions, les seuls professionnels libéraux relevant de la CIPAV qui démarrent leur activité sont soumis par défaut au régime du micro-social, entraînant l'application d'un taux de cotisation forfaitaire unique sur leurs recettes [44 § 3].

Les affiliés de la CIPAV peuvent toutefois opter pour le régime classique auquel sont soumis les autres catégories de professionnels libéraux, qui consiste à calculer, à titre provisionnel, les cotisations sociales de chacune des 2 premières années d'activité sur une base forfaitaire, comme pour les commerçants et les artisans [44 § 3]. Les cotisations au titre de ces 2 premières années sont par la suite régularisées sur la base du revenu réel effectivement déclaré. ■

56. Maladie-maternité : prestations

Toutes les professions libérales bénéficient des mêmes prestations maladie-maternité.

1. Assurance maladie

Les prestations en nature sont identiques à celles des salariés [27].

Les professionnels libéraux, à l'exception des avocats, bénéficient d'un régime d'indemnités journalières en cas d'incapacité temporaire analogue à celui des commerçants et des artisans.

Indemnités journalières incapacité temporaire de travail en 2024 (1)
• 1/730e × revenu annuel professionnel (2), • maximum **190,55 €**, • minimum **23,06 €** (3).

(1) Servies après un délai de carence de 3 jours et pour une durée de 87 jours.
(2) Calculé par référence à la moyenne des 3 dernières années et pris en compte dans la limite de 3 fois le plafond de la sécurité sociale en vigueur au moment de l'avis médical constatant l'incapacité de travail.
(3) Pas d'indemnité lorsque le revenu d'activité annuel moyen, déterminé dans la note précédente, est, en 2024, inférieur à 4 209 €.

Remarque - Lorsqu'il existe pour certaines sections de professions libérales, le régime d'indemnités journalières ouvert en cas d'incapacité temporaire prend le relais de la première période d'arrêt couverte par les indemnités servies par la sécurité sociale des indépendants.

2. Assurance maternité

En cas de maternité ou d'adoption, l'assurée bénéficie :

- d'une allocation forfaitaire de repos maternel égale à 3 864 € en 2024 (la moitié en cas d'adoption),
- et, en cas de cessation de toute activité professionnelle pendant 44 jours au moins, d'indemnités journalières forfaitaires d'interruption d'activité (63,52 € par jour en 2024).

3. Congé de paternité

Les indépendants, comme les salariés, peuvent demander à bénéficier d'un congé de paternité [27 § 7], lequel ouvre droit au versement d'indemnités journalières équivalentes à celles de l'assurance maternité [§ 2]. ■

57. Retraite de base (hors avocat)

La pension de retraite de base dépend du nombre de points acquis et de la durée d'assurance.

1. Liquidation des droits

Remarque - Le régime d'assurance vieillesse de base des professions libérales est concerné par la réforme des retraites portée par la loi n° 2023-270 du 14.04.2023, qui notamment recule progressivement l'âge légal de départ à la retraite et accélère le calendrier d'augmentation de la durée d'assurance requise pour bénéficier d'une retraite à taux plein [24 § 3]. *Les éventuelles adaptations des régimes de retraite complémentaire des professions libérales relèvent de la compétence des administrateurs des différentes caisses concernées.*

L'assuré doit :

- avoir atteint l'âge minimal de départ à la retraite (62 ans et 6 mois pour les assurés nés en 1962 ; âge progressivement relevé pour les générations suivantes pour atteindre 64 ans pour les assurés nés à partir de 1968 [12 § 1]),
- cesser son activité professionnelle,
- disposer d'au moins 1 trimestre d'assurance.

Remarque - Un départ anticipé, avant l'âge minimal de départ à la retraite, est néanmoins autorisé pour longue carrière, handicap ou inaptitude [12].

Conditions requises pour bénéficier d'une retraite à taux plein :

- justifier, à partir de l'âge minimal de départ à la retraite, d'une durée minimale d'assurance, laquelle est progressivement augmentée pour atteindre 172 trimestres pour les assurés nés à partir de 1965 [14],
- ou avoir atteint l'âge du taux plein automatique (67 ans pour les assurés nés à partir de 1955 [14]).

PROFESSIONS LIBÉRALES

Remarque - Par dérogation, l'âge du taux plein automatique reste fixé à 65 ans pour les parents d'un enfant handicapé et les aidants familiaux. Par ailleurs, le taux plein est également automatiquement acquis en cas de départ anticipé pour incapacité ou inaptitude sous certaines conditions **[12]**.

2. Pension personnelle

Le montant de la retraite de base dépend du nombre de points acquis en contrepartie des cotisations **[55]**.

Des points supplémentaires peuvent être accordés :

- 100 points gratuits au titre du trimestre civil de l'accouchement (maximum 550 points au titre d'une année civile pour les accouchements survenus depuis le 01.03.2012),
- 200 points gratuits par année civile, pour les personnes ayant exercé leur activité tout en étant atteintes d'une invalidité les obligeant à avoir recours à l'assistance d'une tierce personne,
- 400 points aux personnes reconnues atteintes d'une incapacité d'exercice de leur profession de plus de 6 mois.

Remarque - Les droits acquis au titre de l'ancien régime (avant 2004) ont été convertis en points sur la base de : 1 trimestre d'assurance = 100 points.

Calcul de la pension
Nombre de points × **0,6399 €** **(1)**.

(1) Valeur du point de service au 01.01.2024.

Décote lorsque les conditions pour obtenir le taux plein ne sont pas remplies **[§ 1]** : 1,25 % par trimestre manquant (dans la limite de 20 trimestres).

Majoration familiale (durée d'assurance et bonification pour enfants) : dispositif aligné sur celui des salariés **[34 § 3]**.

Surcote : 0,75 % par trimestre supplémentaire cotisé après l'âge minimal de départ à la retraite et au-delà du nombre de trimestres requis pour obtenir le taux plein, tous régimes confondus **[§ 1]**.

3. Rachat au titre des années incomplètes ou d'études supérieures

En principe, le rachat est ouvert aux personnes :

- âgées d'au moins 20 ans et de moins de 67 ans,
- qui ne bénéficient pas encore de la pension du régime de base des professions libérales.

Peuvent faire l'objet d'un rachat :

- les années d'études supérieures validées par un diplôme (autrement dit, les scolarités dans des établissements d'enseignement supérieur, écoles techniques supérieures, grandes écoles et classes préparatoires du 2e degré),
- les années d'activité incomplètes qui, quoique ayant donné lieu à affiliation, n'ont pas permis la validation de trimestres.

Le coût par trimestre racheté diffère selon les revenus professionnels, l'âge et l'option choisie par l'intéressé.

Ce dernier peut en effet opter pour :

- ou bien la seule atténuation de la décote,
- ou bien à la fois l'atténuation de la décote et une attribution de points de retraite supplémentaires **[tableau]**.

Dans tous les cas de figure, 12 trimestres (soit 3 années) au maximum peuvent être rachetés.

Remarque - Un dispositif spécifique de rachat de trimestres d'assurance vieillesse est ouvert, entre le 01.07.2022 et le 31.12.2026, au profit d'un certain nombre de travailleurs indépendants n'ayant pas été affiliés à un régime de retraite de base du fait de la non-reconnaissance de leur profession. Il concerne notamment les ostéopathes, les chiropracteurs, les naturopathes, les étiopathes, les acupuncteurs, les sophrologues et les hypnotiseurs, ces professionnels pouvant être affiliés à la CIPAV **[59]**. *Les modalités du rachat, logiquement limité à 4 trimestres par année, seront fixées par décret (à paraître).*

Exemples de coût de 1 trimestre racheté en 2024 (1)		
Âge en 2024	**Option 1 : atténuation de la décote exclusivement**	**Option 2 : atténuation de la décote et attribution de points supplémentaires**
20 ans	Entre 613 € et 700 €	Entre 908 € et 1 037 €
25 ans	Entre 736 € et 841 €	Entre 1 091 € et 1 246 €
30 ans	Entre 935 € et 1 068 €	Entre 1 385 € et 1 582 €
35 ans	Entre 1 159 € et 1 324 €	Entre 1 718 € et 1 963 €
40 ans	Entre 1 405 € et 1 605 €	Entre 2 082 € et 2 378 €
45 ans	Entre 1 664 € et 1 901 €	Entre 2 466 € et 2 818 €
50 ans	Entre 1 929 € et 2 204 €	Entre 2 859 € et 3 266 €
55 ans	Entre 2 191 € et 2 503 €	Entre 3 247 € et 3 710 €
60 ans	Entre 2 441 € et 2 789 €	Entre 3 617 € et 4 132 €
66 ans	Entre 2 286 € et 2 612 €	Entre 3 388 € et 3 871 €

(1) Le coût du rachat étant également fonction des revenus professionnels, seuls les montants minimaux et maximaux sont ci-dessus indiqués.

4. Pension de réversion en faveur du conjoint

Calculée au taux de 54 % et attribuée au conjoint survivant sous condition :

- d'âge : 55 ans,
- et de ressources : 24 232 € pour une personne seule, 38 771,20 € pour un couple en 2024.

Il n'existe ni condition de non-mariage ni condition de durée de mariage.

Majoration, sous certaines conditions, de la pension de réversion pour les veufs et veuves aux revenus modestes **[20]**.

5. Réversion en faveur des orphelins

Une pension de réversion peut être versée au profit du ou des orphelins âgés de moins de 21 ans ayant perdu leurs deux parents : régime aligné sur celui des salariés **[36 § 5]**. ■

58. Agents généraux d'assurance

Les agents généraux sont affiliés à la CAVAMAC pour la gestion de leur assurance vieillesse et leur couverture en invalidité-décès.

1. Personnes concernées

Outre les agents généraux d'assurance exerçant en individuel, sont affiliés à la CAVAMAC **[54]** :

- les associés gérants de SARL et associés commandités de sociétés en commandite par actions (SCA) constituées pour l'exercice de la profession,
- les mandataires non salariés de l'assurance,
- les gérants minoritaires de SARL.

INVALIDITÉ-DÉCÈS

2. Cotisation

la cotisation due au titre de 2024, est calculée au taux de 0,70 % sur les commissions et rémunérations brutes de 2023 prises dans la limite de 570 340 €.

Remarque - De manière générale, le non-paiement de la cotisation entraîne la suppression du droit aux prestations.

3. Prestations

Invalidité professionnelle partielle (taux d'incapacité compris entre 33 % et 66 %)
Rente annuelle (1) = (3 × taux d'invalidité) / 2 × base de calcul de la cotisation. En cas de **recours à l'assistance d'une tierce personne** : versement d'un capital identique à celui versé en cas de décès.
Invalidité professionnelle totale (taux d'incapacité ≥ 66 %)
Rente annuelle (1) = **25 %** de la base de calcul de la cotisation (ou moyenne des 3 dernières années si calcul plus favorable pour l'assuré).

(1) Pension versée jusqu'à l'âge légal de départ à la retraite [12].

Décès
Bénéficiaires du capital décès par ordre de priorité : conjoint survivant ou partenaire pacsé, descendants, ascendants, notaire en charge de la succession, sauf notification particulière de l'assuré. **Montant du capital décès** : • conjoint ou partenaire pacse et/ou descendants : **50 %** de la base de calcul de la cotisation (ou moyenne des 3 dernières années si calcul plus favorable pour l'assuré), • autres bénéficiaires : **25 %** des mêmes commissions que ci-dessus. Montant doublé en cas de décès accidentel.

Les agents généraux d'assurance en activité ont également l'obligation d'être couverts par le régime de prévoyance complémentaire de Praga Assurances [91 § 6].

RETRAITE

4. Retraite de base
Régime commun des professions libérales [57].

5. Retraite complémentaire
La cotisation est proportionnelle au revenu professionnel.

Cotisation en 2024 (1)
7,66 % (2) × commissions et rémunérations brutes de 2023 dans la limite de 570 340 €.
Acquisition des points de retraite
Cotisation annuelle contractuelle / **7,9246 € (3)**.

(1) Exonération de 25 %, 50 %, 75 % ou 100 % si incapacité d'exercice de plus de 6 mois (avec réduction du nombre de points correspondants) et exonération si invalidité partielle si poursuite de l'activité ou totale si cessation.
(2) Prenant en compte un taux d'appel de 121,60 %. Le taux contractuel de cotisation, seul productif de droits, est donc de 6,30 %.
(3) Prix d'achat du point en 2024.

Conditions de liquidation des droits :
- 67 ans normalement (à défaut minoration de 1,25 % par trimestre manquant, sauf cas de départ anticipé),
- totaliser au moins 1 500 points de retraite (en dessous de ce seuil, l'assuré peut néanmoins demander le versement d'un capital),
- cesser l'activité professionnelle.

Départ anticipé possible à :
- 63 ans pour les assurés ayant commencé leur activité avant 21 ans ou 62 ans pour ceux ayant commencé avant 20 ans, avec minoration de 15 %.
- 62 ans, sans minoration, en cas d'inaptitude professionnelle ou d'invalidité (taux au moins de 50 %),

Le montant de la pension dépend du nombre de points acquis en contrepartie des cotisations ou attribués gratuitement au cours des périodes d'incapacité ou d'invalidité.

Calcul de la pension
Nombre de points acquis × **0,3994 € (1)**.

(1) Valeur de service du point de retraite en 2024.

Majorations familiales : 10 % pour 3 enfants et 5 % par enfant handicapé à charge.

Surcote : 5 % par année pleine différée au-delà de l'âge du taux plein, dans la limite de 25 %.

Réversion, au taux de 60 %, en faveur du conjoint survivant :
- âgé de 65 ans au moins,
- et justifiant de 2 ans de mariage ou de 1 enfant au moins issu du mariage.

À noter que le défunt doit, au jour du décès, avoir acquis au moins 1 500 points dans le régime.

6. Exemple de retraite
Un agent général d'assurance, célibataire, a commencé sa carrière libérale le 01.01.1990.

Revenu annuel moyen : 47 000 €.

3 hypothèses de départ à la retraite (incluant une progression annuelle du revenu d'ici au départ à la retraite limitée à + 1 %) :
- au 01.01.2025, à 62,5 ans (âge légal atteint, mais départ pénalisé par une décote dans les régimes de base et complémentaire),
- au 01.07.2027, à 65 ans (départ toujours pénalisé par une décote dans les régimes de base et complémentaire),
- au 01.07.2029, à 67 ans (départ à taux plein).

	Hypothèse 1	Hypothèse 2	Hypothèse 3
Retraite de base	7 882 €	9 915 €	11 695 €
Retraite complémentaire	4 658 €	5 179 €	6 698 €
Montant total annuel brut	12 540 €	15 634 €	18 393 €
Taux de remplacement (1)	24 %	30 %	36 %

(1) Montant de la retraite nette comparé au revenu net.

Estimations effectuées par e-DIXIT® (mars 2024).

7. Cumul emploi-retraite
Accès au dispositif dans les conditions de droit commun [19].

La poursuite de l'activité professionnelle permet d'acquérir des droits supplémentaires au titre du régime complémentaire. ■

59. Architectes, ingénieurs, experts...

Les architectes, les ingénieurs et les experts dépendent de la CIPAV pour la gestion de leur retraite et de leur assurance invalidité-décès.

1. Personnes concernées
21 professions sont obligatoirement affiliées à la CIPAV [54], parmi lesquelles figurent les architectes, les architectes d'intérieur, les ingénieurs-conseils, les géomètres experts, les experts automobile et les experts devant les tribunaux, exerçant à titre libéral en France métropolitaine et dans les DOM.

INVALIDITÉ-DÉCÈS

2. Cotisation
Une cotisation proportionnelle au revenu professionnel :
- obligatoire jusqu'à 67 ans,
- puis facultative jusqu'à 80 ans, sous certaines conditions.

Cotisation 2024
0,50 % × revenu professionnel pris dans la limite de 1,85 fois le plafond annuel de la sécurité sociale, soit 85 781 € en 2024.

(1) Assiette minimale fixée à 37 % du plafond annuel de la sécurité sociale (17 156 € en 2024), soit une cotisation minimale de 85,78 € en 2024.

3. Prestations

Les cotisations versées au titre d'une année sont converties en points, la valeur d'achat du point étant fixée à 0,013 €.

Les prestations sont calculées en fonction du nombre de points acquis au titre d'une année de cotisation, la valeur du point de service étant fixée à 3,01 € en 2024.

Invalidité totale et définitive (1)
Rente annuelle : 1/3 du nombre de points acquis par cotisation + prestation forfaitaire égale à 2 200 € (2). Minimum : **8 938,92 €** ; maximum : **35 420,99 €** (3).
Invalidité partielle ≥ 66 %
Rente annuelle = rente d'invalidité totale proportionnelle au taux d'invalidité. Minimum : **5 899,69 €** ; maximum : **23 377,85 €** (3).

(1) Montants en 2024.
(2) Équivaut à 5 % du plafond annuel de la sécurité sociale.
(3) En fonction du montant du revenu soumis à cotisation.

Décès (1)
Bénéficiaires du capital décès par ordre de priorité : conjoint survivant, partenaire pacsé, enfants âgés de moins de 21 ans (ou sans limite d'âge si handicapés), personnes nommément désignées, personnes à la charge effective et totale de l'assuré au jour du décès. **Montant du capital décès** : totalité des points acquis par cotisation (+ 5 000 points supplémentaires si décès accidentel) + prestation forfaitaire de 6 955,20 € (2). Minimum : **26 816,75 €** ; maximum : **106 262,67 €** (3) **Rente conjoint survivant** (marié ou pacsé) : 1/10e du nombre de points acquis par cotisation + prestation forfaitaire de 695,52 € (4). Minimum : **2 681,68 €** ; maximum : **10 626,30 €** (3). **Rente orphelin** (5) : 1/10e du nombre de points acquis par cotisation + prestation forfaitaire de 695,52 € (4). Minimum : **2 681,68 €** ; maximum : **10 626,30 €** (3).

(1) Montants en 2024.
(2) Équivaut à 15 % du plafond annuel de la sécurité sociale.
(3) En fonction du montant du revenu soumis à cotisation.
(4) Équivaut à 1,5 % du plafond annuel de la sécurité sociale.
(5) Versée jusqu'à 21 ans, 25 ans si poursuite des études ou sans limite d'âge si handicapé ne pouvant exercer une activité professionnelle.

RETRAITE

4. Retraite de base

Régime commun des professions libérales [57].

Remarque - Un dispositif spécifique de rachat de trimestres d'assurance vieillesse est ouvert, entre le 01.07.2022 et le 31.12.2026, au profit d'un certain nombre de travailleurs indépendants n'ayant pas été affiliés à un régime de retraite de base du fait de la non-reconnaissance de leur profession. Il concerne notamment les ostéopathes, les chiropracteurs, les naturopathes, les étiopathes, les acupuncteurs, les sophrologues et les hypnotiseurs, ces professionnels pouvant être affiliés à la CIPAV [59]. *Les modalités du rachat, logiquement limité à 4 trimestres par année, seront fixées par décret (à paraître).*

5. Retraite complémentaire

Depuis 2023, les affiliés à la CIPAV sont redevables d'une cotisation proportionnelle au revenu professionnel.

Cotisation 2024
Cotisation calculée sur 2 tranches au taux de : • **9 %** sur la part du revenu professionnel inférieur ou égal à 46 368 € (2), • **22 %** sur la fraction du revenu professionnel comprise entre 46 368 € et 162 288 € (2).
Acquisition des points de retraite
Cotisation annuelle / 47,40 € (3).

(1) Cotisation proportionnelle au revenu professionnel net perçu l'année de son exigibilité, mais calculée à titre provisionnel sur le revenu N – 2.
(2) Soit un revenu pivot égal au plafond annuel de la sécurité sociale et un revenu maximal pris en compte égal à 3,5 fois ce même plafond. La limite maximale sera relevée à 4 fois ce plafond à partir de 2025.
(3) Valeur d'achat du point en 2024.

Remarque - Sur demande, exonération possible en cas d'incapacité d'exercice pendant au moins 6 mois.

Conditions de liquidation des droits sans minoration :
- soit avoir atteint 67 ans,
- soit avoir atteint l'âge légal de départ à la retraite (par exemple, 62 ans et 6 mois pour un assuré né en 1962 **[12 § 1]**) et justifier de la durée d'assurance requise pour liquider la retraite de base à taux plein **[14]**,
- soit départ anticipé dans les cas prévus au régime de base (longue carrière, handicap, inaptitude) **[12]**.

Le montant de la pension dépend du nombre de points acquis par le biais des cotisations.

Calcul de la pension
Nombre de points × **2,89 € (1)**.

(1) Valeur de service du point de retraite en 2024.

Décote : 5 % par année séparant l'âge de l'assuré à la date de la liquidation des droits et l'âge du taux plein (67 ans).

Majoration familiale : 10 % si au moins 3 enfants.

Surcote : 5 % par année supplémentaire en cas de départ à la retraite différé après l'âge du taux plein, dans la limite de 5 années.

Réversion, au taux de 60 %, en faveur du conjoint non remarié âgé de 62 ans au moins.

En cas de divorce, partage de la pension entre les conjoints non remariés, au prorata de la durée de chaque mariage.

6. Exemple de retraite

Un architecte, célibataire, a commencé sa carrière libérale le 01.01.1990.

Revenu annuel moyen : 39 000 €.

3 hypothèses de départ à la retraite (incluant une progression annuelle du revenu d'ici au départ à la retraite limitée à + 1 %) :
- au 01.01.2025, à 62,5 ans (âge légal atteint mais départ pénalisé par une décote dans le régime de base et dans le régime complémentaire),
- au 01.07.2027, à 65 ans (départ toujours pénalisé par une décote),
- au 01.07.2029, à 67 ans (départ à taux plein).

	Hypothèse 1	Hypothèse 2	Hypothèse 3
Retraite de base	7 417 €	9 254 €	10 853 €
Retraite complémentaire	6 252 €	7 501 €	8 751 €
Montant total annuel brut	13 669 €	16 755 €	19 604 €
Taux de remplacement (1)	32 %	39 %	46 %

(1) Montant de la retraite nette comparé au revenu net.

Estimations effectuées par e-DIXIT® (mars 2024).

7. Cumul emploi-retraite

Accès au dispositif dans les conditions de droit commun **[19]**. Les droits acquis durant cette période sont plafonnés. ■

PROFESSIONS LIBÉRALES

60. Auxiliaires médicaux

Les auxiliaires médicaux dépendent de la CARPIMKO pour la gestion de leur retraite et l'assurance invalidité-décès. Les conventionnés bénéficient d'un régime de retraite supplémentaire obligatoire.

1. Personnes concernées

Sont obligatoirement affiliés à la CARPIMKO **[54]** les auxiliaires médicaux exerçant à titre libéral en France métropolitaine + DOM : infirmiers, masseurs-kinésithérapeutes, pédicures-podologues, orthophonistes et orthoptistes, pour l'essentiel.

Affiliation obligatoire même si l'activité est exercée à titre accessoire ou lors d'un remplacement.

INVALIDITÉ-DÉCÈS

2. Cotisation

Elle s'élève à 1 022 € en 2024

Exonération en cas d'incapacité professionnelle de plus de 6 mois et pour les affiliés reprenant leur activité à des fins thérapeutiques.

Remarque - De manière générale, le non-paiement de la cotisation entraîne la suppression du droit aux prestations.

3. Prestations

Incapacité temporaire (ou inaptitude) (1)

Versement du 91e au 365e jour d'incapacité professionnelle, voire 1095e jour en cas de prolongation :

- allocation journalière totale **55,44 €** (allocation partielle si incapacité d'au moins 66 % : **27,72 € (2)**),
- majoration pour conjoint à charge non divorcé : **10,08 €**,
- majoration pour enfant à charge ou infirme : **16,63 €**,
- majoration journalière pour assistance d'une tierce personne : **20,16 €**.

Invalidité partielle ou totale (1)

Rente annuelle versée à partir du 366e jour (ou 1096e jour) jusqu'au dernier jour du trimestre civil suivant l'âge de la retraite à taux plein **[§ 5]** :

- invalidité partielle (taux ≥ 66 %) : **10 080 € (2)**,
- invalidité totale : **20 160 €** + majoration de **6 048 €** pour conjoint à charge (ou pour assistance tierce personne) et par enfant de moins de 18 ans ou handicapé **(3)**.

(1) Montants en 2024.
(2) Pas de majorations familiales ni pour assistance tierce personne en cas d'incapacité ou d'invalidité partielle.
(3) La rente d'invalidité permanente totale est versée jusqu'à l'âge de la retraite à taux plein.

Décès (1)

Bénéficiaires du capital décès par ordre de priorité : conjoint survivant, enfant(s) à charge ou atteint(s) d'une infirmité, descendant(s) à charge ou atteint d'une infirmité, ascendant(s) à charge, autre(s) enfant(s), autre(s) descendant(s), autre(s) ascendant(s) **(2)**.

Montant du capital décès :

- conjoint : **36 288 €** + majoration de 50 % lorsque le conjoint a 1 ascendant au moins à charge,
- autre bénéficiaire : **18 144 €**.

Rente annuelle :

- de survie (conjoint) : **10 080 €**,
- d'éducation (orphelin) : **7 560 € (3)**.

(1) Montants en 2024.
(2) En l'absence de l'un des bénéficiaires énumérés ci-dessus, le capital décès peut être versé au profit de la ou des personnes physiques ayant assumé les frais de la dernière maladie ou d'obsèques du défunt ou l'ayant assisté bénévolement.
(3) Versement soumis à condition de ressources au-delà de 25 ans.

RETRAITE

4. Retraite de base

Régime commun des professions libérales **[57]**.

5. Retraite complémentaire

L'affilié est redevable d'une cotisation forfaitaire et d'une cotisation proportionnelle au revenu.

Cotisations 2024
Cotisation forfaitaire de **2 176 €.** Elle permet d'acquérir 8 points de retraite chaque année **(1)**. **Cotisation proportionnelle** égale à **3 %** × revenu libéral de 2022 compris entre 25 246 et 224 713 €. Elle permet l'attribution de 22 points par an au maximum **(2)**.

(1) Soit un prix d'achat du point fixé pour 2024 à 272 €.
(2) Le nombre de points s'acquiert en divisant le montant de la cotisation annuelle par le coût d'acquisition du point (272 € en 2024).

Conditions de liquidation des droits sans minoration :
- cessation d'activité non exigée, sauf exception,
- soit avoir atteint 67 ans au moins,
- soit avoir atteint l'âge légal (par exemple, 62 ans et 6 mois pour un assuré né en 1962) et justifier de la durée d'assurance requise pour liquider la retraite de base à taux plein,
- soit 62 ans en cas d'invalidité ou d'inaptitude.

Le montant de la retraite complémentaire dépend du nombre de points acquis par le biais des cotisations (30 points au maximum par an) et de ceux acquis par rachat.

Calcul de la pension
Nombre de points acquis × **20,88 € (1)**.

(1) Valeur de service du point en 2024.

Décote : 1,25 % par trimestre manquant pour départ anticipé avant l'âge de la retraite à taux plein.

Majoration : 1,25 % par trimestre effectué au-delà de l'âge permettant une liquidation des droits à la retraite sans abattement, dans la limite de 20 trimestres.

Remarque - Une faculté de rachat est ouverte, à partir de 55 ans, au titre des années d'exercice libéral antérieures à 1956 (1978 pour les orthophonistes et orthoptistes).

Réversion, au taux de 60 %, en faveur du conjoint survivant :
- âgé de 65 ans (60 ans si inaptitude, voire 55 ans sous certaines conditions),
- non remarié (suspension de la pension en cas de remariage),
- et justifiant de 2 ans de mariage ou de 1 enfant au moins issu du mariage.

6. Retraite supplémentaire des auxiliaires conventionnés (ASV)

L'affilié est redevable d'une cotisation forfaitaire et d'une cotisation proportionnelle au revenu.

Cotisations 2024
Cotisation forfaitaire de **657 €,** dont **219 €** à la charge de l'affilié **(1)**. Elle permet l'attribution de 24,5 points chaque année. **Cotisation proportionnelle** égale à **0,40 %,** dont **0,16 %** × revenu libéral de 2022 dans la limite de 5 fois le plafond de la sécurité sociale (soit 231 840 € en 2024) à la charge de l'affilié **(1)**. Elle permet l'attribution de points supplémentaires **(2)**.

(1) L'autre fraction de la cotisation est prise en charge par l'Assurance maladie.
(2) Coût d'acquisition du point : 26,82 € en 2024.

Conditions de liquidation des droits :
- avoir atteint 65 ans au moins,
- ou avoir atteint l'âge minimal de 60 ans avec application d'un coefficient d'anticipation ou sans minoration en cas d'inaptitude au travail (ou ancien combattant, déporté, prisonnier de guerre, etc.),
- cessation d'activité non exigée, sauf exception.

Le montant de la retraite supplémentaire dépend du nombre de points acquis par cotisation et par rachat (possible à partir de 61 ans).

Calcul de la pension
Nombre de points acquis × **1,47 € (1)**.

(1) Valeur de service des points acquis depuis 2006 (entre 1,60 € et 2,30 € pour les points acquis antérieurement).

Décote : 5 % par année d'anticipation avant l'âge du taux plein.

Aucune autre majoration.

Réversion en faveur du conjoint au taux de 50 % : mêmes conditions que celles prévues pour la retraite complémentaire.

7. Exemple de retraite

Un masseur-kinésithérapeute, célibataire, a commencé sa carrière libérale le 01.01.1988. Il est conventionné.

Revenu annuel moyen : 35 000 €.

3 hypothèses de départ à la retraite (incluant une progression annuelle du revenu d'ici au départ à la retraite limitée à + 1 %) :

- au 01.01.2025, à 62,5 ans (âge légal atteint mais départ pénalisé par une décote dans tous les régimes),
- au 01.07.2027, à 65 ans (départ toujours pénalisé par une décote dans le régime de base et le régime complémentaire),
- au 01.07.2029, à 67 ans (départ à taux plein).

	Hypothèse 1	Hypothèse 2	Hypothèse 3
Retraite de base	7 338 €	9 096 €	10 619 €
Retraite complémentaire	5 336 €	6 542 €	7 653 €
Retraite supplémentaire	2 279 €	2 620 €	2 708 €
Montant total annuel brut	14 953 €	18 258 €	20 980 €
Taux de remplacement (1)	39 %	47 %	54 %

(1) Montant de la retraite nette comparé au revenu net.

Estimations effectuées par e-DIXIT® (mars 2024).

8. Cumul emploi-retraite

Les auxiliaires médicaux ont accès au dispositif de cumul emploi-retraite dans les conditions de droit commun [19]. Cependant, les cotisations versées durant cette période au titre du régime supplémentaire sont non attributives de droits.

Les infirmiers peuvent effectuer des vacations à la demande des établissements de santé ou des centres médico-sociaux sans incidence sur le montant de leur retraite si le revenu généré par la reprise d'activité ne dépasse pas le montant du plafond de la sécurité sociale (46 368 € en 2024). À défaut, la pension de retraite est réduite à due concurrence.

Remarque - Doit être instaurée une dérogation pérenne en faveur des professionnels de santé permettant de bénéficier rapidement du dispositif sans se voir opposer ni délai de carence ni plafond de revenus dès lors que l'activité reprise se situe dans une zone caractérisée par une offre insuffisante de soins (décret à paraître). ■

61. Avocats

Les avocats relèvent d'un régime autonome de retraite et de prévoyance complémentaire géré par la CNBF.

1. Personnes concernées

Sont obligatoirement affiliés à la CNBF [54] :

- tous les avocats inscrits à un barreau français (métropole ou DOM),
- y compris les avocats salariés et ceux détenteurs de titres d'une société d'exercice libéral.

Remarque - Les avocats salariés qui exerçaient en tant que salariés avant le 01.01.1992 relèvent du régime général de la sécurité sociale et, par voie de conséquence, de l'AGIRC-ARRCO.

PROFESSIONS LIBÉRALES

INVALIDITÉ-DÉCÈS

2. Cotisation

En 2024, elle est fixée à :

- 65 € pour les 4 premières années d'exercice,
- 162 € à partir de la 5e.

3. Prestations

Invalidité temporaire (1)
Du 91e jour d'invalidité jusqu'à 3 ans au maximum : **90 €** par jour.
Invalidité permanente (1)
Rente annuelle : 50 % de la retraite de base pour un avocat ayant moins de 20 ans d'activité au plus, ou 100 % de la retraite proportionnelle entre 20 et 39 ans d'activité.

(1) Montants en 2024.

Décès (1)
Capital décès (pour cause de maladie) : **50 000 €**. **Rente d'orphelin** : 25 % de la retraite de base entière et de la retraite complémentaire auxquelles l'avocat aurait pu prétendre au jour de son décès.

(1) Montants en 2024.

RETRAITE

4. Liquidation des droits à retraite

Conditions communes au régime de base et au régime complémentaire pour un départ sans décote :

- avoir atteint 67 ans au moins,
- ou avoir atteint au moins l'âge légal de départ à la retraite (par exemple, 62 ans et 6 mois pour un assuré né en 1962 **[12 § 1]**) et réunir les conditions d'un départ à taux plein (durée d'assurance requise **[14]**),
- ou avoir 62 ans en cas d'invalidité ou d'inaptitude,
- avoir démissionné du barreau, sauf poursuite de l'activité dans le cadre d'un cumul emploi-retraite.

5. Retraite de base

La cotisation du régime de base comprend une cotisation forfaitaire basée sur l'ancienneté professionnelle et une cotisation proportionnelle au revenu professionnel.

Cotisation forfaitaire (1)
Selon l'ancienneté professionnelle : • 1re année : **337 €**, • 2e année : **677 €**, • 3e année : **1 062 €**, • 4e et 5e années : **1 446 €**, • à partir de la 6e année : **1 845 €**.
Cotisation proportionnelle (1)
3,10 % × revenu professionnel de 2022 plafonné à 297 549 € **(2)**. **En début d'activité** : 273 € les 1re et 2e années.

(1) Montants et taux en 2024. Exonération, totale ou partielle, en cas d'interruption de plus de 6 mois ou insuffisance des ressources.
(2) Pour les salariés : 1,24 % à leur charge, 1,86 % pour l'employeur.

Le montant de la retraite de base dépend de la durée d'assurance dans ce régime. Sous réserve de la condition d'âge minimal et de la cessation d'activité **[§ 4]**, versement :

- d'une retraite entière forfaitaire à la condition d'avoir le nombre de trimestres requis (différent selon l'année de naissance : 169 trimestres pour un assuré né en 1962, par exemple) ou d'avoir atteint l'âge d'attribution du taux plein (67 ans pour les affiliés nés à partir de 1955),
- d'une retraite calculée prorata temporis lorsque la condition de durée d'assurance n'est pas remplie.

Montant forfaitaire de la retraite de base
18 665 € en 2024 **(1)**.

(1) Montant entier si conditions d'âge et de duré d'assurance remplies.

Décote : 1,25 % par trimestre manquant lorsque les conditions d'une retraite à taux plein ne sont pas réunies.

Majoration familiale : 10 % si au moins 3 enfants.

Surcote calculée selon le mode le plus favorable pour l'assuré :
- 1,25 % par trimestre cotisé au-delà de l'âge et de la durée d'assurance requis pour une retraite à taux plein,
- ou majoration forfaitaire de 4 688 € au 01.01.2024 pour une durée cotisée à la CNBF de 220 trimestres au moins.

Remarque - Il est possible de racheter, dans la limite de 12 trimestres, les périodes correspondant à des années d'études supérieures **[55]**.

Réversion en faveur du conjoint, au taux de 50 %, si 5 ans de mariage ou 1 enfant au moins issu du mariage.

6. Retraite complémentaire

Le régime complémentaire obligatoire des avocats fait l'objet d'une réforme engagée 2015. Au terme d'une période transitoire de 14 ans, 5 taux de cotisations déterminés en fonction du revenu professionnel (6 %, 11,6 %, 13,7 %, 15,8 % et 17,9 %) remplaceront les 2 taux obligatoires précédemment appliqués auxquels pouvaient être ajoutées des cotisations facultatives. Durant la période de transition, des classes de cotisation sont instaurées **[tableau]**.

Le montant de la pension est fonction du nombre de points inscrits au compte de l'intéressé :
- acquis par cotisations,
- gratuits (de reconstitution de carrière, dans la limite de 25 années d'ancienneté),
- rachetés (dans la limite de 10 ans d'ancienneté).

Remarque - En dessous de 500 points et si l'intéressé renonce définitivement à ses droits à la retraite complémentaire, la CNBF peut procéder au rachat forfaitaire des droits et lui verser un capital.

Retraite complémentaire CNBF				
Classes et taux de cotisation pour 2024				
Revenu libéral 2022	**C 1**	**C 2**	**C 3**	**C 4**
De 1 € à 42 507 €	5,00 %	5,50 %	6,00 %	6,00 %
De 42 508 € à 85 014 €	9,60 %	10,60 %	11,60 %	11,60 %
De 85 015 € à 127 521 €	11,20 %	12,45 %	13,70 %	13,70 %
De 127 522 € à 170 028 €	12,80 %	14,30 %	15,80 %	15,80 %
De 170 029 € à 212 535 €	14,40 %	16,15 %	17,90 %	20,40 %
Calcul de la pension				
Nombre de points acquis **(1)** × **0,9913 € (2)**.				

(1) Le nombre de points acquis est égal au montant de la cotisation annuelle divisé chaque année par le prix d'acquisition du point (11,5450 € en 2024).
(2) Valeur de service du point en 2024.

Réversion en faveur du conjoint, au taux de 60 % :
- dès le décès si 1 enfant de moins de 21 ans issu du mariage,
- ou à 50 ans si 5 ans de mariage minimum.

7. Exemple de retraite

Un avocat, célibataire, a débuté sa carrière en libéral le 01.01.1990.

Revenu annuel moyen : 57 000 €.

3 hypothèses de départ à la retraite (incluant une progression annuelle du revenu d'ici au départ à la retraite limitée à + 1 %) :
- au 01.01.2025, à 62,5 ans (âge légal atteint mais départ pénalisé par une décote pour trimestres manquants),
- au 01.07.2027, à 65 ans (départ toujours pénalisé par une décote),
- au 01.07.2029, à 67 ans (départ à taux plein).

PROFESSIONS LIBÉRALES

	Hypothèse 1	Hypothèse 2	Hypothèse 3
Retraite de base	13 998 €	14 232 €	18 665 €
Retraite complémentaire	7 179 €	8 082 €	8 807 €
Montant total annuel brut	21 177 €	22 314 €	27 472 €
Taux de remplacement (1)	34 %	36 %	44 %

(1) Montant de la retraite nette comparé au revenu net.

Estimations effectuées par e-DIXIT® (mars 2024). ■

62. Chirurgiens-dentistes

Les chirurgiens-dentistes dépendent de la CARCDSF pour leur retraite et l'assurance invalidité-décès. Les conventionnés sont affiliés à un régime de retraite supplémentaire obligatoire.

1. Personnes concernées

Sont obligatoirement affiliés à la CARCDSF [54] les chirurgiens-dentistes exerçant à titre libéral en France (métropole + DOM).

INVALIDITÉ-DÉCÈS

2. Cotisation

La cotisation globale due en 2024 se décompose ainsi :

- 874,60 € pour les risques incapacité permanente et décès,
- 409,80 € pour le risque d'incapacité temporaire.

Remarque - De manière générale, le non-paiement des cotisations et des majorations de retard entraîne la suspension des garanties.

3. Prestations

Incapacité professionnelle totale temporaire (1)
Indemnités journalières versées du 91e jour au 36e mois au maximum : **108,82 €**.

Incapacité professionnelle totale permanente (1)
Rente annuelle versée jusqu'à l'âge légal de départ à la retraite : **31 201 €** + **9 132 €** par an et par enfant à charge jusqu'à 18 ans, 25 ans si poursuite d'études (sans condition d'âge en cas de handicap).
Décès (1)
Bénéficiaires du capital décès par ordre de priorité : conjoint survivant, descendants, personnes à la charge effective et permanente de l'assuré au jour du décès. **Montant du capital décès : 18 845 €.** **Rente conjoint : 20 051,08 €.** **Rente orphelin : 13 568,40 €.**

(1) Montants en 2024.

RETRAITE

4. Retraite de base

Régime commun des professions libérales [57].

5. Retraite complémentaire

L'affilié est redevable d'une cotisation forfaitaire et d'une cotisation proportionnelle au revenu professionnel.

Cotisations en 2024
Cotisation forfaitaire : **3 108 €**, donnant droit à 6 points de retraite chaque année (**1**). **Cotisation proportionnelle** : **10,80 %** × revenu libéral de 2023 compris entre 39 413 et 231 840 €, permettant l'attribution de points supplémentaires (**2**).

(**1**) Soit un prix d'acquisition du point fixé à 518 € en 2024.
(**2**) Nombre de points obtenu en divisant le montant de la cotisation par le coût d'acquisition du point (518 € en 2024).

Conditions de liquidation des droits sans décote :

- soit avoir atteint au moins 67 ans (assurés nés à partir de 1955),
- soit avant 67 ans pour les femmes ayant eu des enfants, dans la double limite de 1 année par enfant mis au monde et 5 années au maximum,
- soit dès l'âge légal (par exemple, 62 ans et 6 mois pour un assuré né en 1962 [**12**]) pour le parent d'un enfant handicapé,
- soit dès 62 ans en cas d'inaptitude au travail (ou invalide de guerre, ancien déporté, etc.),
- avoir exercé et cotisé en tant que libéral pendant au moins 1 année,
- cesser l'activité.

Le montant de la retraite complémentaire dépend du nombre de points acquis par cotisation et par rachat.

Calcul de la pension
Nombre de points acquis × **30,81 €** (**1**).

(**1**) Valeur de service du point en 2024.

Décote : 1,25 % par trimestre manquant pour départ anticipé avant l'âge de la retraite à taux plein, dans la limite de 15 %.

Majoration familiale : 10 % si au moins 3 enfants.

Surcote : 1 % par trimestre supplémentaire en cas de départ à la retraite différé au-delà de l'âge du taux plein, dans la limite de 20 %.

Réversion, au taux de 60 %, en faveur du conjoint survivant :

- âgé de 65 ans (60 ans si inaptitude ou avec minoration dans les autres cas),
- non remarié (suspension de la pension en cas de remariage),
- et justifiant de 2 ans de mariage ou de 1 enfant au moins issu du mariage.

6. Retraite supplémentaire des chirurgiens-dentistes conventionnés

L'affilié est redevable d'une cotisation forfaitaire et d'une cotisation, dite "d'ajustement", proportionnelle au revenu professionnel.

Cotisations en 2024 (1)
Cotisation forfaitaire : **1 618,84 €**, ouvrant droit à 10 points chaque année au maximum (**2**). **Cotisation d'ajustement** : **0,725 %** × revenu libéral pris dans la limite de 231 840 €, permettant au plafond l'attribution de 1,93 point de retraite chaque année (au prorata pour un revenu inférieur) (**2**).

(**1**) Part acquittée par l'affilié, l'autre fraction de la cotisation étant prise en charge par l'Assurance maladie (cotisation globale : 4 856,52 €).
(**2**) Le total de points attribués est limité à 420.

Conditions de liquidation des droits sans décote :

- soit avoir 67 ans au moins,
- soit dès 62 ans en cas d'inaptitude au travail (ou invalide de guerre, ancien déporté, etc.),
- avoir exercé et cotisé en tant que libéral pendant au moins 1 année.

Le montant de la retraite complémentaire dépend du nombre de points acquis par cotisation et par rachat.

Calcul de la pension
Nombre de points acquis × **28,056 €** (**1**).

(**1**) Valeur en 2024 pour les points non liquidés et acquis à partir de 2006.

Décote : 1,25 % par trimestre manquant pour départ anticipé avant l'âge de la retraite à taux plein, dans la limite de 15 %.

Majoration : 10 % si au moins 3 enfants.

Réversion en faveur du conjoint non remarié au taux de 60 % : conditions similaires à celles requises pour la retraite complémentaire.

7. Préretraite
Les adhérentes chirurgiens-dentistes ont la possibilité de bénéficier d'un départ anticipé à la retraite sans application de coefficient de minoration, à raison d'une année d'anticipation par enfant mis au monde, dans la limite de 5 au maximum **[§ 5]**.

8. Exemple de retraite
Un chirurgien-dentiste, célibataire, a débuté sa carrière libérale le 01.01.1990. Il est conventionné.

Revenu annuel moyen : 65 000 €.

3 hypothèses de départ à la retraite (incluant une progression annuelle du revenu d'ici au départ à la retraite limitée à + 1 %) :
- au 01.01.2025, à 62,5 ans (âge légal atteint mais départ pénalisé par une décote dans tous les régimes d'affiliation),
- au 01.07.2027, à 65 ans (départ toujours pénalisé par une décote),
- au 01.07.2029, à 67 ans (départ à taux plein).

	Hypothèse 1	Hypothèse 2	Hypothèse 3
Retraite de base	7 943 €	9 989 €	11 779 €
Retraite complémentaire	9 396 €	11 573 €	13 447 €
Retraite supplémentaire	7 799 €	9 589 €	11 246 €
Montant total annuel brut	25 138 €	31 151 €	36 472 €
Taux de remplacement (1)	35 %	44 %	51 %

(1) Montant de la retraite nette comparé au revenu net.

Estimations effectuées par e-DIXIT (mars 2024).*

9. Cumul emploi-retraite
Les chirurgiens-dentistes ont accès au dispositif de cumul emploi-retraite dans les conditions de droit commun **[19]**. Cependant, les nouveaux droits acquis durant cette période au titre des régimes complémentaire et supplémentaire n'entrent pas dans le dispositif de plafonnement de la seconde pension.

Remarque - Doit être instaurée une dérogation pérenne en faveur des professionnels de santé permettant de bénéficier rapidement du dispositif sans se voir opposer ni délai de carence ni plafond de revenus dès lors que l'activité reprise se situe dans une zone caractérisée par une offre insuffisante de soins (décret à paraître). ■

63. Experts-comptables

La CAVEC gère la retraite et l'assurance invalidité-décès des experts-comptables.

1. Personnes concernées
Sont obligatoirement affiliés à la CAVEC **[54]** les experts-comptables et assimilés exerçant à titre libéral en France (métropole + DOM), ainsi que les experts-comptables salariés.

INVALIDITÉ-DÉCÈS

2. Cotisation
4 classes de cotisation en fonction du revenu professionnel de l'année précédente.

Classes de cotisation	Revenu professionnel libéral 2023	Montants en 2024
Classe 1	< 16 190 €	**288 €**
Classe 2	< 44 790 €	**396 €**
Classe 3	< 79 040 €	**612 €**
Classe 4	Au-delà	**828 €**

Remarque - De manière générale, les prestations sont versées dès lors que l'affilié est à jour de ses cotisations au jour de la survenance du risque.

PROFESSIONS LIBÉRALES

3. Prestations

Incapacité temporaire (1)
Indemnité journalière versée du 91e jour au 36e mois au maximum : **120 €**, quelle que soit la classe de cotisation.
Invalidité totale (1) (2)
Rente annuelle en fonction de la classe de cotisation : • classe 1 : **12 105 €**, • classe 2 : **16 140 €**, • classe 3 : **32 280 €**, • classe 4 : **48 420 €**.
Invalidité partielle ≥ 66 % (1)
Rente (montants ci-dessus) proportionnelle au taux d'invalidité.
Décès (1)
Bénéficiaires du capital décès par ordre de priorité : conjoint survivant ou partenaire pacsé, descendants, personnes à la charge effective et totale de l'assuré au jour du décès, héritiers tels qu'ils sont définis dans le Code civil. **Montant du capital décès** en fonction de la classe de cotisation : • classe 1 : **70 613 €**, • classe 2 : **94 150 €**, • classe 3 : **188 300 €**, • classe 4 : **282 450 €**. **Rente annuelle d'orphelin** en fonction de la classe de cotisation (2) : • classe 1 : **4 035 €**, • classe 2 : **5 380 €**, • classe 3 : **10 760 €**, • classe 4 : **16 140 €**.

(1) Montants en 2024.
(2) Sans cumul possible, la rente orphelin peut être versée en cas d'invalidité totale et permanente.

RETRAITE

4. Retraite de base

Régime commun des professions libérales [57].

5. Retraite complémentaire

L'affilié est redevable d'une cotisation forfaitaire fixée en fonction du montant du revenu professionnel de l'année précédente.

Classes de cotisation (1)	Montants 2024 (2)	Points attribués
< 16 190 € (classe A)	**760 €**	48
< 32 350 € (classe B)	**2 851 €**	180
< 44 740 € (classe C)	**4 499 €**	284
< 64 560 € (classe D)	**7 033 €**	444
< 79 040 € (classe E)	**11 215 €**	708
< 94 850 € (classe F)	**17 108 €**	1 080
< 132 780 € (classe G)	**19 009 €**	1 200
Au-delà de 132 780 € (classe H)	**23 762 €**	1 500

(1) Basées sur le revenu professionnel de l'année précédente. Possibilité d'opter pour la classe immédiatement supérieure. Cotisation en classe A pour la première année civile d'exercice ou en cas d'activité ayant engendré un revenu d'activité nul, déficitaire ou inexistant sur le précédent exercice.
(2) Exonération possible en cas d'incapacité ou invalidité.

Remarque - L'expert-comptable salarié cotise uniquement au régime complémentaire en classe C ou D avec l'accord de l'employeur, celui-ci prenant en charge 60 % du montant dû.

Condition de liquidation des droits :
- avoir atteint 65 ans (âge du taux plein),
- ou dès 60 ans en cas d'inaptitude au travail, sans minoration,
- ou avec minoration dans les autres cas de figure.

Le montant dépend du nombre de points acquis par cotisation et par rachat.

Remarque - Un rachat est possible, de 50 ans jusqu'à l'âge légal de départ à la retraite **[12]**, *dans la limite du maximum que l'intéressé aurait pu acquérir s'il avait cotisé dans sa classe actuelle et ce, depuis l'origine.*

Calcul de la pension
Nombre de points acquis × **1,3450 € (1)**.

(1) Valeur de service du point de retraite en 2024.

Décote : 5 % par année anticipée avant l'âge de la retraite à taux plein.

Surcote : 0,75 % par trimestre plein différé après l'âge de la retraite à taux plein (soit 3 % par année), avec un maximum de 15 %.

Réversion, au taux de 60 %, en faveur du conjoint survivant non remarié :
- âgé de 60 ans minimum,
- et justifiant de 2 ans de mariage ou de 1 enfant au moins issu du mariage.

En cas de divorce, partage de la pension de réversion entre les conjoints non remariés au prorata de la durée de chaque mariage.

Remarque - Le taux de réversion peut être de 100 % en contrepartie d'une majoration facultative de cotisation de 30 %.

6. Exemple de retraite

Un expert-comptable, célibataire, a débuté sa carrière libérale le 01.01.1990.

Revenu annuel moyen : 51 000 €.

3 hypothèses de départ à la retraite (incluant une progression annuelle du revenu d'ici au départ à la retraite limitée à + 1 %) :
- au 01.01.2025, à 62,5 ans (âge légal atteint mais départ pénalisé par une décote),
- au 01.07.2027, à 65 ans (départ toujours pénalisé par une décote dans le régime de base),
- au 01.07.2029, à 67 ans (départ à taux plein + surcote dans le régime complémentaire).

	Hypothèse 1	**Hypothèse 2**	**Hypothèse 3**
Retraite de base	7 896 €	9 932 €	11 714 €
Retraite complémentaire	18 811 €	22 392 €	23 586 €
Montant total annuel brut	26 707 €	32 324 €	35 300 €
Taux de remplacement (1)	48 %	58 %	63 %

(1) Montant de la retraite nette comparé au revenu net.

Estimations effectuées par e-DIXIT (mars 2024). ■

64. Médecins

Les médecins dépendent de la CARMF pour leur retraite et l'assurance invalidité-décès. Les médecins conventionnés bénéficient d'un régime supplémentaire obligatoire.

1. Personnes concernées

Sont obligatoirement affiliés à la CARMF [54] les médecins exerçant à titre libéral en France (métropole + DOM).

INVALIDITÉ-DÉCÈS

2. Cotisation

En 2024, la cotisation est fixee à :

- 631 € pour un revenu annuel inférieur au plafond de la sécurité sociale, soit 46 368 € (classe A),
- 712 € pour un revenu compris entre le plafond annuel de la sécurité sociale et 3 fois ce plafond, soit 139 104 € (classe B),
- 828 € pour un revenu supérieur à 3 fois le plafond (classe C).

Aucune exonération de cotisation d'invalidité-décès n'est accordée.

Remarque - De manière générale, le non-paiement des cotisations entraîne la suspension des garanties.

3. Prestations

Incapacité temporaire (1)
Indemnité journalière versée du 91e jour au 36e mois, jusqu'à l'âge d'ouverture des droits à la retraite : • **75,06 €** en classe A, • **112,59 €** en classe B, • **150,12 €** en classe C. Pour les médecins âgés de 62 à 69 ans : indemnités réduites à respectivement 56,30 €, 84,45 € ou 112,59 € après 1 an, puis 38,30 €, 57,45 € ou 76,60 € pour la 3e année d'indemnisation (2). Pour les médecins âgés de 70 ans et plus : 38,30 €, 57,45 € ou 76,60 €, selon la classe de cotisation.

Invalidité totale et définitive (1)
Pension annuelle : **22 524,60 €** (classes A et B), **30 032,80 €** (classe C). Majorations : • 35 % en cas de recours à une tierce personne, • 35 % si l'assuré est marié depuis au moins 2 ans (sous condition de ressources du conjoint), • 10 % si le médecin a eu 3 enfants au moins, • rente "enfant" : **8 366,28 €** par enfant à charge.

Décès (1)
Bénéficiaires du capital décès par ordre de priorité : conjoint survivant, enfants âgés de moins de 21 ans (quel que soit son âge si enfant handicapé), parents à la charge de l'assuré. **Montant du capital décès** : **66 000 €**. **Rente annuelle** : • conjoint survivant : entre **8 145 €** et **16 290 €** (majoration de 10 % si le médecin a eu 3 enfants au moins), • orphelins : **9 593 €** (décès de 1 parent) ou **16 290 €** (décès des 2 parents).

(1) Montants au 01.01.2024.
(2) À 62 ans, la retraite anticipée pour inaptitude peut être demandée.

RETRAITE

4. Retraite de base

Régime commun des professions libérales [57].

5. Retraite complémentaire

La cotisation est proportionnelle au revenu.

Cotisation en 2024 (1)
10,20 % × revenu net non salarié de 2022 plafonné à 162 288 €, soit une cotisation maximale de 16 553,38 €, permettant d'acquérir 10 points de retraite (2).

(1) Exonération ou dispense possible en début d'exercice, en cas de maladie ou d'invalidité ou d'insuffisance de revenus au titre de l'année précédente.
(2) Pour un montant de cotisation inférieur, le nombre de points acquis est calculé au prorata, le résultat étant arrondi au centième de point le plus proche.

Conditions de liquidation des droits : âge aligné sur celui requis pour le régime de base [57] (départ anticipé possible à 62 ans en cas d'inaptitude).

Le montant de la retraite complémentaire dépend du nombre de points acquis par le biais des cotisations, par rachat et/ou attribués gratuitement.

Remarque - Un rachat de points, au prix de 1 665,34 € le point en 2024 (avec attribution de 0,33 point gratuit par point racheté) est possible à partir de 45 ans :
- *au titre des années de service militaire,*
- *pour les femmes, à raison de 2 points par enfant né en période d'exercice professionnel.*

L'achat de points est aussi possible :
- *au prix de 2 272,03 € en 2024,*
- *à partir de 45 ans,*
- *si l'assuré a acquis moins de 4 points par an en moyenne.*

Calcul de la pension
Nombre de points acquis × **75,25 € (1)**.

(1) Valeur de service du point de retraite en 2024.

Majoration familiale : 10 % si au moins 3 enfants.

Majoration inaptitude : la pension est majorée de 13 % en cas de départ anticipé pour inaptitude.

Surcote : 1,25 % par trimestre jusqu'à 65 ans, puis 0,75 % par trimestre jusqu'à 70 ans, en cas de départ différé au-delà de l'âge minimal d'ouverture des droits.

Réversion, au taux de 60 %, en faveur du conjoint non remarié :
- âgé d'au moins 60 ans,
- et justifiant de 2 ans de mariage ou de 1 enfant au moins issu du mariage.

6. Retraite supplémentaire des médecins conventionnés

L'affilié est redevable d'une cotisation forfaitaire et d'une cotisation proportionnelle au revenu.

Cotisations en 2024 (1)
Cotisation forfaitaire (2) : • secteur I (honoraires fixés par la convention) : **1 807 €**, • secteur II (honoraires libres) : 5 421 €. **Cotisation proportionnelle (2)** : • **1,2667 %** en secteur I, • 3,80 % en secteur II.

(1) Cotisation due par l'assuré, l'autre fraction étant prise en charge par l'Assurance maladie.
(2) La cotisation forfaitaire permet d'acquérir 27 points de retraite par an depuis 1994 (30,16 points par an entre le 01.07.1972 et le 31.12.1993) et la cotisation proportionnelle ouvre droit à l'attribution maximale de 9 points par an.

Conditions de liquidation des droits :
- âge aligné sur celui requis dans le régime de base [57] (départ anticipé possible en cas d'inaptitude ou de passé militaire),
- justifier de 1 année conventionnée au moins.

Le montant de la retraite supplémentaire dépend du nombre de points acquis en contrepartie des cotisations.

Calcul de la pension
Nombre de points acquis × **11,71 € (1)**.

(1) Valeur de service du point de retraite en 2024.

Majoration familiale, majoration pour inaptitude et surcote similaires à celles appliquées dans le régime complémentaire [§ 5].

Réversion en faveur du conjoint non remarié, au taux de 50 % : conditions identiques à celles requises pour la retraite complémentaire.

7. Exemple de retraite

Un médecin, célibataire, a débuté sa carrière le 01.01.1993. Il est conventionné.

Revenu annuel moyen : 49 000 €.

3 hypothèses de départ à la retraite (incluant une progression annuelle du revenu d'ici au départ à la retraite limitée à + 1 %) :
- au 01.01.2025, à 62,5 ans (âge légal atteint, mais départ pénalisé par une forte décote dans le régime de base),

- au 01.07.2027, à 65 ans (décote dans le régime de base et surcote dans les régimes complémentaire et supplémentaire),
- au 01.07.2029, à 67 ans (départ à taux plein dans le régime de base + surcote dans les régimes complémentaire et supplémentaire).

	Hypothèse 1	Hypothèse 2	Hypothèse 3
Retraite de base	7 294 €	9 232 €	10 937 €
Retraite complémentaire	8 128 €	9 816 €	10 861 €
Retraite supplémentaire	10 967 €	13 398 €	14 979 €
Montant total annuel brut	26 389 €	32 446 €	36 777 €
Taux de remplacement (1)	49 %	60 %	68 %

(1) Montant de la retraite nette comparé au revenu net.

Estimations effectuées par e-DIXIT® (mars 2024).

8. Cumul emploi-retraite

Les médecins ont accès au dispositif de cumul emploi-retraite dans les conditions de droit commun [19]. Cependant, la poursuite de l'activité demeure non productive de droits supplémentaires dans les régime complémentaire et supplémentaire.

Les médecins peuvent effectuer des vacations à la demande des établissements de santé ou des centres médico-sociaux sans incidence sur le montant de leur retraite si le revenu généré par la reprise d'activité ne dépasse pas le montant du plafond de la sécurité sociale (46 368 € en 2024). À défaut, la pension de retraite est réduite à due concurrence.

Remarque - Doit être instaurée une dérogation pérenne en faveur des professionnels de santé permettant de bénéficier rapidement du dispositif sans se voir opposer ni délai de carence ni plafond de revenus dès lors que l'activité reprise se situe dans une zone caractérisée par une offre insuffisante de soins (décret à paraître). ■

65. Notaires

Les notaires dépendent de la CPRN pour leur retraite et l'assurance invalidité-décès. Les notaires des cours de Colmar et Metz bénéficient d'un régime supplémentaire obligatoire non exposé dans la présente fiche.

1. Personnes concernées

Sont obligatoirement affiliés à la CPRN [54] les notaires exerçant à titre libéral en France métropolitaine et dans les DOM.

Invalidité-décès

2. Cotisation

Cotisation fixée à 1 176 € en 2024.

3. Prestations

Invalidité permanente et totale
Pension annuelle : 26 400 €.
Décès
Bénéficiaires du capital décès par ordre de priorité : conjoint survivant ou partenaire pacsé, descendants, ascendants au 1er degré, tiers désigné (option possible uniquement en l'absence de bénéficiaires précédents), à défaut, versé au notaire chargé de la succession. **Montant du capital décès : 110 000 €.** **Rente éducation : 19 800 €** par an. **Rente conjoint** : calculée en fonction de l'âge du notaire au décès.

PROFESSIONS LIBÉRALES

RETRAITE

4. Retraite de base

Régime des professions libérales [57].

5. Retraite complémentaire

Le régime de retraite complémentaire comprend 2 sections appelées "section B" et "section C", avec, pour chacune, respectivement une cotisation forfaitaire et une cotisation proportionnelle au revenu professionnel.

Cotisation "section B" en 2024 (1)		
Classes de cotisation	**Montants**	**Points attribués**
Classe 1	**2 704 €**	10
Classe 2	**5 408 €**	20
Classe 3	**8 112 €**	30
Classe 4	**10 816 €**	40
Classe 5	**13 520 €**	50
Classe 6	**16 224 €**	60
Classe 7	**18 928 €**	70
Classe 8	**21 632 €**	80
Cotisation "section C" en 2024 (2)		
4,1 % × moyenne des produits de base de l'office réalisés pendant les années 2020 à 2022.		

(1) Revenu professionnel = moyenne des revenus professionnels des années 2020 à 2022. Régime de cotisation applicable depuis le 01.01.2014, les notaires en activité à cette date bénéficiant d'une période de transition pour s'y conformer.
(2) Nombre de points acquis chaque année obtenu par division du montant de la cotisation par le prix d'achat du point (17,69 € en 2023).

Conditions de liquidation des droits :

- soit avoir atteint l'âge du taux plein, soit 67 ans pour un assuré né à partir de 1957,
- soit avoir atteint l'âge légal de départ à la retraite (par exemple, 62 ans et 6 mois pour un affilié né en 1962 [12 § 1]) avec minoration (voir ci-après),
- soit dès 62 ans en cas d'invalidité ou d'inaptitude professionnelle,
- cesser l'activité de notaire.

Le montant de la retraite complémentaire dépend du nombre de points acquis par le biais des cotisations et des points rachetés.

Calcul de la pension (1)
"Section B" : nombre de points × **17,39 €**. "Section C" : nombre de points × **0,9083 €**.

(1) Valeurs de service des points en 2024.

Décote : réduction de 1,25 % par trimestre séparé l'âge de l'affilié à l'âge requis pour une liquidation des droits à taux plein.

Surcote : majoration de 1 % par année différée en cas de départ au-delà de l'âge du taux plein et jusqu'à l'âge de fin d'activité.

Réversion, au taux de 60 %, en faveur du conjoint survivant non remarié :

- âgé de 52 ans et 6 mois au moins (équivaut à l'âge légal moins 10 ans, il évolue donc en fonction de celui-ci),
- et justifiant de 2 ans de mariage.

Rente d'orphelin, au taux de 30 %, en faveur du ou des enfants à charge jusqu'à 21 ans (sans limite d'âge si orphelin inapte à assurer seul son existence).

6. Exemple de retraite

Un notaire, célibataire, a débuté sa carrière libérale le 01.01.1992.

Revenu annuel moyen : 101 000 €.

3 hypothèses de départ à la retraite (incluant une progression annuelle du revenu d'ici au départ à la retraite limitée à + 1 %) :

- au 01.01.2025, à 62,5 ans (âge légal atteint mais départ pénalisé par une forte décote dans le régime de base et le régime complémentaire),
- au 01.07.2027, à 65 ans (départ toujours pénalisé par une décote dans les deux régimes),
- au 01.07.2029, à 67 ans (départ à taux plein).

	Hypothèse 1	Hypothèse 2	Hypothèse 3
Retraite de base	7 667 €	9 674 €	11 435 €
Retraite complémentaire	17 399 €	21 771 €	25 582 €
Montant total annuel brut	25 066 €	31 445 €	37 017 €
Taux de remplacement (1)	23 %	28 %	33 %

(1) Montant de la retraite nette comparé au revenu net.

Estimations effectuées par e-DIXIT® (mars 2024).

7. Cumul emploi-retraite

Accès au dispositif dans les conditions de droit commun [19], mais la reprise d'une activité exclut celle de notaire. ■

66. Officiers ministériels et publics

Administrateurs judiciaires, mandataires judiciaires, commissaires de justice et avoués près les cours d'appel relèvent de la CAVOM pour leur retraite et l'assurance invalidité-décès.

1. Personnes concernées

Sont obligatoirement affiliés à la CAVOM [54] :

- les officiers ministériels, officiers publics et officiers des compagnies judiciaires exerçant en France,
- quel que soit leur mode d'exercice (professionnel libéral, mandataire social ou salarié).

Remarque - Les affiliés ayant le statut de salarié ont l'obligation de cotiser au régime de retraite complémentaire [§ 5], au taux de 5 %.

INVALIDITÉ-DÉCÈS

2. Cotisations

Au choix de l'assuré, 4 classes de cotisation, dont les montants pour 2024 sont les suivants :

- classe A : 315 €,
- classe B : 630 €,
- classe C : 1 260 €,
- classe D : 1 890 €.

3. Prestations

Incapacité temporaire (1)
Pas de garantie.
Invalidité totale et définitive (1)
Rente annuelle : • classe A : **8 001,46 €**, • classe B : **16 002,91 €**, • classe C : **32 005,82 €**, • classe D : **48 008,73 €**.

Invalidité partielle (1)
Montants ci-dessus proportionnels au taux d'invalidité (compris entre 66 % et 99 %). Versement sous condition de ressources (69 552 €).
Décès (1)
Bénéficiaires du capital décès par ordre de priorité (2) : conjoint survivant, enfant âgé de moins de 21 ans (ou sans limite d'âge si handicapé), partenaire pacsé, personne à la charge effective et totale de l'assuré au jour du décès, descendants, autres descendants, ascendants. **Montant du capital décès** : • classe A : **17 145,98 €**, • classe B : **34 291,95 €**, • classe C : **68 583,90 €**, • classe D : **102 875,85 €**. **Rente annuelle de survie en faveur du conjoint et rente d'orphelin** : • classe A : **5 143,79 €**, • classe B : **10 287,59 €**, • classe C : **20 575,17 €**, • classe D : **30 862,76 €**.

(1) Montants en 2024.
(2) Sur notification de l'assuré, le capital peut être versé soit au conjoint survivant, soit aux enfants âgés de moins de 21 ans (sans limite d'âge si handicapés).

RETRAITE

4. Retraite de base

Régime commun des professions libérales [57].

5. Retraite complémentaire

La cotisation est proportionnelle au revenu professionnel.

Cotisation en 2024
12,5 % × revenu net non salarié de 2022 plafonné à 370 944 € (soit 46 368 € au maximum) (1) (2).

(1) Exonération totale en cas d'incapacité d'exercice d'au moins 6 mois.
(2) Majoration facultative de 20 % pour l'ouverture d'un droit à prestation au profit du conjoint non divorcé.

Conditions de liquidation des droits :

- avoir atteint l'âge du taux plein (âge fixé à 65 ans et progressivement relevé pour les affiliés nés à partir de 1956 pour atteindre 67 ans pour ceux nés à partir de 1959),
- ou dès 62 ans, avec minoration pour convenance personnelle (voir ci-après), ou sans minoration en cas d'inaptitude,
- cesser l'activité libérale.

Le montant de la retraite dépend du nombre de points acquis en contrepartie des cotisations.

Calcul de la pension
Nombre de points acquis × **3,2659 €** (1).

(1) Valeur de service du point en 2024.

Décote : réduction de 5 % par année manquante en cas de départ anticipé avant l'âge du taux plein.

Aucune majoration ou surcote.

Réversion, au taux de 60 %, en faveur du conjoint survivant non remarié :

- ayant au moins l'âge légal de départ à la retraite,
- et justifiant de 2 ans de mariage ou de 1 enfant au moins issu du mariage.

En cas de divorce, il y a partage de la pension de réversion entre les ex-conjoints non remariés au prorata de la durée de chaque mariage.

6. Exemple de retraite

Un commissaire de justice, a débuté sa carrière libérale le 01.01.1992.

Revenu annuel moyen : 68 000 €.

3 hypothèses de départ à la retraite (incluant une progression annuelle du revenu d'ici au départ à la retraite limitée à + 1 %) :
- au 01.01.2025, à 62,5 ans (âge légal atteint, mais départ pénalisé par une décote dans les régimes de base et complémentaire),
- au 01.07.2027, à 65 ans (départ toujours pénalisé par une décote),
- au 01.07.2029, à 67 ans (départ à taux plein).

	Hypothèse 1	**Hypothèse 2**	**Hypothèse 3**
Retraite de base	7 556 €	9 540 €	11 281 €
Retraite complémentaire	21 021 €	25 393 €	29 305 €
Montant total annuel brut	28 577 €	34 933 €	40 586 €
Taux de remplacement (1)	38 %	47 %	54 %

(1) Montant de la retraite nette comparé au revenu net.

Estimations effectuées par e-DIXIT (mars 2024).

7. Cumul emploi-retraite
Accès au dispositif dans les conditions de droit commun [19]. Cependant, la cotisation versée au titre du régime complémentaire pendant cette période est non-attributive de droits supplémentaires. ■

67. Pharmaciens et biologistes non médecins

Bien qu'ayant le statut de commerçant, les pharmaciens exercent une profession libérale. Ils dépendent de la CAVP pour leur retraite et l'assurance invalidité-décès. La CAVP gère également un régime de retraite supplémentaire obligatoire pour les biologistes non médecins.

1. Personnes concernées
Sont obligatoirement affiliés à la CAVP [54] les pharmaciens exerçant en libéral en France métropolitaine et dans les DOM.

INVALIDITÉ-DÉCÈS

2. Cotisation
Elle est fixée à 674 € en 2024.

3. Prestations

Incapacité temporaire (1)
Pas de garantie obligatoire.

Invalidité totale (1)
Pension annuelle = **16 345 €**, + 50 % pour le conjoint existant, + 100 % par enfant à charge (allocation éducation).
Décès (1)
Bénéficiaires du capital décès par ordre de priorité : conjoint survivant, enfant âgé de moins de 21 ans (ou 25 ans s'il poursuit des études, ou sans limite d'âge si handicapé), personnes à la charge effective et totale de l'assuré au jour du décès. **Montant du capital décès : 24 517,50 €.** **Rente annuelle conjoint : 16 345 €.** **Rente orphelin : 16 345 €.**

(1) Montants en 2024. Prestations versées au conjoint marié non divorcé (à défaut, à partager entre les enfants bénéficiaires de l'allocation éducation).

RETRAITE

4. Retraite de base
Régime des professions libérales [57].

5. Retraite complémentaire

Cotisation forfaitaire fixée en fonction du niveau du revenu professionnel **[tableau]**.

Le régime dispose d'un volet géré par répartition (à hauteur de 6 880 € de cotisation) et un autre par capitalisation.

Classes de cotisation (1)	Montants en 2024 (2)
Classe 3 (revenu inférieur ou égal à 79 736 €)	**9 632 €**
Classe 4 (revenu compris entre 79 736 € et 96 232 €)	**11 008 €**
Classe 5 (revenu compris entre 96 233 € et 112 729 €)	**12 384 €**
Classe 6 (revenu compris entre 112 730 € et 129 226 €)	**13 760 €**
Classe 7 (revenu compris entre 129 227 € et 145 723 €)	**15 136 €**
Classe 8 (revenu compris entre 145 724 € et 162 220 €)	**16 512 €**
Classe 9 (revenu compris entre 162 221 € et 178 717 €)	**17 888 €**
Classe 10 (revenu compris entre 178 718 € et 195 214 €)	**19 264 €**
Classe 11 (revenu compris entre 195 215 € et 211 711 €)	**20 640 €**
Classe 12 (revenu compris entre 211 712 € et 228 208 €)	**22 016 €**
Classe 13 (revenu supérieur à 228 208 €)	**23 392 €**

(1) Sur la base du revenu professionnel de l'avant-dernière année. Classes de cotisation issues d'une réforme entrée en vigueur en 2015, les pharmaciens disposant d'une période de transition de 14 ans au maximum pour converger vers leur classe d'affectation.
(2) Cotisations indexées sur une cotisation de référence égale à 1 376 € en 2024.

Conditions de liquidation des droits sans décote :

- avoir 67 ans au moins,
- ou dès 62 ans et 6 mois en cas d'inaptitude professionnelle (cet âge devant être ramené à 62 ans sous réserve de l'arrêté d'approbation des nouveaux statuts, à paraître),
- 10 ans d'exercice au moins,
- cessation de l'activité (sauf exception).

Le montant principal de la retraite est forfaitaire.

Allocation (1)
Retraite entière si 42,25 années de cotisation : **13 551,50 €** en 2024. **Retraite proportionnelle** : 1/42,25e de la retraite entière par année de cotisation. Fraction par capitalisation : capital constitutif (cotisations + intérêts) × taux de rente (fixé au moment de la liquidation et différent selon qu'il y a ou non réversion).

(1) Rachat de cotisations manquantes possible au moment de la liquidation, si au moins 10 années d'activité.

Décote : minoration de 1,25 % par trimestre manquant entre l'âge de départ autorisé.

Majoration générale : 4 % pour les affiliés nés à partir de 1956.

Majoration familiale : 10 % si au moins 3 enfants.

Surcote : 0,5 % par trimestre accompli au-delà de l'âge permettant d'obtenir une retraite à taux plein, dans la limite de 3 ans.

Réversion en faveur du conjoint survivant non remarié :

- au taux de 60 %, pour la part gérée en répartition,
- et, selon l'option choisie, entre 50 % et 100 % pour la part gérée en capitalisation.

6. Exemple de retraite

Un pharmacien, célibataire, a débuté sa carrière le 01.01.1991. Il est conventionné.

Revenu annuel moyen : 45 000 €.

3 hypothèses de départ à la retraite (incluant une progression annuelle du revenu d'ici au départ à la retraite limitée à + 1 %) :

- au 01.01.2025, à 62,5 ans (âge légal atteint, mais départ pénalisé par une forte décote),
- au 01.07.2027, à 65 ans (départ toujours pénalisé par une décote),

PROFESSIONS LIBÉRALES

- au 01.07.2029, à 67 ans (départ toujours pénalisé par une décote dans le régime complémentaire pour trimestres manquants).

	Hypothèse 1	Hypothèse 2	Hypothèse 3
Retraite de base	7 601 €	9 565 €	11 287 €
Retraite complémentaire	13 125 €	14 058 €	16 033 €
Montant total annuel brut	20 726 €	23 623 €	27 320 €
Taux de remplacement (1)	46 %	52 %	55 %

(1) Montant de la retraite nette comparé au revenu net.

Estimations effectuées par e-DIXIT (mars 2024).*

7. Retraite supplémentaire des biologistes

La CAVP gère un régime de prestations supplémentaires de vieillesse en faveur des biologistes non médecins conventionnés exerçant de façon non salariée à titre principal, qui s'ajoute à l'assurance invalidité-décès et à la retraite complémentaire exposées ci-avant.

L'affiliation est obligatoire.

Cotisations en 2024
Cotisation forfaitaire : **684 €**, ouvrant droit à 262 points chaque année **(1)**. **Cotisation d'ajustement** : **0,6 %** × revenu libéral de l'année précédente pris dans la limite de 231 840 €, permettant au plafond l'attribution de 50 points de retraite chaque année (au prorata pour un revenu inférieur).

(1) Part acquittée par l'affilié, l'autre fraction de la cotisation (2/3, soit 1 368 € en 2024) étant prise en charge par l'Assurance maladie.

Conditions de liquidation des droits sans décote :
- avoir 67 ans au moins,
- avoir exercé et cotisé en tant que libéral pendant au moins 1 année,
- cesser l'activité non salariée de biologie.

Départ anticipé dans les cas prévus dans le régime de base, sans minoration pour handicap et inaptitude, avec minoration pour longue carrière.

Le montant de la retraite complémentaire dépend du nombre de points acquis par le biais des cotisations.

Calcul de la pension
Nombre de points acquis × **0,3861 € (1)**.

(1) Valeur en 2024 pour les points non liquidés et acquis à partir de 2006.

Décote : 1,25 % par trimestre manquant pour départ anticipé avant l'âge de la retraite à taux plein, dans la limite de 20 trimestres.

Majoration familiale : 10 % si au moins 3 enfants.

Surcote : non prévue.

Réversion, au taux de 50 %, en faveur du conjoint survivant :
- âgé de 60 ans,
- et justifiant de 2 ans de mariage ou de 1 enfant au moins issu du mariage. ■

PROFESSIONS LIBÉRALES

68. Sages-femmes

Les sages-femmes dépendent de la CARCDSF pour leur retraite et l'assurance invalidité-décès. Les sages-femmes conventionnées bénéficient d'un régime supplémentaire obligatoire.

1. Personnes concernées

Sont obligatoirement affiliées à la CARCDSF **[54]** les sages-femmes exerçant à titre libéral en France (DOM inclus).

INVALIDITÉ-DÉCÈS

2. Cotisation

En 2024, le montant de la cotisation est fixé à 351 €.

3. Prestations

Incapacité temporaire (1)
Indemnité journalière du 91e jour jusqu'à l'expiration d'un délai de 3 ans : **47,77 €.**
Invalidité permanente (1)
Rente annuelle : 13 196 €.
Décès (1)
Capital décès : 14 540 €. **Bénéficiaires** par ordre de priorité (sauf dispositions testamentaires) : conjoint survivant, enfants à charge, personnes à la charge effective, totale et permanente, de l'assuré à la date du décès, descendants autres que les enfants à charge, ascendants.

(1) Montants en 2024.

RETRAITE

4. Retraite de base

Régime commun des professions libérales **[57]**.

5. Retraite complémentaire

Comme les chirurgiens-dentistes **[62 § 5]** (régime de préretraite inclus **[62 § 7]**).

6. Retraite supplémentaire des sages-femmes conventionnées

Cotisation annuelle forfaitaire.

Cotisation en 2024
260 €, chaque année de cotisation ouvrant droit à l'attribution de 18 points (1).

(1) Exonération ou dispense en début d'exercice, en cas de maladie, invalidité ou insuffisance de revenus professionnels.

Conditions de liquidation des droits sans décote :
- avoir 67 ans au moins,
- ou avoir atteint l'âge légal (par exemple 62 ans et 6 mois pour une assurée née en 1962 **[12]**) si la retraite de base est liquidée à taux plein,
- ou dès 62 ans en cas d'inaptitude,
- cesser l'activité professionnelle,
- justifier de 1 année d'activité conventionnée au moins.

Le montant de la retraite supplémentaire dépend du nombre de points acquis en contrepartie des cotisations et de points rachetés.

Calcul de la pension
Nombre de points acquis × **6,10 €** (1).

(1) Valeur de service du point en 2024.

Remarque - Une faculté de rachat, à raison de 6 points par an, est ouverte au titre des années d'exercice accomplies du 01.07.1946 au 01.01.1984.

Décote : 1,25 % par trimestre manquant, dans la limite de 12 trimestres, soit 15 %.

Majoration familiale : 10 % si au moins 3 enfants.

Surcote : non.

Réversion, au taux de 60 %, en faveur du conjoint survivant non remarié :
- âgé de 65 ans au moins ou 60 ans en cas d'inaptitude,
- justifiant de 2 ans de mariage (ou 1 enfant au moins issu du mariage).

7. Exemple de retraite

Une sage-femme, celibataire, a débuté sa carrière libérale le 01.01.1990. Elle est conventionnée.

Revenu annuel moyen : 28 000 €.

3 hypothèses de départ à la retraite (incluant une progression annuelle du revenu d'ici au départ à la retraite limitée à + 1 %) :

- au 01.01.2025, à 62,5 ans (âge légal atteint, mais départ pénalisé par une décote dans chacun des régimes),
- au 01.07.2027, à 65 ans (départ toujours pénalisé par une décote pour trimestres manquants),
- au 01.07.2029, à 67 ans (départ à taux plein).

	Hypothèse 1	Hypothèse 2	Hypothèse 3
Retraite de base	6 505 €	8 014 €	9 314 €
Retraite complémentaire	3 044 €	3 951 €	4 760 €
Retraite supplémentaire	3 149 €	3 700 €	4 111 €
Montant total annuel brut	12 698 €	15 665 €	18 185 €
Taux de remplacement (1)	41 %	51 %	59 %

(1) Montant de la retraite nette comparé au revenu net.

Estimations effectuées par e-DIXIT® (mars 2024).

8. Cumul emploi-retraite

Les sages-femmes ont accès au dispositif de cumul emploi-retraite dans les conditions de droit commun **[19]**. Cependant, les nouveaux droits acquis durant cette période au titre des régimes complémentaire et supplémentaire n'entrent pas dans le dispositif de plafonnement de la seconde pension.

Remarque - Doit être instaurée une dérogation pérenne en faveur des professionnels de santé permettant de bénéficier rapidement du dispositif sans se voir opposer ni délai de carence ni plafond de revenus dès lors que l'activité reprise se situe dans une zone caractérisée par une offre insuffisante de soins (décret à paraître). ■

69. Vétérinaires

Les vétérinaires dépendent de la CARPV pour leur retraite et l'assurance invalidité-décès.

1. Personnes concernées

Sont obligatoirement affiliés à la CARPV **[54]** les vétérinaires exerçant à titre libéral en France métropolitaine et dans les DOM.

INVALIDITÉ-DÉCÈS

2. Cotisations

Au choix de l'affilié, 3 classes de cotisation dont les montants pour 2024 sont les suivants :

- 390 € (classe minimum),
- 780 € (classe médium),
- 1 170 € (classe maximum).

Remarque - Le tarif des classes medium et maximum est réduit respectivement à 647,40 € et 780 € pour les vétérinaires ayant moins de 35 ans lors de leur installation et pendant les 3 premières années d'exercice.

3. Prestations

Incapacité permanente de plus de 2/3 (1) (2)
Rente annuelle : 8 240 €, 16 480 € ou **24 720 €**, selon la classe de cotisation choisie.

PROFESSIONS LIBÉRALES

Invalidité permanente totale (1) (2) (3)
Rente annuelle : **12 875 €**, **25 750 €** ou **38 625 €**, selon la classe de cotisation choisie.
Décès (1)
Bénéficiaires du capital décès par ordre de priorité : conjoint survivant ou partenaire pacsé, enfants mineurs, personnes à la charge effective et totale de l'affilié au jour du décès, descendants, ascendants. **Capital décès** : **36 565 €**, **73 130 €** ou **109 695 €**, selon la classe de cotisation choisie (4). **Rente de survie (conjoint)** : **4 635 €**, **9 270 €** ou **13 905 €**, selon la classe de cotisation choisie. **Rente éducation** : **4 120 €**, **8 240 €** ou **12 360 €**, selon la classe de cotisation choisie.

(1) Montants servis en 2024.
(2) Rente annuelle versée après un délai de carence de 1 an.
(3) + rente éducation en faveur de l'enfant.
(4) Montants réduits en cas de décès après 65 ans.

Remarque - Les partenaires pacsés peuvent bénéficier des prestations invalidité-décès.

RETRAITE

4. Retraite de base

Régime commun des professions libérales [57].

5. Retraite complémentaire

Cotisation forfaitaire déterminée en fonction du montant du revenu professionnel [tableau].

Conditions de liquidation des droits :
- avoir atteint 65 ans, ou dès 60 ans avec minoration en cas de départ à la retraite pour convenance personnelle, ou sans minoration en cas d'inaptitude.
- cessation de l'activité professionnelle.

PROFESSIONS LIBÉRALES

Classes de cotisation (1)	Montants en 2024 (2) (3)	Points attribués
Super spéciale I : moins de 16 690 €	**1 140,52 €**	2
Super spéciale II : de 16 690 € à 25 034 €	**1 710,78 €**	3
Spéciale I : de 25 035 € à 33 379 €	**2 281,40 €**	4
Spéciale II : de 33 380 € à 46 731 €	**4 562,08 €**	8
Classe A : de 46 732 € à 50 069 €	**6 843,12 €**	12
Classe B : de 50 070 € à 75 104 €	**9 124,16 €**	16
Classe C : de 75 105 € à 100 140 €	**11 405,20 €**	20
Classe D : au-delà de 100 140 €	**13 686,24 €**	24

(1) Basés sur les revenus professionnels de 2023. La classe B est la première classe de cotisation obligatoire. Les vétérinaires ayant un revenu inférieur à 50 070 € peuvent demander à cotiser dans les classes inférieures. Tout vétérinaire peut demander à cotiser dans les classes C et D.
(2) Dispense possible en début d'exercice. Exonération en cas d'invalidité ou d'insuffisance de revenus.
(3) Majoration de 20 % possible permettant la réversion de la totalité des points en faveur du conjoint.

Le montant de la retraite complémentaire dépend du nombre de points acquis en contrepartie des cotisations, rachetés ou attribués gratuitement.

Calcul de la pension
Nombre de points acquis × **39,42 €** (1).

(1) Valeur de service du point en 2024.

Remarque - Une faculté de rachat est ouverte, sous certaines conditions, à raison de 4 points par année d'exercice.

Certaines années donnent droit à l'attribution de 4 points gratuits chacune (années antérieures au 01.07.1950, en dessous de 30 années de cotisation, etc.).

Décote : réduction de 5 % par année manquante en cas de départ anticipé pour convenance personnelle avant l'âge du taux plein.

Majoration familiale : 10 % si au moins 3 enfants.

Réversion, au taux de 60 %, en faveur du conjoint survivant non remarié :
- âgé de 60 ans,
- justifiant de 2 ans de mariage (pas de durée si 1 enfant issu du mariage).

6. Retraite progressive

Possibilité de liquider au maximum 80 % des points de retraite complémentaire tout en poursuivant une activité libérale, sous les conditions cumulatives suivantes :
- avoir atteint l'âge légal de départ à la retraite au regard du régime de base (60 ans pour ceux bénéficiant d'un départ anticipé pour longue carrière),
- avoir liquidé les droits à la retraite de base,
- l'activité poursuivie ne doit pas procurer un revenu qui excède le plafond annuel de la sécurité sociale (46 368 € en 2024).

Les points acquis durant cette période s'ajoutent aux points de retraite complémentaire non liquidés.

7. Exemple de retraite

Un vétérinaire, célibataire, a débuté sa carrière le 01.01.1990.

Revenu annuel moyen : 56 000 €.

3 hypothèses de départ à la retraite (incluant une progression annuelle du revenu d'ici au départ à la retraite limitée à + 1 %) :
- au 01.01.2025, à 62,5 ans (âge légal atteint, mais départ pénalisé par une décote),
- au 01.07.2027, à 65 ans (départ toujours pénalisé par une décote dans le régime de base),
- au 01.07.2029, à 67 ans (départ à taux plein).

	Hypothèse 1	Hypothèse 2	Hypothèse 3
Retraite de base	7 912 €	9 952 €	11 738 €
Retraite complémentaire	20 435 €	23 967 €	25 229 €
Montant total annuel brut	28 347 €	33 919 €	36 967 €
Taux de remplacement (1)	46 %	55 %	60 %

(1) Montant de la retraite nette comparé au revenu net.

Estimations effectuées par e-DIXIT® (mars 2024).

8. Cumul emploi-retraite

Accès au dispositif dans les conditions de droit commun [19]. Cependant, la cotisation versée au titre du régime complémentaire pendant cette période est non-attributive de droits supplémentaires. ■

70. Conjoint participant à l'activité

Quelle que soit la forme de l'union, la personne qui participe à l'activité libérale de son conjoint doit opter, sous certaines conditions, pour un des trois statuts suivants : conjoint collaborateur, associé ou salarié. L'option entraîne des conséquences sur sa protection sociale. À défaut de déclaration, le conjoint est réputé avoir le statut de salarié.

CONJOINT COLLABORATEUR

1. Conditions

Conditions similaires à celles requises pour le conjoint collaborateur d'un commerçant ou d'un artisan [53 § 1].

2. Prévoyance et santé

Règles similaires à celles du conjoint collaborateur d'un commerçant ou d'un artisan [53 § 2].

3. Retraite

Calcul des cotisations : taux de cotisation identiques à ceux du chef de l'entreprise libérale, mais sur une assiette réduite.

Pour le régime de retraite de base, au choix :

- soit un revenu forfaitaire égal à 50 % de la limite supérieure de la première tranche de revenu à laquelle cotise le chef d'entreprise (23 184 € pour 2024),
- soit 25 % ou 50 % du revenu professionnel du chef d'entreprise,
- soit, avec l'accord de ce dernier, 25 % ou 50 % de son revenu professionnel, l'option donnant lieu à une réduction, dans la même proportion du revenu professionnel pris en compte pour déterminer l'assiette des cotisations du chef d'entreprise.

Pour le régime de retraite complémentaire et le régime invalidité-décès : 25 % ou 50 % de la cotisation due par le chef d'entreprise.

Remarque - S'agissant du conjoint collaborateur de l'avocat non salarié, la contribution au régime de base est composée d'une cotisation forfaitaire égale à 25 % ou 50 %, au choix de l'affilié, de la cotisation forfaitaire due par l'avocat et d'une cotisation proportionnelle assise sur 25 % ou 50 % du revenu professionnel de l'avocat. La cotisation de retraite complémentaire est égale, selon l'option choisie, à 25 % ou 50 % du revenu professionnel de l'avocat.

Prévoyance et retraite : protection du conjoint collaborateur (1)
Maladie / maternité
Prestations équivalentes à celles du conjoint collaborateur d'un commerçant ou d'un artisan [53 § 2].
Invalidité-décès et retraite (2)
• Régime de base des professions libérales [57] ou celui des avocats [61]. • Régimes d'invalidité-décès et retraites complémentaires propres à chaque profession.

(1) Pas de protection en matière d'accident du travail et maladie professionnelle.
(2) Le conjoint collaborateur n'ouvre pas droit aux majorations pour conjoint à charge.

CONJOINT ASSOCIÉ

4. Conditions

Option possible dès lors que l'entreprise est une société, que le conjoint détient des parts et qu'il participe effectivement et de façon régulière à l'activité de l'entreprise.

5. Prévoyance et retraite

Dans ce cadre, le conjoint est affilié et cotise personnellement :

- au régime d'assurance maladie-maternité des professions indépendantes [56],
- aux régimes d'assurance invalidité-décès et vieillesse des professions libérales.

Il perçoit en conséquence les mêmes prestations que le chef d'entreprise.

CONJOINT SALARIÉ

6. Conditions

L'option pour le statut de conjoint salarié est possible sous 2 conditions :

- exercer à titre professionnel et habituel une activité dans l'entreprise libérale,
- percevoir en contrepartie un salaire correspondant à la fonction exercée et au moins égal au SMIC.

7. Prévoyance et retraite

Le conjoint salarié du chef d'entreprise bénéficie du régime de protection sociale des salariés [25].

Remarque - Cependant, lorsque le conjoint exerce la même activité que le chef d'entreprise sous le statut de salarié, dans les cas où la loi l'autorise (par exemple, dans le cadre d'un cabinet d'expertise comptable ou d'une étude d'huissier), l'affiliation aux régimes de retraite complémentaire et d'invalidité-décès est également exigée en plus des obligations de cotisations au regard du régime général des salariés. ■

Les agriculteurs

N° de fiche

71. Vue d'ensemble

Les agriculteurs non salariés, ainsi que leurs éventuels ayants droit, relèvent d'un régime spécifique de protection sociale, géré par la mutualité sociale agricole (MSA).

1. Personnes concernées
Est agriculteur la personne physique ou morale qui exerce habituellement et à titre professionnel des activités agricoles. Il n'existe pas de condition d'accès à la profession.

Exemples d'activités agricoles
• Culture, élevage, travaux forestiers. • Activités de transformations, conditionnement et commercialisation de produits agricoles, à condition de constituer le prolongement de l'activité de production. • Accueil touristique dans le cadre de l'exploitation.

2. Prévoyance
En matière de prévoyance, la protection sociale des exploitants agricoles couvre les risques suivants :
- maladie, maternité et invalidité,
- accidents du travail et maladies professionnelles.

Il n'y a pas de couverture sociale en matière de perte d'emploi.

Comme pour les salariés [31], un régime d'assurance veuvage couvre les personnes qui, compte tenu de leur âge, ne peuvent pas prétendre à la pension de réversion.

3. Retraite
L'assurance vieillesse des non-salariés agricoles comprend deux niveaux de protection obligatoire : un régime de base [76] et un régime complémentaire [77].

Les exploitants agricoles peuvent également se constituer une retraite complémentaire facultative (cotisations déductibles, dans certaines limites [100 § 3]).

4. Retraite progressive
Les exploitants agricoles exerçant leur activité à titre exclusif peuvent bénéficier d'une retraite progressive.

Le montant de la retraite progressive dépend de la diminution des revenus professionnels pour les assurés dont l'importance de l'exploitation agricole est appréciée par référence à la surface minimale d'activité [51], et selon la diminution du temps de travail pour les autres. ■

72. Affiliation et cotisations

Les agriculteurs sont affiliés et cotisent auprès de la MSA [71] du département où est située leur exploitation.

1. Personnes affiliées
Sont visés :
- les chefs d'exploitation et d'entreprise agricole (qui exercent une activité agricole et dirigent une exploitation ou entreprise d'une certaine importance) et leur conjoint collaborateur, associé ou coexploitant [78],
- les "aides familiaux", même mineurs, et associés d'exploitation ou d'entreprise,
- les associés participant effectivement aux travaux d'une société à objet agricole,
- les mandataires de sociétés ou caisses locales d'assurances mutuelles agricoles.

Les artisans ruraux sont normalement exclus du régime d'assurance agricole.

Statuts de chef d'exploitation
Propriétaire : il exploite lui-même les terres dont il est propriétaire (encore appelé "propriétaire en faire-valoir direct"). **Fermier** : il exploite les terres qu'il loue dans le cadre d'un bail à ferme. **Métayer** : il exploite lui-même les terres qu'il loue dans le cadre d'un bail à métayage, à condition de ne pas être affilié à la MSA en qualité de salarié. **Gérant de société civile agricole.**

2. Seuil d'assujettissement
L'importance de l'exploitation est fondée sur un critère unique, "l'activité minimale d'assujettissement", exprimée en fonction de 3 seuils :
- la superficie de l'exploitation mise en valeur ou "superficie minimale

d'assujettissement" (12,5 hectares au minimum, sauf exceptions),
- le temps de travail consacré à l'activité agricole (1 200 heures au moins par an),
- le revenu professionnel généré par cette activité (au minimum 800 SMIC horaire, soit 9 320 € en 2024).

Dès que l'un des seuils d'activité minimale d'assujettissement est atteint, l'intéressé est obligatoirement affilié en qualité de chef d'exploitation au régime des non-salariés agricoles.

3. Notions d'aide familial et d'associé d'exploitation

Dans l'un ou l'autre cas, sont visés les descendants, ascendants, frères et sœurs du chef d'exploitation ou de son conjoint :
- participant à sa mise en valeur,
- et non salariés.

Les aides familiaux sont ceux :
- âgés de plus de 16 ans,
- vivant sur l'exploitation et participant à sa mise en valeur,
- et ne relevant pas du statut des associés d'exploitation.

Les associés d'exploitation sont ceux :
- ayant expressément adhéré pour ce statut, prévu par convention départementale,
- âgés de 18 à moins de 35 ans,
- et non installés sur l'exploitation.

4. Cotisations prévoyance

Sont visées les cotisations ouvrant droit aux prestations servies en cas :
- de maladie, maternité et d'invalidité [73],
- d'accident du travail ou de maladie professionnelle [75].

Remarque - Comme les autres catégories professionnelles, les exploitants agricoles sont également redevables d'une cotisation due au titre des prestations familiales, au taux compris entre 0 % et 3,10 % selon le montant du revenu d'activité.

Les cotisations sont assises sur les revenus professionnels.

Remarque - Une réforme de l'assiette des cotisations et des contributions sociales des travailleurs indépendants entrera en vigueur pour les revenus perçus à partir de 2026 en vue d'une simplification. L'assiette sera calée sur celle de la CSG, à savoir en prenant en compte le revenu professionnel brut diminué d'un seul abattement de 26 %. La réforme s'accompagnera d'une révision, d'une part, de l'assiette de la CSG en vue d'un alignement avec les autres indépendants et, d'autre part, du barème des cotisations sociales.

AGRICULTEURS

Cotisations maladie-maternité-invalidité (AMEXA) en 2024 (1)

Personnes redevables	Taux ou montant
Chef d'exploitation ou d'entreprise agricole	Maladie : entre 0 % et 6,50 % (2). Indemnités journalières maladie : 239 €. Invalidité : 1,10 % (3).
Associé d'exploitation	2/3 de la cotisation du chef d'exploitation.
Aide familial : • majeur • mineur	 2/3 de la cotisation du chef d'exploitation. 1/3 de la cotisation du chef d'exploitation.

(1) Les cotisations sont calculées sur la moyenne des revenus professionnels des 3 années antérieures. À ces cotisations s'ajoute également une cotisation forfaitaire de 39 € pour la couverture des prestations d'invalidité au profit du conjoint collaborateur.
(2) Réduction du taux lorsque le revenu d'activité est inférieur à 110 % du plafond annuel de la sécurité sociale (soit 51 005 € en 2024), voire inférieur à 60 % du même plafond (27 821 € en 2024), pour s'annuler lorsque le revenu professionnel est inférieur à 40 % du même plafond (18 547 € en 2024), selon deux formules de calcul fixées par l'article D. 621-3 du Code de la sécurité sociale. À titre d'exemples, un revenu d'activité de 40 000 € entraîne une cotisation au taux de 5,31 %, un revenu d'activité de 30 000 € entraîne une cotisation au taux de 4,23 %, un revenu d'activité de 25 000 € entraîne une cotisation au taux de 2,78 %.
(3) Cotisation plafonnée à 175 € ; cotisation minimale : 59 €.

Cotisations d'accidents du travail et maladies professionnelles en 2024					
Statut	**A (1)**	**B (1)**	**C (1)**	**D (1)**	**E (1)**
Chef d'exploitation ou d'entreprise agricole à titre principal	522,28 €	558,26 €	515,55 €	560,38 €	560,38 €
Chef d'exploitation ou d'entreprise agricole à titre secondaire	261,14 €	279,13 €	257,77 €	280,19 €	280,19 €
Collaborateur exclusif, conjoint collaborateur à titre principal, aide familial et associé d'exploitation	200,97 €	214,82 €	198,38 €	215,63 €	215,63 €
Collaborateur à titre secondaire	100,49 €	107,41 €	99,19 €	107,82 €	107,82 €

(1) A : Viticulture. B : Exploitation de bois, scieries, entreprises de travaux agricoles, entreprises de jardins, paysagistes, sylviculture. C : Maraîchage, floriculture, arboriculture fruitière, pépinière. D : Cultures céréalières et autres grandes cultures, cultures spécialisées, élevage tous animaux, haras, marais salants. E : Mandataires des sociétés ou caisses locales d'assurances mutuelles agricoles.

5. Cotisations retraite

De façon générale :

- la cotisation AVI (assurance vieillesse individuelle), qui finance la part forfaitaire de la retraite **[76 § 2]**, est due pour chaque personne non salariée participant à l'exploitation ou l'entreprise agricole,
- la cotisation AVA (assurance vieillesse agricole) est due pour le chef d'exploitation ou d'entreprise agricole (attribution de 23 points au minimum), son conjoint collaborateur et ses aides familiaux (attribution de 16 points).

Cotisation AVI en 2024
3,32 % × revenu professionnel jusqu'à **46 368 € (1)**.

(1) Assiette minimale : 9 320 € en 2024, soit une cotisation minimale de 309,42 €.

Cotisations AVA en 2024
Cotisation plafonnée
11,55 % × revenu professionnel jusqu'à **43 992 € (1)**.

Cotisation déplafonnée (2)
2,24 % × revenu professionnel total.

(1) Assiette minimale : 6 990 € en 2024 pour le chef d'exploitation ou d'entreprise, 4 660 € pour le conjoint collaborateur et l'aide familial, soit respectivement une cotisation minimale de 807,35 € et 538,23 €.
(2) Cotisation non génératrice de droits à retraite. Aucune cotisation n'est due pour le conjoint collaborateur et les aides familiaux majeurs.

6. Cas particulier des jeunes agriculteurs

Exonération sous certaines conditions au titre des 12 premiers mois d'activité, comme pour les autres indépendants **[55 § 6]**.

Pour les premières cotisations dues : exonération partielle dans la limite d'un plafond au cours des 5 premières années d'activité, au bénéfice des jeunes agriculteurs âgés de 18 ans à 40 ans à leur date d'affiliation **[tableau]** (non cumulable avec la réduction des taux de cotisation pour les allocations familiales et l'assurance maladie).

Année d'activité	Taux d'exonération	Plafond d'exonération 2024
1re	**65 %**	3 612 €
2e	**55 %**	3 056 €
3e	**35 %**	1 945 €
4e	**25 %**	1 389 €
5e	**15 %**	834 €

7. Cotisation de solidarité

Une cotisation de solidarite non génératrice de droits est due principalement par les exploitants ne remplissant pas les conditions requises pour être assujettis au régime de protection sociale des non-salariés agricoles. Elle est calculée au taux de 14 % sur les revenus professionnels de l'année précédente, ou, à défaut, sur une base forfaitaire provisoire fixée à 100 SMIC horaire (1 165 € en 2024). ■

73. Maladie-maternité

Comme les autres catégories d'actifs, les agriculteurs non salariés, ainsi que leurs éventuels ayants droit, bénéficient d'une protection couvrant la maladie, les accidents de la vie privée et la maternité.

1. Maladie-maternité

Les exploitants agricoles bénéficient des mêmes prestations en nature et des mêmes tarifs de remboursement que ceux accordés aux salariés [27].

En outre, à l'issue d'une année de cotisation, ils peuvent bénéficier d'un régime d'indemnités journalières en cas de maladie ou d'accident non professionnels. L'indemnité est attribuée après un délai de carence de 3 jours.

Indemnité journalière maladie (1)
• **25,36 €** du 3e au 28e jour d'arrêt de travail, • **33,81 €** à partir du 29e jour d'arrêt de travail.

(1) Au 01.04.2024.

2. Maternité

Une allocation de remplacement est versée en cas de maternité ou d'adoption. Le montant dépend du prix moyen de journée fixé par convention entre chaque caisse de MSA et les services de remplacement intervenant dans leur circonscription.

Lorsque le remplacement est impossible, le montant de l'indemnité journalière maternité est égal, en 2024, à 63,60 €.

3. Congé de paternité

Comme les autres catégories professionnelles, les exploitants agricoles peuvent demander à bénéficier d'un congé de paternité [27 § 7], lequel est indemnisé comme pour la mère de l'enfant. ■

74. Invalidité-décès

Les non-salariés agricoles peuvent bénéficier d'une rente en cas d'invalidité. En cas de décès de l'exploitant agricole, un capital peut être versé à ses ayants droit.

1. Invalidité

Ont droit à une pension d'invalidité pour inaptitude totale ou incapacité des 2/3 :

- les chefs d'exploitation et leur conjoint collaborateur bénéficiant des prestations en nature,
- ainsi que les aides familiaux ou coexploitants, sous certaines conditions.

Inaptitude totale (1)
Rente annuelle : • 50 % × revenu professionnel moyen calculé sur les 3 meilleures années cotisées retenues parmi les 7 dernières années civiles, • minimum : **7 676,95 €**, maximum : **11 592 €**. Majoration pour tierce personne (40 %) : **15 199,50 €** par an au minimum. Collaborateurs : **7 676,95 €**. Associés, aides familiaux majeurs : 2/3 de la pension déterminée pour le chef d'exploitation. Minimum : **7 676,95 €**. Associés, aides familiaux mineurs : 1/3 de la pension déterminée pour le chef d'exploitation. Minimum : **7 676,95 €**.
Inaptitude partielle (1)
Rente annuelle : • 30 % × revenu professionnel moyen calculé sur les 3 meilleures années cotisées retenues parmi les 7 dernières années civiles, • minimum forfaitaire : **4 330,59 €**, maximum : **6 955,20 €**. Collaborateurs : **4 330,59 €**. Associés, aides familiaux majeurs : 2/3 de la pension déterminée pour le chef d'exploitation. Minimum : **4 330,59 €**. Associés, aides familiaux mineurs : 1/3 de la pension déterminée pour le chef d'exploitation. Minimum : **4 330,59 €**.

(1) Au 01.04.2024.

Remarque - Le conjoint survivant d'un assuré titulaire d'une pension d'invalidité, lorsqu'il est lui-même atteint d'une invalidité de nature à lui ouvrir droit à une pension d'invalidité et qu'il n'a pas atteint 55 ans, peut percevoir une pension d'invalidité, égale à 54 % de la pension dont bénéficiait ou eût bénéficié le défunt.

2. Décès

Un capital peut être servi aux ayants droit d'un exploitant agricole en cas de décès (maladie, accident relevant de la vie privée...).

Capital décès des exploitants agricoles
3 910 €
Bénéficiaires : • personnes à la charge permanente, totale et effective de l'assuré au moment du décès et, par ordre : conjoint non séparé, partenaire "pacsé", enfant, ascendant, • à défaut, proches ci-dessus dans le même ordre de priorité. ■

75. Maladies et accidents professionnels

Les agriculteurs bénéficient d'une protection sociale obligatoire en cas d'accident du travail et de maladie professionnelle. Elle garantit des prestations en nature et en espèces, et la couverture des frais funéraires de la victime.

1. Prestations en nature

Elles sont les mêmes que celles versées pour les salariés **[29]**.

2. Prestations en espèces

Il s'agit de versement :

- d'une indemnité journalière pour le chef d'exploitation pendant la période d'incapacité temporaire de travail,
- d'une rente au chef d'exploitation si le taux d'incapacité permanente est au moins égal à 30 %, ainsi qu'aux autres personnes bénéficiaires de l'assurance obligatoire,
- d'une rente d'ayant droit au profit du conjoint survivant (incluant partenaire pacsé ou concubin) et des orphelins, en cas de décès de l'exploitant, quel que soit le statut du défunt (chef d'exploitation, collaborateur ou aide familial).

Indemnité journalière (1)
• **25,36 €** du 3e au 28e jour d'arrêt de travail, • **33,81 €** à partir du 29e jour d'arrêt de travail.
Rente d'incapacité (1)
Rente annuelle = 14 693,25 € × taux d'incapacité. Le taux d'incapacité (T) retenu est égal à : • 1/2 T, lorsque T ≤ 50 %, • 25 % + [1,5 (T – 50 %)], lorsque T est > 50 %.
Prestations en cas de décès (1) (2)
Rentes d'ayants droit : • conjoint : **5 877,30 € (3)** (+ 2 938,65 € si âgé de 55 ans au moins ou si atteint d'une incapacité de travail), • enfant : 3 673,31 € pour les 2 premiers, 2 938,65 € pour les enfants suivants (4).

(1) Au 01.04.2024.
(2) Les rentes d'ayants droit sont servies quel que soit le statut du défunt, chef d'exploitation, collaborateur ou aide familial.
(3) 2 938,65 € pour le conjoint divorcé ou séparé de corps titulaire d'une pension alimentaire.
(4) 4 407,98 € si orphelin de père et de mère. ■

76. Retraite de base

L'assurance vieillesse de base obligatoire des exploitants agricoles est constituée de deux prestations : une retraite forfaitaire et une retraite proportionnelle. De façon générale, les cotisations individuelles sont dues par le chef d'exploitation, pour lui-même et pour certains membres de sa famille.

1. Liquidation des droits à la retraite

Avant l'âge légal de départ à la retraite **[12 § 1]** : départ impossible, mais départ anticipé autorisé pour longue carrière **[12 § 2]**, handicap **[12 § 3]**, incapacité permanente **[12 § 4]** ou inaptitude **[12 § 5]**.

2. Principe

La retraite globale comprend une partie forfaitaire et une partie proportionnelle.

Retraite globale (1)	
Retraite forfaitaire	**Retraite proportionnelle**
3 821,31 € (1) si au moins 169 trimestres d'activité d'exploitant **(2) (3)**.	Nombre de points × **4,490 € (1)** × **150**/169 **(2)**.
Décote et majorations	
Réduction de la retraite de 1,25 % (comme pour les salariés) par trimestre manquant (dans la limite de 20 trimestres) : • entre l'âge légal de départ à la retraite et celui de la retraite à taux plein **[12]**, • et en dessous de 169 trimestres d'assurance, tous régimes de base confondus. **Majoration** : 1,25 % par trimestre supplémentaire cotisé depuis 2009, à condition d'avoir atteint l'âge légal de départ à la retraite et de justifier de la durée d'assurance requise pour bénéficier du taux plein **(3)**. **Minimum et maximum** : comme pour les salariés. **Bonification pour enfants** : 10 % de la retraite de base si au moins 3 enfants. **Majorations pour handicapés.**	

(1) Valeurs au 01.01.2024 et conditions requises pour un assuré né en 1962. La durée d'assurance exigée augmente pour les générations suivantes **[14]**.
(2) Au prorata de la durée d'activité d'exploitant en dessous de la durée d'assurance requise, celle-ci augmentant pour les générations suivantes **[14]**.
(3) 169 trimestres pour un assuré né en 1962 (durée d'assurance progressivement relevée, à raison d'un trimestre par génération, pour atteindre 172 trimestres pour les assurés nés à partir de 1965 **[14]**). Surcote pouvant être octroyée aux parents un an avant l'âge légal sous certaines conditions **[34 § 5]**.

Remarque - Les assurés ayant dû cesser leur activité en raison d'une maladie ou d'une infirmité grave bénéficient, au titre de leur retraite proportionnelle, d'une attribution gratuite de points.

3. Rachat au titre des années d'études supérieures

La possibilité de rachat est ouverte aux personnes :

- âgées de 20 ans à 66 ans,
- au jour de la demande.

Les exploitants agricoles peuvent racheter, dans la limite de 12 trimestres, des périodes correspondant aux années d'études précédant l'affiliation à un régime de retraite.

Le rachat permet d'obtenir, au choix de l'assuré :

- l'atténuation de la décote en cas de départ avant l'âge de la retraite à taux plein et en dessous de 169 trimestres d'assurance, tous régimes de base confondus, pour un assuré né en 1962 (durée progressivement relevée pour les générations suivantes **[14] [24 § 3]**),
- ou l'atténuation de la décote et une attribution de points supplémentaires.

Le coût du rachat pour 1 trimestre d'assurance varie selon l'âge de l'assuré lors de la demande de rachat, le montant de ses revenus et l'option choisie.

Exemples de coût de 1 trimestre racheté en 2024 au titre des années d'études supérieures		
Âge	**Option 1 : atténuation de la décote**	**Option 2 : atténuation de la décote et attribution de points supplémentaires**
20 ans	Entre 938 € et 1 238 €	Entre 1 391 € et 1 835 €
25 ans	Entre 1 093 € et 1 434 €	Entre 1 619 € et 2 125 €
30 ans	Entre 1 347 € et 1 765 €	Entre 1 996 € et 2 616 €
35 ans	Entre 1 625 € et 2 122 €	Entre 2 408 € et 3 144 €
40 ans	Entre 1 903 € et 2 494 €	Entre 2 820 € et 3 695 €

Exemples de coût de 1 trimestre racheté en 2024 au titre des années d'études supérieures		
Âge	**Option 1 : atténuation de la décote**	**Option 2 : atténuation de la décote et attribution de points supplémentaires**
45 ans	Entre 2 211 € et 2 895 €	Entre 3 277 € et 4 290 €
50 ans	Entre 2 501 € et 3 270 €	Entre 3 707 € et 4 845 €
55 ans	Entre 2 792 € et 3 596 €	Entre 4 137 € et 5 329 €
60 ans	Entre 3 041 € et 3 935 €	Entre 4 506 € et 5 832 €
65 ans	Entre 3 359 € et 4 328 €	Entre 4 978 € et 6 413 €
66 ans	Entre 2 812 € et 3 623 €	Entre 4 168 € et 5 369 €

4. Rachat de périodes en qualité d'aide familial

Les exploitants agricoles peuvent racheter des cotisations pour les périodes durant lesquelles ils ont exercé une activité en qualité d'aide familial.

Chaque annuité rachetée permet la validation de :
- 1 annuité au titre de la retraite forfaitaire,
- et 30 points de retraite proportionnelle.

Sont rachetables les périodes d'activité exercée entre la fin de l'obligation scolaire (14 ou 16 ans suivant l'âge de l'exploitant) et l'âge légal d'affiliation au régime de base d'assurance vieillesse obligatoire des agriculteurs non salariés (21 ans avant 1976, 18 ans de 1975 à 2003, 16 ans depuis 2004).

Le coût du rachat est fonction :
- de l'âge de l'assuré lors de la demande de rachat,
- de la durée totale de la carrière agricole de l'exploitant,
- et du montant des revenus professionnels appréciés par rapport au plafond de la sécurité sociale.

5. Pension de réversion en faveur du conjoint et des orphelins de père et de mère

Conditions d'octroi et modalités de versements identiques à celles du régime général des salariés [36]. ■

AGRICULTEURS

77. Retraite complémentaire

Le régime de retraite complémentaire obligatoire (RCO) des exploitants agricoles est entré en vigueur le 01.01.2003. Il s'agit d'un régime fonctionnant par points.

1. Bénéficiaires

Institué en faveur des chefs d'exploitation ou d'entreprise agricole, le régime de retraite complémentaire bénéficie également aux collaborateurs d'exploitation ou d'entreprise agricole, ainsi qu'aux aides familiaux.

Remarque - Sont également concernés par le dispositif :
- *les préretraités,*
- *les titulaires d'une pension d'invalidité,*
- *les retraités justifiant d'une certaine durée d'assurance ou d'exercice de la profession.*

2. Cotisation

Cotisation en 2024
4 % × revenu professionnel total (1).

(1) Assiette minimale de cotisation : 21 203 € en 2024, soit une cotisation minimale de 848,12 €.

3. Prestations

Le montant de la retraite complémentaire est fonction :
- du nombre de points inscrits au compte de l'intéressé,
- et de la durée de carrière professionnelle globale.

Retraite personnelle
Nombre de points × **0,3642 € (1)**.

(1) Valeur de service du point de retraite au 01.01.2023.

Remarque - Un complément différentiel de points de retraite complémentaire permet de porter le montant de la retraite globale (retraite de base + retraite complémentaire) des chefs d'exploitation ou d'entreprise agricole ayant effectué une carrière complète au niveau de 85 % du SMIC agricole net.

Retraite de réversion (1)
Taux de réversion : **54 %**. **Conditions** : • 55 ans au moins, • au moins 2 ans de mariage (sauf si 1 enfant issu du mariage).

(1) Possibilité de cumul avec une retraite personnelle, dans certaines limites. ■

78. Conjoint participant à l'activité

Au regard de la protection sociale, la situation du conjoint d'un chef d'exploitation ou d'entreprise, qui exerce l'activité agricole avec ce dernier, diffère selon le statut qu'il revêt : conjoint collaborateur, associé, coexploitant ou salarié. À défaut de déclaration expresse, le conjoint participant à l'activité de l'entreprise est réputé avoir le statut de conjoint salarié.

1. Conjoint collaborateur (collaborateur d'exploitation ou d'entreprise agricole)

Le statut de conjoint collaborateur, dorénavant limité à 5 années au cours d'une carrière professionnelle **[53 § 1]**, est soumis à ces conditions :

- le conjoint – marié, partenaire "pacsé" ou concubin – doit participer, effectivement et habituellement, à l'activité agricole, sans être rémunéré ;
- l'exploitation ou l'entreprise agricole ne doit pas être constituée sous forme d'une société ou coexploitation entre conjoints.

Peu importe que le chef d'exploitation ou d'entreprise exerce son activité à titre principal ou secondaire.

Remarque - Sont également inclus les conjoints d'exploitants retraités ou préretraités.

2. Conjoint associé

Est visé le conjoint qui participe aux travaux d'une société agricole dont il est également associé.

3. Conjoint coexploitant

Il s'agit du conjoint :

- propriétaire en commun des biens composant l'exploitation agricole,
- et participant effectivement aux travaux.

Remarque - Il convient donc de prendre en compte :

- *le régime matrimonial des époux,*
- *et la nature des biens (propres ou communs).*

4. Conjoint salarié

Il s'agit du conjoint :

- participant aux travaux agricoles en vertu d'un contrat de travail,
- et rémunéré à ce titre.

Remarque - Le conjoint propriétaire de parts dans l'exploitation ou l'entreprise ne peut pas être salarié.

AGRICULTEURS

5. Tableau récapitulatif

Statut du conjoint	Conséquences au regard de la protection sociale
Conjoint collaborateur	Prestations en nature et en espèces de l'assurance maladie-maternité. + Protection contre les accidents du travail. + Droit personnel à la retraite de base (retraite forfaitaire + retraite proportionnelle), moyennant cotisation **(1)**.
Conjoint associé	Assimilé au chef d'exploitation ou d'entreprise (mêmes cotisations et prestations).
Conjoint coexploitant	Assimilé au chef d'exploitation ou d'entreprise (mêmes cotisations et prestations).
Conjoint salarié	Comme pour tout salarié agricole [79].

(1) La retraite peut être revalorisée par l'octroi de points gratuits sous réserve de justification d'une durée minimale d'activité. ■

79. Cas des salariés agricoles

La protection sociale obligatoire des salariés agricoles relève de la mutualité sociale agricole (MSA), mais leurs droits sont, pour l'essentiel, similaires à ceux des salariés non agricoles.

1. Personnes concernées

Sont obligatoirement affiliées à la MSA les personnes exerçant une activité agricole en qualité de salarié.

2. Maladie-maternité, invalidité-décès

Les salariés agricoles perçoivent les mêmes prestations que les salariés non agricoles [27]. Ces prestations sont versées par la MSA.

Les salariés agricoles bénéficient également d'une protection complémentaire obligatoire en matière de prévoyance qui couvre :

- les frais de santé, comme pour les salariés non agricoles,
- l'incapacité professionnelle, temporaire ou permanente, et le décès.

Remarque - Pour la prévoyance complémentaire, les entreprises sont couvertes par l'organisme de leur choix.

3. Accidents du travail et maladies professionnelles

Comme pour les salariés [29].

4. Retraite

Comme les salariés du secteur privé non agricole, en matière d'assurance vieillesse, les salariés agricoles bénéficient de deux niveaux de protection :

- une retraite de base, alignée sur les règles de fonctionnement de l'assurance vieillesse du régime général de sécurité sociale [34],
- une retraite complémentaire gérée par les caisses AGIRC-ARRCO [38].

Ils sont également affiliés à des régimes de retraite supplémentaire obligatoires.

Les salariés agricoles ont aussi accès aux dispositifs de retraite progressive [40] et de cumul emploi-retraite [19].

5. Cotisations

Cotisations de sécurité sociale des salariés agricoles au 01.01.2024 (1)		
Taux des cotisations patronales	**Taux des cotisations salariales**	**Assiette mensuelle**
Maladie, maternité, invalidité		
13,00 %	-	Totalité du salaire.
Contribution solidarité autonomie		
0,30 %	-	Totalité du salaire.
Accidents du travail et maladies professionnelles		
Variable selon la catégorie de risque.		Totalité du salaire.
Retraite de base		
8,55 % 1,80 %	6,90 % 0,40 %	Salaire dans la limite de 3 864 €. Totalité du salaire.

(1) S'ajoutent à ces cotisations de sécurité sociale les cotisations de prévoyance complémentaire obligatoire.

Cotisations retraites complémentaire et supplémentaire AGIRC-ARRCO 2022 (1)		
Taux des cotisations patronales	**Taux des cotisations salariales**	**Assiette mensuelle**
Cotisation retraite		
4,72 % 12,95 %	3,15 % 8,64 %	Salaire brut plafonné à 3 864 €. Salaire brut entre 3 864 € et 30 912 €.
Contribution d'équilibre général		
1,29 % 1,60 %	0,86 % 1,08 %	Salaire brut plafonné à 3 864 €. Salaire brut entre 3 864 € et 30 912 €.
Contribution d'équilibre technique (2)		
0,21 %	0,14 %	Salaire brut plafonné à 30 912 €.
CPCEA retraite cadres		
1,24 %	0,76 %	Salaire brut plafonné à 30 912 €.

(1) Cadres et non-cadres d'entreprises de la production agricole (EPA).
(2) Cotisation due seulement pour les salaires supérieurs au plafond de la sécurité sociale.

6. Prestations

Mêmes modalités de versement que pour les salariés du secteur privé non agricole [34]. ■

Les solutions complémentaires

N° de fiche

80. Vue d'ensemble

Les solutions dites "complémentaires" ou "supplémentaires" permettant de compléter sa protection en matière de prévoyance et de retraite sont relativement nombreuses. Les unes sont ouvertes à tous ; les autres sont réservées à certaines catégories socioprofessionnelles.

1. Tableau récapitulatif

Dispositifs ouverts à tous	
• Assurance volontaire des régimes de sécurité sociale **[81]**. • Assurance santé **[82]**. • Assurance incapacité-invalidité **[83]**. • Assurance individuelle accident **[84]**. • Garantie des accidents de la vie **[85]**. • Assurance dépendance **[86]**. • Assurance décès **[87]**.	• Contrat obsèques **[88]**. • Plan d'épargne retraite individuel **[90]**. • Assurance-vie **[92]**. • Bon de capitalisation **[93]**.
Dispositifs réservés aux salariés	
• Plan d'épargne retraite d'entreprise collectif **[98]**. • Contrat "article 83" et plan d'épargne retraite d'entreprise obligatoire **[95]**.	• Contrats "article 82" **[96]**. • Contrats "article 39" **[97]**. • PRÉFON (fonctionnaires) **[90 § 10]**.
Dispositifs réservés aux indépendants	
• Plan d'épargne retraite individuel, incluant les garanties en matière de prévoyance réservées aux indépendants **[90]**.	• Assurance chômage volontaire des dirigeants d'entreprise **[94]**.

2. Épargne retraite : cadre juridique unifié

La "loi PACTE" (plan d'action pour la croissance et la transformation des entreprises) du 22.05.2019 a institué un socle commun de fonctionnement à l'ensemble des plans d'épargne retraite, qu'ils soient individuels ou collectifs.

Applicable depuis le 01.10.2019, ce socle comprend **[tableau]** :

- les modes d'alimentation,
- les règles d'affectation de l'épargne,
- 7 cas de déblocage anticipé,
- les modes de liquidation à l'échéance,
- un principe général de transfert possible des droits entre les plans.

Socle commun des plans d'épargne retraite "loi PACTE"	
Origine des versements	• Versements volontaires. • Sommes perçues au titre de la participation et de l'intéressement, incluant l'abondement de l'entreprise. • Droits inscrits sur un compte épargne-temps et ceux correspondant à des jours de repos non pris. • Versements obligatoires du salarié ou de l'employeur dans le cadre d'un plan d'épargne retraite d'entreprise auxquel le salarié est affilié à titre obligatoire.
Règles d'affectation de l'épargne	Sauf volonté autre exprimée par le titulaire du plan, gestion pilotée permettant de réduire progressivement les risques financiers à l'horizon de la date prévisionnelle de liquidation des droits (en principe, à l'âge envisagé de liquidation des droits à la retraite). 3 profils d'investissement : "prudent", "équilibré", "dynamique" **(1)**.

SOLUTIONS COMPLÉMENTAIRES

Cas de déblocage anticipé	• Décès du conjoint marié ou du partenaire lié par un PACS. • Invalidité de 2e ou 3e catégorie du titulaire, de ses enfants ou de son conjoint, marié ou lié par un PACS. • Situation de surendettement. • Expiration des droits à l'assurance chômage ou, le cas échéant, non-renouvellement ou révocation d'un mandat social. • Cession d'activité non salariée à la suite d'un jugement de liquidation judiciaire. • Acquisition de la résidence principale, étant entendu que ce motif ne peut pas être invoqué dans le cas de déblocage de fonds correspondant aux versements obligatoires effectués sur un PER d'entreprise.
Mode de sortie du plan	Par principe : rente ou capital, sauf si le titulaire a opté expressément et irrévocablement pour la liquidation de tout ou partie de ses droits en rente viagère à l'ouverture du plan. Par exception, les droits correspondant aux versements obligatoires effectués sur un PER d'entreprise peuvent être liquidés uniquement sous la forme d'une rente.
Portabilité des droits	Transfert autorisé des droits individuels en cours de constitution sur un plan relevant des dispositions de la "loi PACTE" vers tout autre plan d'épargne retraite relevant du même cadre juridique. Les frais de transfert sont encadrés.

(1) Dans le cadre d'un PER d'entreprise, un autre type d'allocation d'actifs doit être proposé au titulaire du plan, dont l'acquisition de parts de fonds investis dans l'économie d'utilité sociale.

Le plan d'épargne retraite (PER), qui relève des dispositions de la "loi PACTE" et de l'ordonnance n° 2019-766 du 24.07.2019, se décline en 3 formes :

- le PER individuel, qui a succédé au PERP et au contrat Madelin,
- le plan d'épargne retraite d'entreprise collectif (PERECO), qui a pris la relève du PERCO,
- le plan d'épargne retraite d'entreprise obligatoire, qui s'est substitué aux contrats dits "article 83".

Remarque - Il n'est plus possible de souscrire un PERP ou un contrat Madelin depuis le 01.10.2020. Les personnes ayant souscrit ou adhéré à ces formules avant cette date peuvent néanmoins continuer à les alimenter, les règles de fonctionnement antérieures demeurant encore applicables. S'agissant des plans en entreprise, les PERCO et les contrats "article 83" ouverts avant le 01.10.2020 peuvent continuer d'accepter de nouveaux adhérents et fonctionner selon les règles antérieures. ■

81. Assurance volontaire

Les personnes résidant en France qui ne relèvent pas d'un régime obligatoire de sécurité sociale peuvent volontairement s'affilier auprès de la sécurité sociale et bénéficier ainsi d'une protection contre certains risques sociaux. De leur côté, les personnes expatriées peuvent, dans ce cadre, bénéficier d'une protection quasi complète.

RÉSIDENT EN FRANCE

1. Risque maladie

En matière d'assurance maladie, l'existence de la protection universelle maladie **[3 § 2]** rend inutile tout dispositif d'assurance volontaire pour la prise en charge des frais de santé des personnes résidant en France.

2. Risques invalidité et vieillesse-veuvage

La double adhésion aux assurances volontaires "invalidité" et "vieillesse-veuvage" est ouverte :

- aux anciens assurés sociaux, qui ont été affiliés pendant au moins 6 mois au régime général ou à un autre régime obligatoire de sécurité sociale et qui ont cessé de remplir les conditions d'assujettissement à ce ou ces régimes, la demande devant être adressée dans un délai de 6 mois à compter de la date à laquelle ils ont cessé de relever de l'assurance sociale obligatoire ;
- aux personnes qui remplissent bénévolement les fonctions et obligations de tierce personne auprès de leur conjoint ou d'un membre de leur famille, infirme ou invalide **[21 § 3]**, la demande devant être adressée dans les 10 ans à compter du début de l'activité de tierce personne,
- aux personnes résidant en France qui, sans activité professionnelle, assument la charge d'un enfant de moins de 20 ans **[21 § 2]**, ces mêmes personnes pouvant limiter leur adhésion à la seule assurance volontaire vieillesse.

Remarque - Si l'aidant relève de l'assurance vieillesse du régime général en tant que bénéficiaire de certaines prestations familiales, seule l'affiliation au risque "invalidité" est possible.

Peut s'assurer volontairement contre le seul risque "invalidité" la personne qui cesse son activité pour prendre en charge un enfant lourdement handicapé ou atteint d'une maladie grave ou accidenté, celle-ci étant, compte tenu de la situation, obligatoirement affiliée à l'assurance vieillesse du régime général de sécurité sociale. L'adhésion doit être demandée dans les 6 mois suivant la fin de l'affiliation à un régime obligatoire. Elle est soumise à une condition de ressources **[21 § 3]**.

Dans tous les cas de figure, la demande d'adhésion est effectuée auprès de la CPAM du lieu de résidence.

Pour l'ensemble des assurés volontaires évoqués précédemment, les cotisations dues sont calculées à partir d'une base forfaitaire et des taux de cotisations vieillesse et invalidité de droit commun **[tableau]**.

Les cotisations sont établies chaque trimestre.

Assurance volontaire "ancien assuré obligatoire" : barème des cotisations pour 2024				
Niveau de revenu et catégorie de cotisant	Au moins 46 368 €	Entre 23 184 € et 46 368 €	Moins de 23 184 €	Moins de 22 ans
	1re catég.	**2e catég.**	**3e catég.**	**4e catég.**
Base de calcul de la cotisation (1)	46 368 €	34 776 €	23 184 €	11 592 €
Invalidité – Vieillesse				
Taux de cotisation	18,65 %			
Montant trimestriel de la cotisation	2 176 €	1 632 €	1 088 €	544 €

SOLUTIONS COMPLÉMENTAIRES

Invalidité				
Taux de cotisation	0,90 %			
Montant trimestriel de la cotisation	104 €	78 €	52 €	26 €
Vieillesse				
Taux de cotisation	17,75 %			
Montant trimestriel de la cotisation	2 071 €	1 554 €	1 036 €	518 €

(**1**) Base de calcul correspondant à 100 %, 75 %, 50 % et 25 % du plafond annuel de la sécurité sociale.

Assurance volontaire "tierce personne" : cotisations pour 2024			
	Base de calcul (1)	**Taux**	**Cotisation trimestrielle**
Invalidité – vieillesse	5 841 €	18,77 %	1 097 €
Invalidité	5 841 €	0,90 %	53 €
Vieillesse	5 841 €	17,87 %	1 044 €

(**1**) Correspondant à 507 SMIC horaire au 1er juillet de l'année civile précédente.

Assurance volontaire "chargé de famille" : cotisations pour 2024			
	Base de calcul (1)	**Taux**	**Cotisation trimestrielle**
Vieillesse	5 907 €	17,87 %	1 056 €
Invalidité	5 907 €	1,77 %	105 €

(**1**) Correspondant à 507 SMIC horaire au 1er janvier de l'année civile.

Les règles de calcul des prestations sont équivalentes à celles de l'assurance invalidité **[28]** et de l'assurance vieillesse du régime général **[34]**.

3. Risques "accidents du travail et maladies professionnelles"

Les personnes qui ne sont pas obligatoirement assujetties contre les risques "accidents du travail et maladies professionnelles" peuvent volontairement souscrire cette assurance pour compléter leur protection sociale.

La demande d'adhésion est effectuée auprès de la CPAM du lieu de résidence.

Les cotisations sont calculées sur la base du revenu professionnel que l'assuré doit déclarer annuellement à la caisse. Le taux de cotisation appliqué est celui des assurés du régime général ayant la même activité professionnelle, diminué d'un abattement de 45 %.

Les prestations sont identiques à celles du régime obligatoire des salariés, à l'exception des indemnités pour incapacité temporaire qui ne sont pas versées aux assurés volontaires.

4. Assurance volontaire des indépendants

Pour se couvrir contre les accidents du travail et les maladies professionnelles, les travailleurs indépendants non agricoles en activité, qui ne bénéficient pas d'un régime de protection spécifique en la matière, peuvent adhérer à l'assurance volontaire rattachée au régime général de sécurité sociale [§ 3].

En cas de cessation d'activité et faute d'être assujetti à un régime obligatoire de sécurité sociale quelconque, les anciens commerçants et artisans (ex-conjoint collaborateur inclus), d'un côté, et les professionnels libéraux, de l'autre, peuvent adhérer à l'assurance vieillesse volontaire des travailleurs indépendants.

Elle couvre :
- l'invalidité et le décès,
- l'assurance vieillesse de base et le régime de retraite complémentaire.

Remarque - En l'absence de réelle protection contre la perte d'emploi, les travailleurs indépendants et les dirigeants de société peuvent volontairement souscrire une assurance dédiée [94].

Pour l'assurance vieillesse volontaire, les demandes d'adhésion doivent être adressées :
- à la Carsat du lieu de résidence, s'agissant des commerçants et des artisans,
- à la caisse de retraite dédiée, pour les anciens libéraux relevant de la CNAVPL,
- à la CNBF, s'agissant des anciens avocats.

Les cotisants anciens commerçants et artisans sont répartis selon 3 catégories (50 %, 75 % ou 100 % du plafond annuel de la sécurité sociale (46 368 € en 2024) sur la base du revenu déclaré. Les taux de droit commun sont appliqués sur ces bases forfaitaires (17,75 % pour la retraite de base, 7 % pour la retraite complémentaire et 1,30 % pour l'invalidité-décès).

Remarque - Pour les anciens conjoints collaborateurs, une 4e catégorie est ajoutée, cotisant sur 1/3 du plafond annuel de la sécurité sociale.

Les cotisations dues par les affiliés volontaires auprès des caisses de professions libérales sont exigibles dans les mêmes conditions que les cotisations obligatoires.

Dans tous les cas de figure, les prestations sont équivalentes à celles servies par les régimes obligatoires équivalents.

CAS DES EXPATRIÉS

5. Principe général

La personne qui réside et exerce son activité professionnelle à l'étranger ne bénéficie pas du régime français de protection sociale. En l'absence de couverture sociale dans le pays d'accueil ou faute de bénéficier d'une protection suffisante, l'expatrié peut s'assurer volontairement à la sécurité sociale française.

La Caisse des Français de l'étranger est l'interlocuteur unique des expatriés en matière d'assurance volontaire.

L'assurance volontaire des expatriés couvre :
- la maladie et la maternité,
- l'invalidité,
- les accidents du travail et les maladies professionnelles,
- l'assurance vieillesse (régime de base).

6. Maladie-maternité, invalidité-décès

La cotisation volontaire d'assurance maladie-maternité est forfaitaire. Fixé par arrêté, son montant varie selon la tranche d'âge, la composition de la famille. Pour les salariés, il est modulé aussi en fonction du revenu et du nombre de salariés expatriés de l'entreprise adhérents de la CFE.

La cotisation peut être réduite en fonction de l'ancienneté de l'adhésion à la CFE.

L'assurance volontaire prend en charge le remboursement des frais médicaux et des soins liés à la maladie et à la maternité :
- dispensés à l'étranger, le niveau de remboursement étant plafonné et déterminé par pays et par type de soins,
- ou reçus lors des séjours en France n'excédant pas 3 mois.

En contrepartie de cotisations supplémentaires, l'affilié peut prétendre :
- aux indemnités journalières maladie et maternité,

- à un complément de prise en charge des frais de santé,
- à l'attribution d'un capital en cas de décès au profit de ses ayants droit,
- à une pension d'invalidité, équivalente à celle du régime général [28].

Remarque - Le taux de la cotisation pour l'option "indemnités journalières, capital décès, invalidité" est de 0,65 %. Pour le complément d'assurance relatif aux frais de santé, la cotisation est forfaitaire et modulée selon l'âge et la composition de la famille.

7. Accidents du travail et maladies professionnelles

Le taux de la cotisation de l'assurance volontaire "accidents du travail et maladies professionnelles" est fixé à 1,15 % pour l'affilié individuel.

Des taux réduits sont appliqués en faveur des entreprises mandataires de leurs salariés expatriés en fonction du nombre d'adhérents et si l'adhésion comprend ou non l'assurance maladie.

Les prestations sont celles de droit commun servies aux salariés relevant du régime général [29 § 3].

8. Assurance vieillesse

En la matière, l'assurance volontaire est ouverte aux personnes ayant été, avant leur départ de France, affiliées, à quelque titre que ce soit à un régime obligatoire d'assurance maladie pendant au moins 5 ans.

La cotisation est calculée sur une base forfaitaire. Le taux est égal au taux global appliqué aux salariés du secteur privé [tableau].

Cotisations d'assurance vieillesse des personnes expatriées

Niveau de revenu et catégorie de cotisant	Au moins 46 368 €	Entre 23 184 € et 46 368 €	Moins de 23 184 €	Moins de 22 ans	Chargé de famille (sans activité professionnelle)
	1re catég.	**2e catég.**	**3e catég.**	**4e catég.**	**5e catég.**
Base de calcul de la cotisation (1)	46 368 €	34 776 €	23 184 €	11 592 €	23 626 €
Taux de cotisation	17,75 %				
Montant trimestriel de la cotisation	2 071 €	1 554 €	1 036 €	519 €	1 056 €

(1) Base de calcul correspondant à 100 %, 75 %, 50 % et 25 % du plafond annuel de la sécurité sociale et, pour la 5e catégorie, à 507 SMIC horaire au 1er janvier.

Les conditions d'ouverture du droit à pension et les modalités de calcul sont celles du régime général [34].

L'affiliation au régime de retraite complémentaire AGIRC-ARRCO n'est pas obligatoire pour un expatrié. L'entreprise peut néanmoins décider d'affilier tout ou partie de ses salariés expatriés. À défaut, le salarié peut cotiser à titre individuel. Dans les deux cas, le détaché doit avoir été affilié aux régimes AGIRC-ARRCO pendant au moins 6 mois pour une activité antérieure et doit cotiser au régime de base auprès de la CFE. La demande d'adhésion doit être effectuée auprès de Malakoff Humanis International AGIRC-ARRCO.

9. Assurance chômage

L'affiliation au régime français de l'assurance chômage est :
- obligatoire pour le salarié d'une entreprise française établie en France embauché pour travailler à l'étranger,

SOLUTIONS COMPLÉMENTAIRES

en dehors des État membres de l'Espace économique européen ou de la Suisse,
- facultative, s'agissant des expatriés salariés par une entreprise située à l'étranger, hors États de l'EEE ou de la Suisse.

Pour l'essentiel, les cotisations, l'ouverture du droit aux prestations et le montant de l'indemnisation relèvent des règles communes auxquelles sont soumis les salariés travaillant en France.

10. Cas des travailleurs indépendants
Les travailleurs indépendants résidant hors de France peuvent adhérer à l'assurance volontaire des travailleurs indépendants [§ 4]. ■

82. Assurances santé

Elles permettent de compléter les prestations versées par les régimes obligatoires.

1. Principes
Les assurances complémentaires dans le domaine de la santé peuvent s'obtenir dans le cadre :
- d'assurances individuelles,
- et/ou d'assurances collectives dites "de prévoyance", souscrites par une entreprise au profit de ses salariés ("article 83") [**95**] ou par un indépendant dans le cadre d'un contrat Madelin [**91**], par exemple.

Chaque membre de la famille de plus de 16 ans peut choisir individuellement sa complémentaire santé.

Les contrats dits "responsables" sont ceux respectant un cahier des charges spécifique qui définit un niveau de remboursement des frais de santé en fonction du type de dépense. Le respect du cahier des charges ouvre droit à avantage fiscal et social.

2. Prestations
De façon générale, l'assurance maladie complémentaire prévoit :
- le remboursement de tout ou partie des frais médicaux qui n'ont pas été déjà pris en charge au titre d'un régime obligatoire d'assurance maladie ou de prévoyance (le niveau de protection diffère d'un contrat à l'autre),
- et, principalement dans les contrats collectifs, le versement de prestations forfaitaires en cas d'arrêt d'activité professionnelle, au terme d'un délai de carence et durant une période maximale prédéterminée : sur l'assurance "incapacité temporaire de travail" [**83**].

Presque tous les contrats prévoient une garantie supplémentaire assistance.

3. Aide pour une complémentaire santé individuelle : complémentaire santé solidaire (CSS ou C2S)
La complémentaire santé solidaire est une aide publique permettant aux personnes disposant de revenus modestes de bénéficier d'une complémentaire santé individuelle assortie d'une prise en charge automatique de frais [7].

Une participation financière, dont le montant varie selon l'âge, est demandée au souscripteur au-delà d'un seuil de revenu [7].

4. Autres garanties santé
L'assurance hospitalisation peut faire l'objet d'un contrat distinct, mais est souvent prévue dans les contrats d'assurance maladie ou individuelle accident. De façon générale, elle ouvre droit au versement d'indemnités journalières forfaitaires pendant toute la durée de séjour de l'assuré en hôpital ou en clinique privée, à condition :
- que cette durée n'excède pas les limites prévues au contrat,
- et qu'une opération d'une certaine gravité nécessite l'hospitalisation.

Autres garanties liées à la santé :
- invalidité-incapacité [**83**],
- individuelle accident [**84**],
- GAV [**85**],
- dépendance [**86**],
- décès [**87**],
- obsèques [**88**]. ■

83. Assurance invalidité-incapacité

Les garanties couvrant les risques d'incapacité et d'invalidité peuvent faire l'objet de contrats distincts. Il peut aussi s'agir de garanties complémentaires aux garanties de base prévues dans les contrats vie [92].

1. Garantie invalidité

La définition de l'invalidité doit figurer dans les conditions générales du contrat. Chaque compagnie d'assurance est libre :

- d'utiliser la définition donnée par la sécurité sociale,
- ou de choisir une autre définition correspondant mieux à sa démarche commerciale et à sa clientèle.

Invalidité et degré d'invalidité selon la sécurité sociale
Définition de l'invalidité : état de santé d'une personne entraînant une réduction d'au moins 2/3 de sa capacite de travail ou de gain.
Degrés d'invalidité : • 1er : invalide capable d'exercer une activité rémunérée, • 2e : invalide absolument incapable d'exercer une profession quelconque, • 3e : invalide absolument incapable d'exercer une profession quelconque et, en outre, dans l'obligation d'avoir recours à l'assistance d'une tierce personne pour effectuer les actes ordinaires de la vie.

De façon générale, la garantie invalidité prévoit le versement d'une rente ou d'un capital, en cas d'invalidité permanente, partielle ou totale (IPP et IPT) :

- le montant des prestations est fonction du taux d'invalidité,
- ce taux d'invalidité est déterminé, après expertise médicale, d'après le barème prévu au contrat.

Le contrat fixe le montant du capital payable pour une invalidité permanente totale.

Ce capital est réduit en cas d'invalidité permanente partielle (de 40 %, en règle générale).

Exemple - *En cas de perte totale de la vision, le contrat prévoit le versement d'un capital de 15 000 € correspondant à un taux d'invalidité de 100 %. En cas de perte partielle de la vision correspondant à un taux d'invalidité de 40 %, le capital est réduit à 6 000 €.*

L'invalidité absolue et définitive (IAD) ou la perte totale et irréversible de l'autonomie (PTIA) sont souvent assimilées au décès [87].

2. Garantie incapacité

L'incapacité temporaire de travail (ITT) due à une maladie ou à un accident donne généralement lieu au versement d'indemnités journalières :

- passé un délai de carence déterminé,
- et pendant une durée maximale d'indemnisation fixée à 6 mois, 1 an, voire 3 ans, selon les contrats. ■

SOLUTIONS COMPLÉMENTAIRES

84. Assurance individuelle accident

Cette garantie peut faire l'objet d'un contrat distinct ou être prévue à titre de garantie complémentaire.

1. Risque couvert

L'accident est un événement soudain et imprévu, provenant d'une cause extérieure (et non de la volonté de l'assuré) et entraînant un dommage corporel.

Exemple - *Collision entre deux voitures, noyade.*

L'assurance individuelle accident intervient uniquement en cas d'accident survenu pendant la vie privée et/ou la vie professionnelle. Elle couvre principalement les risques de décès et, le cas échéant, d'invalidité résultant de l'accident.

2. Cas d'exclusion

Sont généralement exclus de la garantie individuelle accident :

- les accidents dus à certaines maladies ou comportements (alcoolisme, usage de drogues, etc.),
- les accidents causés ou provoqués intentionnellement par l'assuré,
- les accidents survenus au cours de certaines activités dangereuses,
- le suicide ou encore la tentative de suicide, lors de la première année de l'adhésion. ■

85. Garantie des accidents de la vie (GAV)

Les contrats GAV couvrent les préjudices consécutifs aux accidents de la vie privée et qui entraînent le décès ou une incapacité permanente.

1. Personnes assurées

Les contrats GAV couvrent, sauf exception, les préjudices subis par le souscripteur et les membres de sa famille : conjoint, concubin, partenaire pacsé et enfants fiscalement à charge.

Bon nombre de contrats fixent un âge limite de souscription, généralement 65 ans. En revanche, la couverture est en principe maintenue lorsque le contrat est renouvelé au-delà de cet âge maximal de souscription.

2. Risques garantis

De façon générale, il s'agit des préjudices résultant d'accidents :

- domestiques ou survenant dans le cadre des loisirs,
- médicaux,
- dus aux catastrophes naturelles,
- dus à des attentats ou agressions.

La garantie joue :

- dans toute l'Union européenne et en Suisse, sans limitation de durée de séjour,
- dans le reste du monde, pour les séjours de moins de 3 mois.

Remarque - Les assureurs ont mis en place un "label GAV". Ceux qui s'y réfèrent s'engagent à offrir les mêmes garanties de base minimales, avec les mêmes règles de fonctionnement. Le montant des primes est librement fixé par les compagnies d'assurances.

3. Risques exclus

Sont principalement visés les préjudices résultant :

- d'accidents subis dans le cadre de l'activité professionnelle,
- ou d'accidents de la route.

4. Prestations de base

Versement sous forme de capital ou de rente auquel peuvent s'ajouter, selon les contrats, des garanties complémentaires.

Préjudices indemnisés
Si dommages corporels : • incapacité permanente ≥ 30 %, • préjudice économique, • souffrances endurées, • préjudice esthétique, • préjudice d'agrément. **Si décès** : préjudices économiques et moraux subis par les bénéficiaires.
Forme et montant des indemnités
• Versement en **capital** ou **rente,** avec montant en fonction du préjudice subi (indemnités non forfaitaires) et déduction faite des prestations indemnitaires versées au titre d'un régime obligatoire de sécurité sociale ou de prévoyance à caractère indemnitaire. • **Plafond global de 1 million d' € par victime.**

L'assureur doit effectuer une offre d'indemnisation dans un délai de 5 mois à compter du jour où il a eu connaissance du sinistre. Le versement des prestations doit intervenir dans un délai d'un mois à compter de l'acceptation de l'offre.

› FISCAL

Impôt sur le revenu

Les indemnités perçues en contrepartie d'un préjudice ne sont pas destinées à compenser la perte d'un revenu imposable : à ce titre, elles ne sont pas imposables à l'IR.

Droits de succession
La valeur de capitalisation des rentes ou des indemnités versées en réparation de dommages liés à un accident en est exonérée. Il en est de même des sommes versées aux ayants droit ou autres proches de la victime, dès lors qu'elles revêtent un caractère indemnitaire (et non forfaitaire). ■

86. Assurance dépendance

Elle garantit le risque, à partir d'un certain âge, de ne plus pouvoir assumer, seul ou sans difficulté, les actes essentiels de la vie. Elle permet ainsi de compenser le coût financier résultant de la perte d'autonomie.

1. Notion de dépendance : les "actes essentiels de la vie"

La dépendance est appréciée par les assureurs en fonction de l'impossibilité ou encore de la difficulté rencontrée par une personne âgée d'effectuer certains "actes essentiels de la vie" : s'alimenter, se déplacer, se laver, s'habiller et se lever, se coucher, s'asseoir ("transferts").

La grille AGGIR (autonomie gérontologique groupes iso-ressources) est le principal référentiel utilisé par les services médico-sociaux et les assureurs pour évaluer le degré de dépendance [2 § 2].

2. Personnes assurées

De façon générale, la souscription d'un contrat de dépendance est ouverte aux personnes âgées de 50 à 75 ans et présentant un état de santé satisfaisant.

Un questionnaire médical et, plus rarement, un examen médical peuvent être demandés.

3. Risques garantis

Ils varient d'un contrat à l'autre :
- risque de dépendance totale,
- et/ou risque de dépendance partielle.

Chaque compagnie d'assurance est libre :
- d'utiliser la définition donnée par la sécurité sociale,
- ou de choisir contractuellement une autre définition.

Des exclusions de garantie peuvent être prévues dans le contrat : état de dépendance résultant de certains comportements ou pratiques.

Exemple - *Pas de garantie en cas de perte de l'autonomie résultant de la pratique de sports dangereux ou d'alcoolisme aigu ou chronique.*

Dépendance totale selon la sécurité sociale
C'est l'impossibilité d'effectuer seul au moins 3 des actes ordinaires de la vie : s'alimenter, se déplacer, se laver, s'habiller. Elle conduit à l'assistance d'une tierce personne.
Dépendance partielle
De façon générale, elle se caractérise par la nécessité de recourir, ponctuellement, à une aide extérieure pour accomplir les actes ordinaires de la vie.

4. Prestations

Elles sont versées sous forme de rente. Son montant est choisi à la souscription par l'assuré et peut varier contractuellement en fonction du niveau de dépendance. Généralement, le contrat prévoit des délais de carence durant lesquels la garantie ne joue pas et qui varient selon :
- les contrats,
- et l'origine de la dépendance.

Exemple - *Le délai de carence peut atteindre 3 ans en cas de maladie de Parkinson ou d'Alzheimer.*

Des prestations complémentaires sont souvent proposées : service téléphonique, réservation en milieu hospitalier, etc.

Remarque - Élaboré par les assureurs, le label "GAD Assurance Dépendance" vise à

SOLUTIONS COMPLÉMENTAIRES

donner une meilleure lisibilité des garanties proposées par les contrats d'assurance dépendance et faciliter ainsi leur comparaison. Les contrats labellisés reposent sur un socle commun de garanties et sur une harmonisation du vocabulaire utilisé. Ils doivent au minimum couvrir une situation de dépendance lourde et, dans ce dernier cas, servir une rente viagère d'au moins 500 €.

Les garanties bénéficiant du "label GAD" peuvent être souscrites au moins jusqu'à 70 ans. Les garanties labellisées ne proposent pas de sélection médicale avant 50 ans, excepté pour les personnes déjà invalides ou reconnues en affection de longue durée.

Les contrats labellisés doivent également respecter des critères en matière de franchise, de délais d'attente, ou de maintien des droits à couverture en cas d'interruption du paiement des cotisations.

5. Types de contrats

On distingue :

- les contrats d'assurance-vie comportant une garantie complémentaire dépendance,
- et les contrats de prévoyance ayant pour garantie principale la dépendance.

6. Cumul avec l'APA (allocation personnalisée d'autonomie)

Possible : rien n'interdit de cumuler les prestations dépendance et cette allocation spécifique prévue en faveur des personnes âgées de plus de 60 ans en état de perte d'autonomie **[109 § 3]**. ■

87. Assurances décès

Une garantie décès peut faire l'objet d'un contrat distinct. Elle peut également être prévue à titre complémentaire.

1. Contrats d'assurance en cas de décès

Ils sont souscrits dans une optique successorale, le souscripteur désirant garantir un proche contre une baisse de ressources financières due à son décès, ou souhaitant laisser un capital à un proche après son décès.

Bien évidemment, en cas de décès, l'assuré ne peut pas être également le bénéficiaire.

Il existe plusieurs types de contrats décès "purs". La "temporaire", qui garantit le risque décès pendant une période déterminée, est l'assurance la plus courante.

Temporaire décès (1)
Versement d'un capital ou d'une rente : • au décès de l'assuré, • si ce décès survient avant une date déterminée. **Spécificités** : • tacite reconduction possible, • rachat et réduction impossibles.

(1) Garanties complémentaires possibles (invalidité-incapacité, ou décès par accident uniquement, par exemple).

Vie entière (1)
Versement d'un capital ou d'une rente : • au décès de l'assuré, • quelle que soit la date de ce décès. **Spécificités** : • primes temporaires, viagères ou prime unique, • rachat et réduction possibles.

(1) Bien que ne comportant pas de garantie en cas de vie, le contrat vie entière possède une valeur de rachat et peut donc être considéré comme une combinaison décès-épargne.

2. Contrats d'assurance-vie mixtes

Les contrats d'assurance-vie mixtes, encore appelés contrats en cas de vie et de décès, comprennent à la fois des garanties vie et des garanties décès.

Vie entière à effet différé sans contre-assurance
Versement d'un capital ou d'une rente : • au décès de l'assuré, • si ce décès survient après une date déterminée. **Spécificités** : rachat impossible et réduction possible.

SOLUTIONS COMPLÉMENTAIRES

Rente éducation
Versement d'une rente : • au décès de l'assuré jusqu'au terme du contrat, • si le décès survient avant une date déterminée. **Spécificités** : • enfants mineurs généralement désignés comme bénéficiaires (**1**), • rachat et réduction impossibles.

(**1**) La date du terme du contrat correspond alors à leur majorité ou à la date probable de fin des études.

Assurance de survie
Versement d'un capital ou d'une rente : • au décès de l'assuré, • uniquement si le bénéficiaire survit à l'assuré. **Spécificités** : • conjoint ou enfant mineur généralement désignés comme bénéficiaires, • rachat impossible et réduction possible.

› FISCAL

Les prestations suivent le régime fiscal de l'assurance-vie **[92]**. ■

88. Assurance obsèques

Les assurances (ou contrats) obsèques permettent le financement et éventuellement l'organisation des obsèques. On distingue deux types de contrats : en capital et en prestations.

1. Contrats obsèques en capital

Ils garantissent le versement d'un capital en vue du financement des obsèques.

Le souscripteur détermine le niveau de financement et désigne un bénéficiaire (personne physique ou morale). Au décès de l'assuré, le bénéficiaire désigné dispose librement du capital pour :

- financer (ou non) les obsèques,
- choisir les prestations funéraires.

Des garanties d'assistance peuvent également être proposées : rapatriement du corps, transport de la famille, aide à domicile, etc.

2. Contrats obsèques en prestations

Ils garantissent le financement et l'organisation des obsèques.

Le souscripteur détermine le niveau de financement et des prestations et désigne comme bénéficiaire une entreprise funéraire.

Au décès de l'assuré, l'assureur s'engage à verser le capital à cette entreprise qui organisera les obsèques.

L'entreprise funéraire doit obligatoirement détailler dans le contrat, et présenter de façon personnalisée, les produits et les prestations qu'elle s'engage à réaliser ainsi que les exclusions de garanties.

Le souscripteur peut à tout moment modifier certaines prestations ou changer d'entreprise funéraire.

Le contrat doit également mentionner de manière claire si :

- le capital souscrit couvre ou non intégralement les prestations d'obsèques prévues au contrat,
- les proches doivent ou non régler un supplément. ■

SOLUTIONS COMPLÉMENTAIRES

89. PEP et PERP

Le plan d'épargne populaire (PEP) et le plan d'épargne retraite populaire (PERP) sont deux formules d'épargne à long terme qu'il n'est plus possible de souscrire, depuis le 25.09.2003 pour le premier et depuis le 01.10.2020 pour le second. Les règles de fonctionnement des plans encore ouverts à ce jour ne sont pas modifiées. Les deux dispositifs bénéficient d'une fiscalité avantageuse.

PEP

1. Titulaires

Seules les personnes physiques sont concernées :

- il n'a pu être ouvert qu'un seul PEP par contribuable ou par conjoint soumis à imposition commune,
- un PEP ne peut avoir qu'un seul titulaire.

2. Deux grands types de PEP

Un PEP a pu être ouvert :

- auprès d'un établissement financier ou d'une compagnie d'assurance, notamment,
- sous forme d'un PEP bancaire (ouverture d'un compte de dépôt) ou d'un PEP assurance (signature d'un contrat d'assurance-vie).

3. Versements

Obligatoirement en numéraire (espèces, chèques, virements, prélèvements) limités à 92 000 € par plan (hors intérêts).

Périodicité et montant peuvent être fixés par contrat : versements libres, programmés ou uniques.

4. Rémunération

Intérêts à taux fixe, variable ou révisable (taux minimal garanti possible), en fonction du type de PEP et de l'établissement.

5. Liquidités et retraits

Un retrait entraîne l'interdiction d'effectuer de nouveaux versements.

6. Sortie (clôture)

La sortie s'effectue en capital ou en rente viagère.

Motifs de clôture
• À l'échéance prévue (sauf prolongation). • Au décès du titulaire. • Dépassement du plafond des versements. • En cas de détention d'au moins 2 PEP par une personne.

› FISCAL

En cas de retrait, exonération d'IR (mais non de prélèvements sociaux).

Au décès du titulaire :

- PEP bancaire : droits de succession selon le régime de droit commun,
- PEP assurance : fiscalité de l'assurance-vie [92].

PERP

7. Principe

Le PERP est un contrat d'assurance souscrit :

- auprès d'une compagnie d'assurance, d'une institution de prévoyance ou d'une mutuelle,
- par un groupement d'épargne retraite populaire en vue de l'adhésion de ses membres.

8. Versements

Périodicité et montant fixé par le contrat. Pas de plafond.

9. Sortie sous forme de rente viagère

Le PERP garantit le versement d'une rente viagère exclusivement :

- au plus tôt, à l'âge légal de départ à la retraite ou au jour de liquidation de la retraite dans un régime obligatoire,
- au plus tard, à l'âge correspondant à l'espérance de vie de l'adhérent diminuée de 15 ans.

Par exception, une sortie en capital est autorisée au moment de la retraite :

- en vue de l'accession (acquisition ou construction) à la première propriété de la résidence principale,

- ou, si le plan le prévoit, au dénouement du contrat, dans la limite de 20 % de la valeur de rachat.

Remarque - Une sortie anticipée est autorisée dans les cas suivants :

- *expiration des droits au chômage à la suite d'un licenciement,*
- *pour les personnes ayant exercé des fonctions d'administrateur, de membre du directoire ou de membre du conseil de surveillance et qui n'ont pas liquidé leur pension dans un régime obligatoire d'assurance vieillesse, le fait de ne pas être titulaire d'un contrat de travail ou d'un mandat social depuis 2 ans au moins depuis le non-renouvellement de leur mandat social ou leur révocation,*
- *cessation d'une activité non salariée constatée par un jugement de liquidation judiciaire ainsi que toute situation justifiant le rachat du PERP selon le président du tribunal de commerce auprès duquel est instituée une procédure de conciliation,*
- *invalidité de 2e ou 3e catégorie,*
- *décès du conjoint ou du partenaire lié par un PACS,*
- *situation de surendettement de l'assuré,*
- *PERP dont la valeur de rachat est inférieure à 2 000 € et non alimenté depuis au moins 4 ans (ou souscrit depuis au moins 4 ans si le contrat ne prévoit pas de versements réguliers), sous condition de ressources.*

10. Garanties complémentaires

Le contrat peut prévoir des garanties complémentaires en cas de décès de l'adhérent avant ou après la mise en service de la rente viagère :

- versement d'une rente viagère à un bénéficiaire désigné ou, à défaut, à son conjoint,
  ou versement d'une rente temporaire d'éducation à ses enfants mineurs.

Le contrat peut également prévoir le versement d'une rente, en cas d'invalidité de l'adhérent survenue après son adhésion, à son profit exclusif.

Remarque - Les prestations versées à titre de garanties complémentaires ne peuvent en aucun cas excéder celles auxquelles l'adhérent aurait pu prétendre en cas de vie et en l'absence d'invalidité.

11. Transfert

Depuis le 01.10.2020, possible seulement vers un PER relevant de la "loi PACTE" **[24 § 3][90]**. Le contrat doit indiquer les valeurs de transfert pour les 8 premières années au moins.

› FISCAL

Les versements sont déductibles du revenu global, dans une certaine limite, qui s'apprécie au niveau de chaque membre du foyer fiscal.

Les membres d'un couple marié ou pacsé soumis à imposition commune peuvent déduire les primes dans une limite annuelle égale au total des montants déductibles pour chaque membre.

Limite globale de déduction des cotisations (1)
Pour l'année N et pour chaque membre du foyer fiscal, selon ce qui est le plus favorable : • 10 % × revenus nets professionnels N – 1 plafonnés à 8 P (N – 1) **(2)**, • ou 10 % × P (N – 1) **(2)**. Soit, pour les versements effectués en 2024, un plafond de déduction égal à 35 194 € (ou 4 399 €).

(1) Plafond incluant aussi les cotisations à d'autres formules d'épargne retraite (PRÉFON, Madelin, PER individuels, "article 83"...).
(2) P = plafond annuel de la sécurité sociale en 2023, soit 43 992 €.

La rente viagère versée à l'échéance est imposable à l'IR au titre des pensions et retraites **[104 § 1]**. ■

SOLUTIONS COMPLÉMENTAIRES

90. Plan d'épargne retraite individuel (PERI)

Institué par la "loi PACTE" (plan d'action pour la croissance et la transformation des entreprises) du 22.05.2019, le plan d'épargne retraite individuel est une solution d'épargne retraite facultative ouverte à tous.

CADRE GÉNÉRAL

1. Principe

Le plan d'épargne retraite individuel a pour objectif principal de fournir un complément de retraite délivré sous forme de capital ou de rente viagère.

Remarque - Lorsqu'il donne lieu à l'adhésion à un contrat d'assurance, le PER individuel peut comporter des garanties complémentaires en matière de prévoyance (décès, invalidité, perte d'autonomie). Le PER individuel peut aussi inclure en faveur des seules personnes exerçant une activité non salariée des garanties prévoyant le versement de prestations en cas d'incapacité et d'invalidité, différentes des garanties évoquées précédemment, et en cas de perte d'emploi.

2. Modalités d'ouverture

La souscription d'un plan d'épargne retraite individuel donne lieu :

- soit à <u>l'ouverture d'un compte-titres</u>, auquel peut être associé un compte en espèces, lorsqu'il est souscrit dans un établissement de crédit ou une entreprise d'investissement,
- soit à <u>l'adhésion à un contrat d'assurance de groupe</u>, lorsqu'il est souscrit auprès d'une entreprise d'assurance, d'une mutuelle ou d'une institution de prévoyance.

La souscription est libre, individuelle et ouverte à tous, quelle que soit la catégorie socioprofessionnelle (salarié ou indépendant) ou la situation personnelle.

Remarque - Depuis le 01.01.2024, la souscription d'un PER par un jeune âgé de moins de 18 ans est interdite. Les PER détenus par des mineurs avant cette date ne peuvent plus recevoir de versements volontaires jusqu'à leur majorité.

3. Versements

Le PER individuel est alimenté par les versements volontaires du titulaire effectués en numéraire.

Les montants des versements et le rythme des versements sont fixés par contrat.

4. Gestion à horizon de l'épargne

Quel que soit le contexte de souscription, les versements du titulaire sont affectés, par principe, selon une allocation de l'épargne permettant de réduire progressivement les risques financiers au fur et à mesure que l'échéance envisagée du plan se rapproche – en principe, l'âge de liquidation des droits à la retraite –, sauf décision contraire et expresse du titulaire.

Dans le cadre de cette gestion à horizon, le titulaire du plan peut :

- modifier à tout moment l'échéance escomptée,
- demander à ne pas respecter le rythme minimal de sécurisation de l'épargne.

5. Transfert de plan

Les droits individuels en cours de constitution sur un PER individuel sont transférables vers tout autre plan d'épargne retraite relevant de la "loi PACTE".

Le transfert des droits n'entraîne pas de modification des conditions de leur rachat ou de leur liquidation [§ 7].

Les <u>frais de transfert</u> ne peuvent excéder 1 % des droits acquis et sont nuls :

- à l'issue d'une période de 5 ans à compter du premier versement dans le plan,
- ou lorsque le transfert intervient après la date d'échéance escomptée du plan.

6. Déblocage anticipé

Le décès entraîne de fait la clôture du PERI.

Le déblocage anticipé des droits constitués dans le PER individuel est aussi autorisé dans les cas suivants :

- décès du conjoint du titulaire ou de son partenaire lié par un PACS,

- invalidité de 2e ou 3e catégorie du titulaire, de ses enfants, de son conjoint ou de son partenaire lié par un PACS,
- surendettement,
- expiration des droits du titulaire à l'assurance chômage (ou absence de contrat de travail pour un ancien administrateur, membre du directoire ou membre du conseil de surveillance d'une entreprise dépourvu de mandat depuis au moins 2 ans),
- cessation d'activité non salariée à la suite d'un jugement de liquidation judiciaire (ou situation assimilée),
- acquisition de la résidence principale (à l'exception, le cas échéant, de droits figurant sur le plan relevant de versements obligatoires).

7. Sortie à l'échéance

La liquidation des droits intervient à une date choisie par le titulaire du plan et, au plus tôt, lors de la liquidation de sa pension dans un régime obligatoire d'assurance vieillesse ou de l'âge légal de la retraite.

Les droits correspondant aux versements volontaires peuvent, au choix du titulaire, être délivrés sous la forme :
- d'une rente viagère,
- ou d'un capital, libéré en une fois ou de manière fractionnée.

Dès l'ouverture du plan, le titulaire peut toutefois opter, de manière expresse et irrévocable, pour la liquidation de tout ou partie de ses droits en rente viagère.

Le plan doit prévoir une option de réversion de la rente viagère au profit d'un bénéficiaire en cas de décès du titulaire.

› FISCAL

Versements effectués sur le PER déductibles selon les limites également applicables :
- aux PERP, lorsque l'investissement est effectué à titre privé,
- ou aux contrats Madelin **[100 § 2]**, lorsque l'investissement est réalisé par un indépendant dans le cadre de son activité professionnelle.

Possibilité de renoncer à la déductibilité des versements volontaires afin d'atténuer en contrepartie la fiscalité à la sortie ; l'option doit être exercée lors du versement et elle est irrévocable.

Rente viagère imposable à l'IR (+ prélèvements sociaux) :
- au titre des pensions et retraites (après abattement de 10 %) si les versements ont été déduits **[104 § 1]**,
- au titre des rentes viagères à titre onéreux (fraction imposable selon l'âge du titulaire de la rente **[92]**), si les versements n'ont pas été déduits.

Sortie sous forme de capital :
- part correspondant aux versements : IR au titre des pensions et retraites (+ prélèvements sociaux) **[104 § 1]**, sans application de l'abattement de 10 % si versements déduits ; exonération si versements non déduits,
- part correspondant aux produits accumulés durant l'épargne : PFU + prélèvements sociaux (taux global de 30 %), sauf option pour le barème de l'IR.

Les parts de droits rachetées par anticipation pour un des motifs d'accident de la vie sont exonérées.

EXEMPLES DE PER

8. PER Médicis

Le PER Médicis, proposé par Médicis Mutuelle, est conçu pour les professionnels indépendants. Il est spécifiquement dédié aux indépendants : commerçants, artisans et autres entrepreneurs.

L'adhérent a le choix entre 3 options, composées chacune de 10 classes de cotisations **[tableau]**. Chaque année, la classe de cotisations peut être librement changée par l'intéressé.

Frais sur versements : 1,50 %, 1,75 % ou 2 %, selon l'option choisie.

Classes proposées	Option "Médicis première" (1) (2)	Option "Médicis croissance" (1) (3)	Option "Médicis plénitude" (1) (4)
Classe A	448 €	1 493 €	2 240 €
Classe B	597 €	2 987 €	4 480 €
Classe C	747 €	4 480 €	6 720 €
Classe D	1 120 €	5 972 €	8 958 €
Classe E	1 493 €	7 465 €	11 200 €
Classe F	1 867 €	8 958 €	13 437 €
Classe G	2 240 €	10 451 €	15 680 €
Classe H	2 987 €	11 944 €	17 920 €
Classe I	3 733 €	13 437 €	20 160 €
Classe J	4 480 €	14 930 €	22 400 €

(1) Montant des cotisations en 2024.
(2) Ouvrant droit de 72 à 1 103 points, selon l'âge.
(3) Ouvrant droit de 239 à 3 686 points, selon l'âge.
(4) Ouvrant droit de 360 à 5 545 points, selon l'âge.

Le plan est normalement dénoué à 67 ans, ou avant cet âge mais avec une minoration (1,10 % par trimestre anticipé), sous réserve de liquider ses droits auprès des régimes obligatoires et de cesser son activité.

Le montant de la rente est fonction du nombre de points acquis par le biais des cotisations.

Montant de la rente
Nombre de points × **0,26312 € (1)**.

(1) Valeur de service du point au 01.01.2024.

Une pension de réversion est accordée à un bénéficiaire désigné, calculée sur la base de 60 % des points acquis par l'adhérent décédé.

9. PER Garance Sérénité

Le PER Garance Sérénité, spécifiquement conçu pour les artisans, est proposé par Garance Mutuelle.

Le contrat fonctionne par points.

Le souscripteur a le choix de la périodicité de ses versements programmés, auxquels il peut ajouter des versements libres.

Versement initial
300 €.
Versements programmés
50 € par mois, 150 € par trimestre ou 300 € par semestre.

Versements libres
300 € au minimum.

Le plan bénéficie de garanties spécifiques en matière de prévoyance : option d'exonération des cotisations en cas d'incapacité ou d'invalidité, et option de "bonne fin des cotisations" en cas de décès.

Réversion possible en cas de décès, au taux de 30 %, 60 %, 80 % ou 100 %.

10. PRÉFON-Retraite

Créé en 1968, le contrat PRÉFON-Retraite s'adresse principalement aux agents de la fonction publique. Il a été mis en conformité avec les dispositions de la "loi PACTE" sur les plans d'épargne retraite (PER).

Peuvent s'y affilier, jusqu'à 70 ans, qu'ils soient titulaires ou non :

- tous les agents (personnels civils et militaires) de l'État, des collectivités locales et des établissements publics à caractère administratif, industriel et commercial,
- les anciens agents, fonctionnaires hors cadre ou détachés,
- les conjoints d'affiliés (inclus veufs et veuves de fonctionnaires ou assimilés)

Choix entre 17 classes de cotisation **[tableau]**.

La liquidation des droits acquis :

- intervient normalement au moment de la liquidation des droits à la retraite obligatoire,
- est impossible avant 50 ans et après un âge limite propre à chaque affilié,

- entraîne l'application d'un coefficient réducteur lorsqu'elle est opérée entre 50 et 59 ans.

Le montant de la retraite complémentaire est directement fonction du nombre de points acquis par cotisations **[tableau]**.

Possibilités de rachat.

Réversion au taux de 60 % par principe (aménagements possibles).

Retraite complémentaire PRÉFON		
Cotisations pour 2024		**Mode d'acquisition des points**
Classe 01 (de base)	252 €	**Cotisation annuelle / 1,8706 € (1)**
Classe 03	504 €	× **coefficient selon l'âge** de l'affilié
Classe 05	756 €	au moment du versement.
Classe 06	1 008 €	**Exemples de coefficients** :
Classe 07	1 260 €	• 1,000 à 18 ans
Classe 08	1 512 €	• 0,960 à 20 ans
Classe 09	2 016 €	• 0,890 à 25 ans
Classe 10	2 520 €	• 0,840 à 30 ans
Classe 12	3 024 €	• 0,790 à 35 ans
Classe 15	3 780 €	• 0,740 à 40 ans
Classe 18	4 536 €	• 0,715 à 45 ans
Classe 24	6 048 €	• 0,710 à 50 ans
Classe 30	7 560 €	• 0,700 à 60 ans
Classe 45	11 340 €	• 0,681 à 65 ans
Classe 60	15 120 €	• 0,646 à 69 ans
Classe 80	20 160 €	
Classe 100	25 200 €	
Calcul de l'allocation		
Nombre de points × **0,0979 € (2)** × **coefficient selon l'âge** de l'affilié au moment de la liquidation. Coefficients (exemples) : 0,80 à 55 ans, 0,84 à 56 ans, 0,87 à 57 ans, 0,91 à 58 ans, 0,95 à 59 ans, 1,00 à 60 ans, 1,01 à 61 ans, 1,03 à 62 ans, 1,04 à 63 ans, 1,06 à 64 ans, 1,08 à 65 ans, 1,11 à 66 ans, 1,15 à 67 ans, 1,20 à 68 ans, 1,27 à 69 ans, 1,34 à 70 ans.		

(1) Prix d'acquisition du point de retraite au 01.01.2024.
(2) Valeur du service du point de retraite au 01.01.2024.

Remarque - D'autres PER sont proposés aux agents de la fonction publique, notamment le complément de retraite mutualiste (COREM) géré par l'Union mutualiste retraite (UMR) ou, plus spécifiquement, le complément de retraite des hospitaliers (CRH).

11. CAPIMED (CARMF)

Proposé par la CARMF, le contrat CAPIMED permet aux médecins qui le souhaitent de se constituer un complément de retraite.

L'adhésion peut intervenir à tout moment jusqu'à l'âge de 70 ans.

L'adhérent a le choix entre 10 classes de cotisations, avec 2 options pour chacune **[tableau]**.

Rachat possible (cotisation de rachat égale à la cotisation annuelle).

Cotisations en 2024			Mode d'acquisition des points (1)
Classes	**Option A**	**Option B**	
Classe 1	1 514 €	3 028 €	Montant de la cotisation / **22,26 €** (3) × coefficient d'âge (2).
Classe 2	3 028 €	6 056 €	
Classe 3	4 542 €	9 084 €	
Classe 4	6 056 €	12 112 €	
Classe 5	7 570 €	15 140 €	
Classe 6	9 084 €	18 168 €	
Classe 7	10 598 €	21 196 €	
Classe 8	12 112 €	24 224 €	
Classe 9	13 626 €	27 252 €	
Classe 10	15 140 €	30 280 €	

(1) Une déduction de 2,5 % pour frais sur versements est effectuée.
(2) Variant, selon l'âge de affilié au moment du versement, entre 0,70 jusqu'à 30 ans et 0,42 pour un cotisant âgé de 66 à 70 ans.
(3) Valeur d'acquisition du point en 2024.

Le versement des prestations est possible à partir de 62 ans, sous forme d'une rente viagère ou d'un capital, ou par anticipation, à partir de 60 ans, moyennant l'application d'une minoration **[tableau]**.

Calcul de l'allocation
Nombre de points × **2,1462 €** (1) × **coefficient d'âge** (2).

(1) Valeur de service du point en 2024.
(2) 0,92 à 60 ans, 0,96 à 61 ans, 1 à 62 ans, 1,04 à 63 ans, 1,09 à 64 ans, 1,14 à 65 ans, 1,19 à 66 ans, 1,24 à 67 ans, 1,29 à 68 ans, 1,36 à 69 ans, 1,43 à partir de 70 ans.

Réversion au profit de la personne de son choix :
- au taux de 60 % ou 100 %,
- avec application d'un coefficient minorateur fonction de la différence d'âge entre l'assuré et le bénéficiaire de la réversion. ■

91. Contrats "loi Madelin" et assimilés

Ces contrats d'assurance de groupe permettent aux indépendants non agricoles de se constituer un complément de retraite et/ou de bénéficier de garanties de prévoyance complémentaires. Les cotisations sont déductibles des revenus professionnels, dans certaines limites. En matière d'épargne retraite, il n'est plus possible de souscrire un contrat Madelin depuis le 01.10.2020. Les règles de fonctionnement des contrats souscrits avant cette date demeurent inchangées, sauf en cas de transformation en PER individuel [90].

CADRE GÉNÉRAL

1. Personnes concernées

Il s'agit des indépendants non agricoles et de leur conjoint collaborateur.

Personnes pouvant adhérer
Personnes exerçant une activité professionnelle dont les résultats sont imposables aux BIC ou BNC : • membres des professions libérales, • commerçants et artisans, • gérants non salariés de sociétés de personnes, • gérants majoritaires des SARL ou SELARL (inclus associé unique d'EURL), • gérants commandités de SCA et SCS. Les **conjoints collaborateurs** de ces mêmes personnes.

Remarque - Les retraités ayant exercé une activité non salariée non agricole peuvent adhérer, mais ne bénéficient pas du droit à déduction au titre des cotisations.

2. Prestations garanties

En principe est garanti le versement :

- de prestations de prévoyance complémentaire (maladie, maternité, incapacité de travail, invalidité, décès, dépendance) et chômage,
- et/ou d'une retraite complémentaire sous forme de rente viagère (sortie en capital interdite, sauf exception).

3. Principales conditions ouvrant droit à déduction

Les non-salariés doivent être à jour de leurs cotisations obligatoires d'assurance maladie et d'assurance vieillesse.

Les cotisations doivent être versées de façon régulière, sans que la périodicité des versements excède 1 an. Des versements exceptionnels, sous forme de prime unique, ne sont pas interdits.

Les garanties en matière de prévoyance santé doivent remplir les critères des "contrats responsables".

4. Possibilité de rachat

En matière d'épargne retraite, le contrat doit prévoir une faculté de rachat dans les cas suivants :

- le fait, pour un assuré qui a exercé des fonctions d'administrateur, de membre de directoire ou de membre de conseil de surveillance et n'a pas liquidé sa pension dans un régime obligatoire d'assurance vieillesse, de ne pas être titulaire d'un contrat de travail ou d'un mandat social depuis 2 ans au moins à compter du non-renouvellement de son mandat social ou de sa révocation,
- cessation d'activité non salariée de l'assuré à la suite d'un jugement de liquidation judiciaire ou toute situation justifiant ce rachat selon le président du tribunal de commerce auprès duquel est instituée une procédure de conciliation, qui en effectue la demande avec l'accord de l'assuré,
- invalidité de l'assuré correspondant au classement dans la 2e ou 3e catégorie,
- décès du conjoint ou du partenaire lié par un PACS,
- situation de surendettement de l'assuré.

5. Cas des exploitants agricoles

Des contrats d'assurance de groupe assimilés aux contrats "loi Madelin", appelés également "Madelin agricole", permettent aux non-salariés agricoles de se constituer, volontairement, une retraite complémentaire :

- pour eux-mêmes,
- et, le cas échéant, pour leur conjoint et les membres de la famille participant aux travaux agricoles et affiliés au régime de base des non-salariés agricoles.

Les cotisations versées au titre de ces contrats sont déductibles des bénéfices imposables :

- sous réserve de justifier du versement régulier des cotisations dues au titre du régime de base,
- à condition que les prestations soient versées sous forme de rente viagère exclusivement (et non d'un capital, en tout ou partie),
- et dans une certaine limite [**100**].

› FISCAL

Sur le régime fiscal :

- des cotisations [**100**],
- des prestations [**102**].

EXEMPLE DE CONTRAT MADELIN

6. PRAGA (PRAGA Assurances)

Conformément aux textes qui régissent leur statut, les agents généraux d'assurance en activité doivent adhérer aux contrats de prévoyance de PRAGA Assurances qui entrent dans le cadre de la "loi Madelin". PRAGA Assurances est une structure ad hoc administrée par AGEA (Fédération nationale des syndicats des agents généraux) et la CAVAMAC [**58**].

La cotisation en 2024 est calculée au taux global de 0,42 % sur les rémunérations brutes 2023 prises dans la limite de 570 340 €.

Le socle de base des prestations comprend l'adhésion à 3 contrats.

Santé PRAGA 100 % (complémentaire santé)	Rente de conjoint survivant (RCS)	Rente d'éducation (RD)
Remboursement des frais médicaux en complément de ceux effectués par l'assurance maladie de base, à hauteur de 100 % de la base de remboursement de la sécurité sociale, sauf exceptions.	60 % des points acquis par l'assuré décédé dans le régime de retraite complémentaire [58].	Rente servie aux enfants fiscalement à charge de l'agent jusqu'à l'âge de 21 ans (ou 25 ans en cas de poursuite d'études, ou s'il est handicapé) : 4 602 €, 9 201 € ou 13 802 €, selon l'âge de l'enfant au jour du décès en 2024. ■

92. Contrats d'assurance-vie

Un contrat d'assurance-vie a pour objet premier d'assurer, à une échéance donnée, le versement d'un capital ou d'une rente à une personne déterminée. Il peut être combiné avec un contrat d'assurance décès dans le cadre des contrats de type mixte.

1. Contrats en cas de vie (ou contrats vie "purs")

Contrats garantissant le versement d'un capital ou d'une rente si l'assuré est encore vivant au terme du contrat. Aucune prestation n'est versée en cas de décès.

Capital différé sans contre-assurance
Versement d'un capital : • à une date déterminée, • si l'assuré est vivant à cette date.
Rente viagère différée
Versement d'une rente : • au terme d'une période appelée "différé", • si l'assuré est toujours vivant.
Rente viagère immédiate
Versement d'une rente dès le versement d'une prime unique, appelée "capital constitutif de la rente".

2. Contrats combinant les garanties vie et décès

Contrats comprenant à la fois :

- une garantie en cas de vie,
- et une garantie en cas de décès.

Les contrats combinant ces deux types de garanties sont les plus fréquents. Ils ont pour double objectif l'épargne et la prévoyance. Les risques garantis sont exclusifs l'un de l'autre : pour un même contrat, les prestations prévues en cas de vie et en cas de décès ne peuvent donc pas se cumuler.

Le contrat de rente viagère différée avec contre-assurance constitue également un combiné vie et décès.

Capital différé contre-assuré – CDCA
Soit versement d'un capital : • à une date déterminée, • si l'assuré est vivant à cette date. Soit remboursement des primes versées ou de l'épargne au décès de l'assuré s'il survient avant une date déterminée.
Mixte
Versement d'un capital ou d'une rente : • ou bien à une date déterminée si l'assuré est toujours vivant, • ou bien au décès de l'assuré lorsqu'il survient avant cette date.
Combinée (variante mixte)
Comme la mixte, mais capital décès et capital vie ne sont pas égaux.
Terme fixe (variante mixte)
Versement des prestations, au terme du contrat, que l'assuré soit vivant ou décédé.

SOLUTIONS COMPLÉMENTAIRES

Vie entière
Versement d'un capital : • au décès de l'assuré, • quelle que soit la date à laquelle survient ce décès.
Vie entière à effet différé
Versement d'un capital ou d'une rente, au décès de l'assuré, si ce décès survient après une période déterminée.
Vie entière à effet différé contre-assuré
• Soit comme pour la vie entière à effet différé, • soit remboursement des primes versées au décès de l'assuré s'il survient après le différé.

3. Garanties complémentaires

Une assurance-vie "placement" peut être complétée par des garanties supplémentaires couvrant les risques :

- invalidité [83],
- incapacité [83],
- dépendance [86],
- décès accidentel [87].

› FISCAL

Réduction annuelle d'IR

Au titre des primes versées sur un contrat rente-survie ou épargne-handicap dans une certaine limite.

Réduction d'IR = 25 % × prime (1)
Plafond de la prime pour les contrats rente-survie et épargne-handicap : • 1 525 € par an et foyer fiscal, • + 300 € par personne à charge.

(1) La totalité des primes versées est prise en compte, qu'il s'agisse d'un contrat épargne-handicap ou d'un contrat rente-survie.

Fiscalité du profit

Sauf cas d'exonération, les gains réalisés en cas de vie lors d'un dénouement ou d'un rachat partiel sont imposables à l'IR.

Calcul du profit (P)	
Rachat total	P = valeur rachat total – primes versées.
Rachat partiel	P = rachat partiel – [primes versées × (rachat partiel / valeur rachat total)].

L'imposition du profit variant selon la date de versement des primes auxquelles se rattache le profit.

SOLUTIONS COMPLÉMENTAIRES

Durée de vie du contrat	Régime d'imposition des profits résultant de primes versées depuis le 27.09.2017 (1)
Au moins 8 ans	Encours < 150 000 € : • application d'un abattement de 4 600 € (personne seule) ou 9 200 € (couple) (2), • PFU (3) de 7,5 % ou, sur option, barème progressif de l'IR (4).
	Encours ≥ 150 000 € : • application d'un abattement de 4 600 € (personne seule) ou 9 200 € (couple) (2), • PFU (3) de 7,5 % sur la fraction inférieure à 150 000 €, puis 12,8 % sur la fraction au-delà de ce seuil (4), • ou, sur option, barème progressif de l'IR.
Entre 4 et 8 ans Moins de 4 ans	PFU de 12,8 % ou, sur option, barème progressif de l'IR.
Durée de vie du contrat	**Régime d'imposition des profits résultant de primes versées avant le 27.09.2017 (1)**
Au moins 8 ans	• Application d'un abattement de 4 600 € (personne seule) ou 9 200 € (couple) (2). • Barème progressif de l'IR ou option pour PFL (5) de 7,5 % (6).
Entre 4 et 8 ans	Barème progressif ou option pour PFL de 15 % (6).
Moins de 4 ans	Barème progressif ou option pour PFL de 35 % (6).

(1) Hors prélèvement sociaux.
(2) Le cas échéant, l'abattement s'applique en priorité sur les produits attachés aux primes versées avant le 27.09.20219, puis sur ceux attachés aux primes versées depuis cette date, sur ceux imposables au taux de 7,5 %, puis sur ceux taxables au taux de 12,8 %.
(3) Prélèvement forfaitaire unique.
(4) En pratique, le profit fait l'objet d'un prélèvement forfaitaire non libératoire (PFNL) de 7,5 % l'année de perception, puis du PFU l'année d'imposition définitive (restitution en cas d'excédent). Dispense d'accompte (PFNL) possible pour les personnes dont le revenu fiscal de référence est inférieur à 25 000 € (personne seule) ou 50 000 € (couple soumis à imposition commune) : à formuler au plus tard lors de l'encaissement des revenus.
(5) Prélèvement forfaitaire libératoire.
(6) En pratique, le profit soit fait l'objet, sur option, d'un prélèvement forfaitaire libératoire de 7,5 %, 15 %, 35 %, selon l'ancienneté du contrat, l'année de perception, soit est soumis au barème de l'IR l'année d'imposition définitive.

Exonération du profit tiré des contrats :

- dénoués par le versement d'une rente viagère ou après licenciement, retraite anticipée ou invalidité du bénéficiaire ou de son conjoint,
- souscrits avant 1983, mais uniquement les produits se rapportant à des primes versées avant le 10.10.2019,
- de + de 8 ans pour les produits acquis ou constatés jusqu'au 31.12.1997, ou après cette date s'ils se rattachent à des primes versées jusqu'au 25.09.1997,
- de + de 8 ans, pour la fraction des produits rattachée à des primes périodiques, versements programmés ou autres versements n'excédant pas 200 000 F (30 489,80 €) à l'époque effectués entre le 26.09.1997 et le 31.12.1997,
- "DSK" (OPCVM investis en actions françaises ou européennes) de + de 8 ans, souscrits jusqu'en 2004,
- "NSK" (OPCVM investis en actions françaises ou européennes) de + de 8 ans, souscrits jusqu'en 2013.

Exonérés ou non d'IR, les produits en cas de vie sont soumis aux prélèvements sociaux, exigibles :

- en cours de contrat, dès leur inscription en compte, pour les produits des contrats monosupports intégralement libellés en euros et, depuis le 01.07.2011, les produits du compartiment euros des contrats multisupports,

- lors du dénouement ou des rachats partiels, pour les autres produits des contrats multisupports (dans ce cas, sauf exception, les prélèvements sociaux sont calculés au taux applicable à la date du rachat ou du dénouement du contrat, soit actuellement 17,2 %),
- lors de l'atteinte de la garantie, pour les produits des fonds investis en parts de provisions de diversification, pour lesquels un capital ou une rente est garanti à une échéance fixée au contrat.

Fiscalité des rentes viagères

Les arrérages de rentes viagères à titre onéreux sont imposables à l'IR, par application du barème progressif pour une fraction de leur montant. S'y ajoutent 17,2 % de prélèvements sociaux.

Âge du crédirentier	Fraction de rente imposable (1)
Jusqu'à 49 ans	70 %
De 50 à 59 ans	50 %
De 60 à 69 ans	40 %
Dès 70 ans	30 %

(1) Déterminée de façon définitive, selon l'âge du crédirentier lors de l'entrée en jouissance de la rente.

Fiscalité en cas de décès

Sont totalement exonérées de droits de succession et de prélèvement forfaitaire les sommes (ou valeurs) versées au conjoint, partenaire pacsé et, sous certaines conditions, aux frères et sœurs.

En l'absence de bénéficiaire déterminé, les sommes ou valeurs versées au décès de l'assuré sont imposables aux droits de succession, dans les conditions habituelles.

En présence de bénéficiaire déterminé : deux régimes d'imposition coexistent : droits de succession et prélèvement spécifique **[tableau]**.

<table>
<tr><th colspan="3">Fiscalité des prestations versées en cas de décès</th></tr>
<tr><th rowspan="2">Contrat souscrit…</th><th colspan="2">Primes versées…</th></tr>
<tr><th>avant le 13.10.1998</th><th>depuis le 13.10.1998</th></tr>
<tr><td rowspan="2">depuis le 20.11.1991</td><td colspan="2">Droits de succession (1) : imposition sur la fraction des primes versées après les 70 ans de l'assuré > 30 500 €.</td></tr>
<tr><td>Prélèvement spécifique : exonération totale.</td><td>Prélèvement spécifique (1) : imposition sur la part de chaque bénéficiaire :
• après abattement de 20 % pour les contrats "vie-génération", puis abattement de 152 500 € pour tous les contrats,
• au taux de 20 % jusqu'à 700 000 € et 31,25 % au-delà.</td></tr>
<tr><td>avant le 20.11.1991</td><td>Droits de succession et prélèvement spécifique : exonération totale (2).</td><td>Droits de succession : exonération totale (2).
Prélèvement spécifique (1) : comme pour les contrats souscrits depuis le 20.11.1991 (ci-dessus).</td></tr>
</table>

(1) Sous réserve de l'exonération totale de droits de succession et de prélèvement spécifique dont bénéficie le conjoint ou partenaire pacsé et, sous certaines conditions, les frères et sœurs

(2) Cependant contrat assimilé à un contrat souscrit depuis le 20.11.1991 si des modifications essentielles ont été apportées, depuis cette date, de nature à changer l'économie du contrat.

L'assiette du prélèvement spécifique est normalement constituée :

- par la valeur de rachat au jour du décès (du versement pour les contrats à terme fixe),
- et/ou les primes correspondant à la fraction non rachetable (prime annuelle ou prime unique pour les contrats non rachetables).

Usufruitier et nu-propriétaire sont imposables chacun aux droits de succession et au prélèvement forfaitaire, au prorata des prestations qui leur sont versées respectivement.

Les intérêts et produits des contrats d'assurance-vie dénoués par le décès de l'assuré sont soumis à 17,2 % de prélèvements sociaux s'ils n'y ont pas déjà été soumis du vivant de l'assuré. Sont concernés, quelle que soit leur date de souscription, l'ensemble des contrats en cours, à l'exception :

- des contrats épargne-handicap et de rente-survie,
- des contrats décès purs,
- des contrats Madelin et assimilés et contrats retraite complémentaire articles 83 et 39. ■

93. Contrat (ou bon) de capitalisation

Les contrats de capitalisation fonctionnent comme un contrat d'assurance-vie, mais ne prennent en compte aucun risque lié à la durée de la vie humaine. En outre, leur régime fiscal diffère sur plusieurs points.

1. Fonctionnement

Le contrat est souscrit, pour une durée déterminée, auprès d'une société de capitalisation. Il prévoit :

- moyennant paiement d'une prime unique ou encore de versements programmés,
- le versement au bénéficiaire d'un capital, au terme du contrat, ou plus tôt en cas de tirage au sort.

Remarque - La pratique du tirage au sort est aujourd'hui tombée en désuétude. Si le contrat comporte cette possibilité, le tirage au sort désigne les bons remboursés par anticipation et entraîne immédiatement le versement du capital garanti prévu à l'échéance.

Ces contrats sont soumis quasiment aux mêmes règles que les contrats d'assurance-vie.

Ils peuvent être rachetés ou remboursés à tout moment (montant annuel indiqué au dos de chacun).

2. Forme

Les contrats de capitalisation se présentent sous la forme de titres nominatifs, le bénéficiaire étant souvent le souscripteur (à la souscription, le souscripteur peut désigner nominativement un tiers comme bénéficiaire, sans possibilité de modifier son choix ultérieurement : ce bénéficiaire pourra se présenter au remboursement du bon s'il est en sa possession et bénéficier du régime fiscal des bons nominatifs).

3. Perte ou vol

Le propriétaire doit en aviser la société émettrice, par lettre recommandée avec accusé de réception, en précisant les numéros des bons.

› FISCAL

Versements : pas de réduction d'IR.

Profit (cas général) : régime de l'assurance-vie [92].

Imposition du gain en cas de tirage au sort :

- gain imposable égal à : (montant du capital dû normalement à la date du tirage au sort) – (montant cumulé des primes),
- exonération de l'excédent de gain procuré par le tirage au sort.

Droits de succession : imposition selon le droit commun. ■

94. Assurance chômage des dirigeants

Seuls les salariés (ou les chefs d'entreprise ayant la qualité de salarié) bénéficient d'une protection contre la perte d'emploi. Les non-salariés peuvent toutefois demander, sous certaines conditions, l'attribution d'une allocation spécifique en cas de cessation d'activité [52]. Ils peuvent aussi souscrire des assurances volontaires contre ce type de risque.

1. Principe

Les dirigeants exclus du régime de l'Unédic, c'est-à-dire les indépendants (artisans, commerçants, professions libérales et exploitants agricoles) et certains dirigeants de société peuvent :

- se protéger contre le risque de perte d'emploi,
- en s'affiliant à une assurance chômage volontaire des chefs d'entreprise.

Ces assurances sont proposees par les compagnies d'assurances :

- dans le cadre de contrats classiques,
- élaborés en collaboration avec des associations patronales.

2. Principaux contrats

En concurrence avec des solutions proposées par certains assureurs, deux contrats d'assurance, initiés par des organisations patronales, sont proposés en ce domaine depuis plusieurs années :

- le régime de garantie sociale des chefs d'entreprise (ou GSC), institué par le MEDEF et la CGPME,
- et le régime d'assurance chômage des chefs d'entreprise créé par le patronat indépendant (ou APPI).

› FISCAL

Fiscalité des cotisations

Dirigeant salarié : les cotisations s'ajoutent au salaire imposable dès lors qu'elles sont prises en charge par la société (pour l'entreprise, cotisations déductibles du bénéfice imposable).

Dirigeant non salarié : cotisations déductibles du bénéfice imposable, sous certaines conditions et dans une certaine limite **[100 § 2]**.

Fiscalité des prestations

Dirigeant salarié : allocations non imposables.

Dirigeant non salarié : allocations imposables à l'IR. ■

95. Contrats "article 83" et PERO

Mis en place dans le cadre de l'entreprise, les contrats "article 83", par référence à l'article 83 du CGI, sont des contrats collectifs de prévoyance et de retraite complémentaire à adhésion obligatoire pour le salarié. En matière de retraite, les PER d'entreprise obligatoire (ou PERO) ouverts depuis le 01.10.2020 doivent être conformes aux dispositions de la "loi PACTE" [80].

1. Personnes concernées

Pour bénéficier des dispositions de l'article 83 du CGI, les contrats et plans doivent être mis en place au profit de tous les salariés, ou d'une ou de plusieurs catégories d'entre eux. L'adhésion du salarié est obligatoire.

Remarque - Peuvent toutefois demander à être dispensés de l'obligation de s'affilier au régime de frais de santé mis en place par leur entreprise, notamment :

- *les salariés couverts par un autre contrat collectif obligatoire en tant qu'ayants droit,*
- *et les titulaires d'un contrat à durée déterminée ou de mission justifiant d'une couverture complémentaire souscrite par ailleurs.*

2. Prestations de prévoyance

Les contrats "article 83" peuvent garantir des prestations de prévoyance complémentaire : maladie, maternité, décès, invalidité, incapacité de travail, dépendance.

C'est dans ce cadre juridique et fiscal que tous les salariés doivent aujourd'hui bénéficier, pour le remboursement de

SOLUTIONS COMPLÉMENTAIRES

leurs frais de santé, d'une couverture collective obligatoire minimale :

- en application d'un accord de branche, d'entreprise ou d'une décision unilatérale de l'employeur,
- et financée par l'employeur à hauteur de 50 % au moins, même si les garanties prévues dans l'accord sont supérieures au niveau minimal de couverture.

Les garanties doivent couvrir au minimum :

- l'intégralité du ticket modérateur à la charge des assurés sur les consultations, actes et prestations remboursables par l'assurance maladie obligatoire,
- le forfait journalier hospitalier,
- les frais et dépenses d'acquisition d'équipement composant le panier dit "100 % santé" en matière de soins dentaires et optiques et d'aides auditives,
- les dépenses de frais dentaires à hauteur de 125 % du tarif de la sécurité sociale (hors panier "100 % santé"),
- ainsi que les dépenses de frais d'optique (hors panier "100 % santé", de manière forfaitaire par période de 2 ans, pour un équipement composé de 2 verres et d'une monture, à hauteur de 100 € minimum pour les corrections simples, 150 € minimum pour une correction mixte simple et complexe et 200 € minimum pour les corrections complexes (la prise en charge dans la limite de ce forfait demeure toutefois annuelle pour les mineurs ou en cas de renouvellement justifié par une évolution de la vue).

S'agissant des autres prestations de prévoyance :

- la garantie décès prend généralement la forme du paiement d'un capital aux bénéficiaires désignés par le salarié, auquel peut venir s'ajouter le versement d'une rente de conjoint et/ou d'une rente d'éducation ou d'orphelin au profit des enfants à charge du salarié ;
- la garantie de l'invalidité absolue et définitive (IAD) est presque toujours associée à celle du décès : le salarié victime d'une IAD perçoit un capital égal à celui qui aurait été dû en cas de décès ;
- la couverture du risque incapacité de travail comprend l'indemnisation :
  - de l'incapacité temporaire totale ; elle prend normalement la forme du versement d'une indemnité journalière (parfois avec un délai de carence), mais peut consister en un capital pour tenir compte des spécificités de certaines professions ;
  - de l'incapacité permanente, totale ou partielle – correspondant à l'invalidité ouvrant droit à pension de la sécurité sociale – qui est compensée par une rente, sauf adaptations, ici aussi, à certaines spécificités professionnelles.

Remarque - Le salarié dont le contrat de travail est rompu bénéficie, en principe, d'un maintien gratuit des garanties pendant une durée de 12 mois, s'agissant des frais de santé, et sans limitation de durée lorsqu'il est atteint d'une incapacité ou en situation d'invalidité.

3. Prestations de retraite

En matière de retraite, les prestations sont versées obligatoirement sous forme de rente viagère au moment du départ à la retraite. Le montant de la retraite est déterminé en fonction du cumul des cotisations versées et capitalisées.

Remarque - Si le salarié quitte la société avant son départ à la retraite, il conserve les droits acquis.

La rente viagère peut être réversible au profit du conjoint survivant ou des enfants, s'agissant des contrats "ancienne génération". Concernant le PERO (ou PER d'entreprise obligatoire), le contrat doit expressément prévoir une option de réversion. Le taux de réversion est fixé par le contrat.

Le rachat d'années antérieures est possible, dans certaines limites, notamment lorsque les salariés sont entrés dans l'entreprise avant la mise en place effective du régime.

Les cas de sortie anticipée sont :

- pour les PERO, communs à tous les plans d'épargne retraite relevant de la "loi PACTE" [**90 § 6**]. Seule exception : les droits correspondant aux versements obligatoires sur un PERO ne peuvent être rachetés pour l'acquisition de la résidence principale ;

- pour les contrats de retraite d'entreprise "article 83" d'ancienne génération, limités aux cas suivants :
  - expiration des droits de l'assuré aux allocations chômage,
  - invalidité de l'assuré correspondant au classement dans la 2e ou 3e catégorie,
  - décès du conjoint ou du partenaire lié par un PACS,
  - situation de surendettement de l'assuré.

S'agissant de la transférabilité du contrat :
- les PERO relevant de la "loi PACTE" sont, par principe, transférables dès lors que le salarié n'est plus tenu d'y adhérer, autrement dit lorsque le contrat de travail est rompu ;
- les contrats de retraite d'entreprise "article 83" d'ancienne génération doivent comporter une clause autorisant le salarié à transférer l'épargne constituée au sein du contrat en cas d'événement survenant au cours de sa vie professionnelle (notamment un licenciement ou un changement d'employeur) qui modifie ses liens avec l'employeur.

4. Gestion des cotisations
L'obligation de l'entreprise est limitée au paiement des cotisations.

En pratique, les cotisations sont toujours gérées par un organisme externe à l'entreprise.

En matière de retraite, les sommes versées par l'entreprise et, éventuellement, par le salarié s'accumulent sur des comptes individuels, ouverts auprès de l'organisme gestionnaire, qui génèrent des droits certains.

Remarque - Les contrats "article 83" sont souvent appelés "contrats à cotisations définies".

› FISCAL

Sur le régime fiscal :
- des cotisations [**100**],
- des prestations [**101**]. ■

96. Contrats "article 82"

Ces contrats de groupe dits "en sursalaire" entrent dans la catégorie des contrats "à cotisations définies".

1. Personnes concernées
Les contrats "article 82" sont le plus souvent souscrits au profit d'un nombre restreint de salariés. L'adhésion du salarié est facultative.

Ils garantissent des prestations de prévoyance et de retraite.

Ce type de contrat peut constituer un moyen de fidélisation des salariés.

2. Gestion des cotisations
Les cotisations sont gérées par un organisme externe à l'entreprise. Elles sont versées en totalité par l'entreprise, mais peuvent être complétées par les versements du salarié.

Les versements ainsi effectués s'accumulent sur des comptes individuels nominatifs.

Les cotisations sont considérées comme un élément du salaire, d'où l'appellation de "sursalaire".

3. Prestations garanties
Les prestations de prévoyance et de retraite complémentaire prévues au contrat sont généralement individualisées.

4. "Transférabilité" des sommes
Les contrats "article 82" doivent comporter une clause de transférabilité des sommes dans les conditions identiques à celles des contrats "article 83" [**95 § 3**].

› FISCAL

Sur le régime fiscal :
- des cotisations [**100**],
- des prestations [**101**]. ■

97. Contrats "article 39"

Ces contrats d'assurance de groupe également appelés "à prestations définies" sont souscrits par l'entreprise au profit de ses salariés. Ils garantissent un niveau de prestation déterminé à l'avance. La "loi PACTE" du 22.05.2019 a réformé le cadre juridique de ces contrats.

1. Personnes concernées
Les contrats "article 39" peuvent être mis en place pour l'ensemble des salariés de l'entreprise ou pour certains d'entre eux. Ils garantissent des prestations de retraite complémentaire exclusivement.

Remarque - Les entreprises peuvent être amenées à mettre en place ces formules d'épargne retraite en faveur de jeunes salariés qu'elles cherchent à fidéliser ou de cadres supérieurs ou des dirigeants proches de la retraite mais qui, faute d'avoir suffisamment cotisé, risquent d'avoir une baisse importante de leur niveau de vie lors de la cessation de leurs activités.

La mise en place de ce type de contrat est conditionnée au fait que l'ensemble des salariés bénéficient au moins d'un dispositif de retraite collectif, type PERECO [**98**].

Une durée de présence minimale dans l'entreprise et une condition de durée de cotisations minimale peuvent être prévues, la somme de ces deux durées ne pouvant excéder 3 ans.

L'employeur est tenu, vis-à-vis des salariés concernés, à une obligation de résultat. L'objectif de contrats "article 39" est avant tout de rapprocher au maximum les ressources du retraité du montant de son salaire en fin de carrière.

2. Types de contrats
Il en existe deux types :
- les régimes "chapeau" qui garantissent au bénéficiaire, lors de sa mise à la retraite, un niveau global de revenus qui inclut le régime de base et le ou les régimes complémentaires de retraite,
- et les régimes "additifs" qui garantissent un pourcentage fixe du dernier salaire, indépendamment des autres régimes de retraite.

Le contrat "article 39" ne peut plus aujourd'hui reposer sur un droit dit "aléatoire", qui lierait le versement des prestations à la condition que le salarié achève sa carrière au sein de l'entreprise. Ce type de clause est interdit pour les contrats mis en place à compter du 04.07.2019 (les régimes en vigueur à cette date ne peuvent plus accepter de nouveaux adhérents). Les droits demeurent maintenant acquis en cas de départ de l'entreprise.

En outre, d'autres exigences sont requises pour que les contrats "article 39" puissent bénéficier du nouveau régime social appliqué aux cotisations de l'employeur [**106 § 3**].

3. Gestion des cotisations
L'entreprise qui met en place ce type de contrat doit avoir recours à un organisme externe, le plus souvent une compagnie d'assurance, une institution de prévoyance, une mutuelle ou un fonds de retraite professionnelle supplémentaire.

Remarque - Avant 2010, l'entreprise pouvait gérer elle-même ses engagements et provisionner les sommes destinées au versement des retraites. La pratique, interdite aujourd'hui, peut encore exister de façon isolée pour d'anciens contrats.

Les sommes sont versées dans un fonds collectif de retraite et ouvrent droit à un régime fiscal de faveur.

4. Prestations garanties
Les prestations de retraite sont versées sous forme de rente aux salariés présents dans l'entreprise au moment de leur départ à la retraite.

5. Sécurisation des rentes
Un dispositif sécurise les droits des salariés à une retraite d'entreprise mise en place par l'employeur, en cas de faillite de l'entreprise.

À l'avenir, les entreprises concernées devront garantir les rentes futures qu'elle se sont engagées à verser à leurs salariés
- à hauteur d'au moins 50 % des droits

SOLUTIONS COMPLÉMENTAIRES

- et dans la limite de 1,5 fois le plafond annuel de la sécurité sociale (soit 69 552 € pour 2024) par salarié et par an.

Le dispositif est mis en œuvre progressivement. La proportion sécurisée des engagements doit augmenter selon le calendrier suivant :
- 10 % à compter de la clôture des comptes immédiatement postérieure au 01.01.2017,
- 20 % à compter du 01.01.2020,
- 40 % à compter du 01.01.2025,
- et 50 % à compter du 01.01.2030.

> **› FISCAL**
>
> Sur le régime fiscal des cotisations **[100]**. Sur le régime fiscal des prestations **[101]**. ■

98. PERECO et PERCO

Le PERECO et son aîné le PERCO sont deux solutions d'épargne permettant de se constituer un complément de retraite par capitalisation dans le cadre de l'entreprise. Seuls les PERECO peuvent aujourd'hui être mis en place au sein des entreprises. Les PERCO existant au 01.10.2020 peuvent continuer de fonctionner selon les règles antérieures et continuer d'accepter de nouveaux adhérents ou être transformés en PERECO. Pour l'essentiel, les différences entre les deux formules portent sur les modalités de versement, les facilités de transfert entre plans, les cas de déblocage anticipé des avoirs et les prestations à l'échéance.

1. Mise en place

Un PERECO, comme le PERCO auparavant, est mis en place à l'initiative de l'entreprise ou par accord collectif de travail, sous réserve de l'existence ou de la négociation simultanée d'un plan d'épargne salariale de plus courte durée : PEE (plan d'épargne entreprise), PEI (plan d'épargne interentreprises) ou PEG (plan d'épargne de groupe).

Pour le salarié, l'adhésion est facultative.

Remarque - En respectant les règles d'information, de consultation et de prise de décision normalement applicables en la matière, les entreprises ont la possibilité soit de transformer le PERCO qu'elles ont mis en place pour le rendre conforme aux dispositions de la "loi PACTE", soit de mettre en place un PERECO et d'y transférer collectivement les droits en cours de constitution de leurs salariés.

2. Alimentation du plan

Le PERECO, tout comme le PERCO, peut être alimenté par :
- des versements volontaires du bénéficiaire incluant tout ou partie des sommes perçues au titre de l'intéressement et celles perçues au titre de la participation, les sommes issues du compte épargne-temps (CET) si le règlement du CET le prévoit ou, à défaut, les droits correspondant à des jours de repos non pris (pour la valeur de l'indemnité de congés payés et dans la limite de 10 jours par an),
- l'abondement de l'entreprise, constitué par des versements complémentaires facultatifs (versements dit "d'amorçage", versements complémentaires, versements uniformes en faveur de l'ensemble des salariés même en l'absence de contribution de leur part, partage de plus-value de cession de titres cédés par un actionnaire) ou par la simple prise en charge des frais financiers des FCPE,
- des transferts de sommes détenues sur un autre plan d'épargne salariale.

L'entreprise a la possibilité de mettre en place un PERECO prévoyant des versements obligatoires des titulaires.

Remarque - Par défaut, la moitié de la participation dont le bénéficiaire n'a pas demandé le versement immédiat est affectée au PERCO/PERECO, s'il en a été mis un en place dans l'entreprise ; l'autre moitié est affectée dans les conditions prévues par l'accord de participation. Les modalités

SOLUTIONS COMPLÉMENTAIRES

de cette affectation par défaut doivent être prévues par le règlement du plan.

Les sommes issues de la participation affectées par défaut au PERCO et les versements des participants à ce plan pour lesquels ils n'auraient pas explicitement exprimé de choix sont par défaut affectés selon les modalités prévues pour la gestion sécurisée de l'épargne (mode de gestion applicable par principe dans tout PERECO).

Le montant des versements n'est pas plafonné dans le cas d'un PERECO. À l'inverse, il existe un plafond dans le cadre du PERCO.

Plafond annuel des versements
Versements du bénéficiaire (1) : Versements volontaires non plafonnés, s'agissant d'un PERECO ; 25 % de la rémunération annuelle brute (2) (3), s'agissant d'un PERCO. **Abondement de l'entreprise** (double limite annuelle par bénéficiaire) (4) : • le triple des versements du bénéficiaire, • et 16 % du plafond annuel de la sécurité sociale, soit 7 419 € en 2024 (5).

(1) Hors droits issus d'un CET et jours de repos non pris. Un montant minimal annuel de versements peut être prévu par le règlement du plan (160 € maximum).
(2) 25 % du plafond annuel de la sécurité sociale (soit 11 592 € au maximum pour 2024) pour le conjoint du chef d'entreprise et pour le salarié dont le contrat de travail est suspendu, n'ayant perçu aucune rémunération l'année précédente.
(3) Plafond fixé à 1 fois la rémunération annuelle lorsque le salarié dédie le versement effectué au rachat des titres de son entreprise.
(4) Abondement autorisé en l'absence de contribution du salarié lorsqu'il vise l'acquisition de titres émis par l'entreprise, sous réserve d'une attribution à l'ensemble des salariés.
(5) Le plafond pour le PERCO est distinct de celui applicable au PEE.

Comme pour tous les plans d'épargne salariale, la prise en charge des frais de tenue de compte est obligatoire pour l'entreprise, sauf exception dans le cas d'un ancien salarié.

Un ancien salarié peut continuer à effectuer des versements, s'il n'a pas accès à un PERCO/PERECO dans sa nouvelle entreprise. Ces versements ne bénéficient pas de l'abondement et les frais afférents à leur gestion sont à sa charge exclusive.

3. Valeurs éligibles

Les versements sont affectés exclusivement à l'acquisition de valeurs mobilières éligibles.

Valeurs mobilières éligibles
• Actions de SICAV. • Parts de FCPE diversifiés (1) (avec, obligatoirement, la possibilité d'investir dans des FCPE solidaires).

(1) Ne détenant pas plus de 10 % de titres de l'entreprise ou d'entreprises liées, ou encore de titres non cotés.

4. Transfert vers un PERECO ou un PERCO

Le transfert des sommes issues d'un PEE ou d'un PEI ou de la participation vers un PERCO ou un PERECO ne requiert aucune condition particulière, si cette possibilité est prévue dans l'accord de mise en place du plan. Les sommes transférées seront disponibles à la date de liquidation de la retraite.

Cependant, les droits individuels figurant sur un PERCO peuvent être transférés uniquement vers un PER individuel [90] ou un PER d'entreprise (PERECO ou PER obligatoire [95]).

5. Indisponibilité des avoirs

Les valeurs acquises dans le plan sont normalement indisponibles jusqu'à la retraite du bénéficiaire.

Par exception, un déblocage anticipé peut être autorisé pour l'un des motifs suivants :

- décès du bénéficiaire, ou de son conjoint ou partenaire pacsé,
- violences conjugales ayant entraîné la délivrance d'une ordonnance de protection au profit de l'intéressé ou ayant donné lieu à une décision judiciaire,
- expiration des droits à l'assurance chômage du bénéficiaire (s'agissant d'un PERECO, le motif inclut le fait pour un mandataire social de ne pas être titulaire d'un contrat de travail ou d'un mandat social depuis 2 ans au moins à compter du non-renouvellement de son mandat social ou de sa révocation),

SOLUTIONS COMPLÉMENTAIRES

- invalidité du bénéficiaire, ou de son conjoint ou partenaire pacsé ou de ses enfants,
- surendettement du bénéficiaire,
- affectation des sommes épargnées à l'acquisition de la résidence principale du bénéficiaire du plan ou à sa remise en état si elle a été endommagée à la suite d'une catastrophe naturelle, s'agissant du PERCO ; acquisition de la résidence principale (sauf droits relevant de versements obligatoires), s'agissant d'un PERECO.

› FISCAL

Bénéficiaire	**Abondement de l'employeur versé à un salarié (1)** : • exonéré d'IR dans la double limite annuelle de : - 3 fois les versements du bénéficiaire, - et, pour 2024, 7 419 € **(2)**, • imposable à l'IR au titre des traitements et salaires au-delà de ces limites, • et soumis à 8 % de prélèvements sociaux, sans abattement pour frais professionnels. **Produits tirés des placements réalisés dans le plan** : • exonérés d'IR à l'issue du délai d'indisponibilité ou en cas de déblocage anticipé autorisé et, dans tous les autres cas, imposables à l'IR au titre des revenus mobiliers ou des plus-values sur valeurs mobilières, • soumis à 17,2 % de prélèvements sociaux. **Rente viagère versée à la sortie d'un PERCO** : imposable à l'IR au titre des rentes viagères à titre onéreux **[92]** et soumise à 17,2 % de prélèvements sociaux. **Sortie d'un PERECO (3)** : rente viagère imposable à l'IR au titre des rentes viagères à titre onéreux **[92]** (pas de prélèvements sociaux sur la fraction soumise à l'IR) ; capital exonéré d'IR et de prélèvements sociaux.
Entreprise	**Abondement de l'employeur** : • déductible des résultats de l'entreprise et exonéré de taxes et participations contributives sur les salaires, dans la double limite annuelle de : - 3 fois les versements du bénéficiaire, - et, pour 2024, 7 419 € **(2)**, • et exonéré de taxe sur les salaires.

(1) L'abondement est imposable en tant que bénéfice professionnel (BIC ou BNC) lorsque le bénéficiaire est un mandataire social ou chef d'entreprise employant 100 salariés au plus.
(2) Soit 16 % du plafond annuel de la sécurité sociale.
(3) Fiscalité pour la part des droits relevant des versements effectués au titre de l'épargne salariale. Sur les éventuels autres droits figurant dans le PER du titulaire : **[90 § 7]**. ■

99. Retraite d'ancien combattant

Les anciens combattants et victimes de guerre peuvent bénéficier d'un régime fiscal de faveur et d'une subvention au titre de la souscription d'un contrat de rente viagère différée auprès d'une caisse autonome mutualiste ou d'une société dépendant de la CNP.

1. Personnes concernées

Peuvent bénéficier de ce régime :

- les anciens combattants (tous conflits) titulaires du titre de reconnaissance de la Nation ou de la carte de combattant et victimes de ces opérations,
- les victimes de guerre, autrement dit les personnes susceptibles de produire un certificat de décès d'un proche parent portant la mention "mort pour la France".

2. Constitution de la rente

La rente mutualiste du combattant est une rente de montant déterminé. L'ancien combattant peut souscrire jusqu'au montant maximal autorisé dans le cas des retraites servies par les mutuelles.

La charge de la constitution de la rente se répartit :

- entre l'État et l'ancien combattant,
- dans des proportions qui sont fonction de l'âge de l'adhérent et des conflits auxquels il a participé.

3. Durée de cotisation

Déterminée en fonction de l'âge lors de l'adhésion, la durée minimale de cotisation est comprise entre 4 et 10 ans.

4. Mécanismes de la majoration

La rente propre (constituée par les seuls versements de l'adhérent) peut bénéficier d'une majoration d'État à hauteur d'un certain plafond.

Sont qualifiés de rente majorable la fraction susceptible de bénéficier de la majoration d'État, et de rente majorée, le total de la rente propre et de cette majoration.

Le montant maximal de cette rente (majoration comprise) est réévalué chaque année. Pour l'imposition des revenus de 2023, le plafond de la rente majorée atteint 1 954 € (1 988 € pour l'imposition des revenus de 2024).

5. Conditions d'octroi et montant de la majoration

La majoration est normalement attribuée aux adhérents qui ont effectué des versements durant le nombre d'années prévu au contrat.

Sauf dérogations, le montant de la majoration est égal à 20 % de la rente inscrite au compte individuel du mutualiste, pour les rentes ou fractions de rentes constituées par des versements postérieurs au 01.01.1972.

6. Bonifications

Comme l'ensemble des rentes servies par des organismes fonctionnant par capitalisation, les retraites mutualistes d'ancien combattant peuvent être réévaluées par attribution de bénéfices techniques.

› FISCAL

Régime fiscal des cotisations

Les cotisations se répartissent en 2 fractions :

- la première correspond à la rente majorable et est déductible du revenu imposable de l'adhérent,
- la seconde excède le plafond et n'est pas déductible.

Régime fiscal des prestations

La fraction de rente bénéficiant de la majoration d'État est exonérée d'IR et de prélèvements sociaux. La fraction de rente ne bénéficiant pas de la majoration d'État est imposable à l'IR dans la catégorie des rentes viagères à titre onéreux **[92]**. ■

SOLUTIONS COMPLÉMENTAIRES

Le régime fiscal

N° de fiche

RÉGIME FISCAL

100. Cotisations de prévoyance et de retraite

Les cotisations de prévoyance et de retraite sont déductibles des revenus professionnels, en totalité ou dans une certaine limite selon qu'elles ont été versées à titre obligatoire ou à titre facultatif.

1. Salariés

Du point de vue du salarié, sont déductibles de la rémunération brute :

- sans limitation, les cotisations qu'il verse au titre des régimes obligatoires : prévoyance (maladie, maternité, invalidité-décès), retraite de base et complémentaires, ainsi que les versements effectués au titre de rachat de cotisations de retraite,
- dans certaines limites spécifiques et sous certaines conditions (article 83 du CGI), les cotisations salariales et patronales versées à des régimes de prévoyance et de retraite complémentaires facultatifs à adhésion obligatoire (à l'exclusion des versements effectués par l'employeur correspondant à des garanties portant sur le remboursement ou l'indemnisation de frais occasionnés par une maladie, une maternité ou un accident). En cas d'excédent, celui-ci s'ajoute à la rémunération.

Cotisations de sécurité sociale (1)
Déduction sans limitation.
Cotisations de retraite complémentaire facultative à adhésion obligatoire (2) (3)
Limite spécifique : (8 % × rémunération annuelle brute plafonnée à 8 fois P) (4), soit au maximum 29 676 € en 2024.
Cotisations de prévoyance complémentaire facultative à adhésion obligatoire (5)
Double limite spécifique : • (5 % × P) (4) + (2 % × rémunération annuelle brute), • (2 % × 8 fois P) (4), soit au maximum 7 419 € en 2024.

(1) Inclus rachat cotisations de retraite de base et complémentaire obligatoires.
(2) Inclus cotisations patronales et, le cas échéant, abondement sur un PERCO ou un PERECO [98].
(3) Les cotisations supplémentaires versées, à titre individuel et facultatif, au titre d'un contrat retraite "article 83" sont assimilées à des cotisations PERP ou PERI [90] et déductibles dans les mêmes limites.
(4) P : plafond annuel de la sécurité sociale, soit 46 368 € en 2024.
(5) Inclus cotisations patronales, à l'exclusion de celles correspondant à des garanties portant sur le remboursement ou l'indemnisation de frais occasionnés par une maladie, une maternité ou un accident.

Principales conditions à la déductibilité des cotisations de retraite et de prévoyance complémentaires facultatives à adhésion obligatoire (article 83 du CGI) :

- contrat de groupe auquel l'affiliation est obligatoire,
- taux de cotisation uniforme,
- participation de l'employeur au financement,
- prestations sous forme de rente, sauf exceptions en matière de prévoyance (décès, perte d'autonomie, etc.),
- respect du critère de "contrat responsable" en matière de prévoyance **[82]**.

En outre, le contrat doit prévoir une faculté de rachat en cas de survenance de certains événements **[95 § 3]**.

Du point de vue de l'entreprise, les cotisations versées pour les salariés au titre des régimes de prévoyance et de retraite obligatoires sont considérées comme des charges et déductibles du bénéfice imposable.

Celles versées au titre des régimes facultatifs sont déductibles dès lors que :

- le contrat résulte d'une convention ou d'un accord d'entreprise,
- la protection s'applique à l'ensemble des salariés ou à une catégorie clairement définie,
- l'entreprise perd définitivement la propriété et la disposition des sommes versées,
- le contrat n'aboutit pas, le cas échéant, à servir une pension de retraite d'un niveau excessif par rapport à la rémunération que le salarié percevait pendant sa période d'activité.

2. Indépendants non agricoles

Sont concernés :

- les artisans, commerçants et industriels exerçant en leur nom propre,

RÉGIME FISCAL

- les professionnels libéraux,
- ainsi que leur conjoint collaborateur.

Les cotisations de retraite et de prévoyance versées aux régimes obligatoires sont déductibles du bénéfice imposable sans limitation.

Parallèlement, sont déductibles, dans certaines limites annuelles et sous certaines conditions :
- les cotisations versées au titre des contrats d'assurance de groupe prévoyant le versement d'une retraite complémentaire garantissant le versement d'un revenu viager,
- et celles versées au titre des régimes facultatifs de prévoyance complémentaire (maladie, maternité, incapacité, invalidité, décès) et d'assurance perte d'emploi.

Le régime de déduction des contrats facultatifs concerne les contrats souscrits au titre de la "loi Madelin" et les plans d'épargne retraite individuels (PERI), qui peuvent être assortis de garanties en matière de prévoyance complémentaire spécifiques pour les indépendants.

Principales conditions à la déductibilité des cotisations des contrats Madelin :
- le non-salarié doit être à jour de ses cotisations au titre des régimes obligatoires d'assurance maladie et d'assurance vieillesse,
- seules les associations comptant au moins 1 000 membres non salariés peuvent souscrire des contrats d'assurance de groupe,
- les contrats doivent prévoir une périodicité de versement des cotisations inférieure à 1 an,
- les adhérents doivent opter entre plusieurs montants de cotisations fixés en fonction d'un minimum et pouvant s'échelonner jusqu'à 15 fois ce minimum,
- les garanties en matière de prévoyance santé doivent répondre au cahier des charges des "contrats responsables" **[82]**,
- les prestations en matière de retraite sont versées exclusivement sous forme de rente.

Le PERI relève des mêmes dispositions en matière de contrat d'assurance de groupe. Cependant, le rythme de versement des cotisations est contractuel et les prestations peuvent être versées sous forme de capital.

Le contrat prévoit une faculté de rachat en cas de survenance de certains événements, qu'il s'agisse d'un "contrat Madelin" **[91 § 4]** ou du PERI **[90]**.

Cotisations de sécurité sociale
Déduction, sans limitation.
Cotisations de retraite facultative
Limite spécifique la plus élevée **(1)** : • (10 % × bénéfice imposable plafonné à 8 fois P) **(2)** + (15 % × bénéfice imposable compris entre 1 et 8 fois P), soit au maximum 85 781 € pour 2024, • ou (10 % × P), soit 4 637 € en 2024.
Cotisations de prévoyance facultative
Double limite spécifique : • (7 % × P, soit 3 246 € en 2024) **(2)** + (3,75 % × bénéfice imposable), • et (3 % × 8 fois P) **(2)**, soit 11 128 € en 2024.
Cotisations facultatives perte d'emploi
Limite spécifique la plus élevée : • (2,5 % × P) **(2)**, soit 1 159 € en 2024, • ou (1,875 % × bénéfice imposable plafonné à 8 fois P) **(2)**, soit au maximum 6 955 € en 2024.

(1) Inclus cotisations de retraite obligatoire pour la part supérieure au minimum obligatoire et abondement versé sur un PERCO ou un PERECO **[98]**.
(2) P : plafond annuel de la sécurité sociale, soit 46 368 € en 2024.

Exemple - *Un commerçant a réalisé un bénéfice imposable de 50 000 €. Il verse sur un PER individuel le maximum qu'il lui est possible de déduire, soit [10 % × 50 000 €] + [15 % × (50 000 € – 46 368 €)] = 5 544 €.*

3. Exploitants agricoles

Sont déductibles du bénéfice imposable, sans limitation, les cotisations versées aux régimes obligatoires.

À l'inverse, les cotisations de retraite complémentaire facultative sont déductibles dans la limite la plus élevée :

- (10 % × bénéfice imposable plafonné à 8 fois le plafond annuel de la sécurité sociale) + (15 % × bénéfice imposable compris entre 1 et 8 fois le plafond annuel de la sécurité sociale, soit au maximum 85 781 € en 2024),
- ou 10 % du plafond annuel de la sécurité sociale, soit 4 637 € en 2024.

Les autres cotisations facultatives ne sont pas déductibles.

4. Fonctionnaires

Cotisations obligatoires : comme pour les salariés **[§ 1]**.

Les cotisations versées par les fonctionnaires dans le cadre de leur régime complémentaire PRÉFON :

- sont déductibles du revenu global,
- dans une limite commune aux versements effectués sur un PERP ou sur un PERI **[90]**. ■

101. Prestations sociales des salariés

Le régime fiscal des prestations sociales – autres que les retraites [104] – perçues par les salariés est complexe.

IMPÔT SUR LE REVENU

1. Principe

Sauf exonérations spécifiques, les prestations destinées à remplacer le salaire perdu ou à rembourser certains frais ou dépenses sont imposables au titre :

- des pensions et rentes viagères à titre gratuit **[104]** pour les indemnités de type "rente viagère" (rentes invalidité et veuvage, par exemple),
- des traitements et salaires **[104]**, dans les autres cas.

2. Prestations du régime général de sécurité sociale

Sont exonérés d'IR :

- les prestations en nature maladie-maternité (remboursements des soins et médicaments),
- les rentes et capitaux d'accident du travail ou de maladie professionnelle,
- et les capitaux décès.

Les indemnités journalières perçues en cas d'accidents du travail ou de maladie professionnelle sont imposables à l'IR à hauteur de 50 % du salaire brut et exonérées au-delà.

Le régime est différent pour les prélèvements sociaux. Toutes les prestations suivantes y sont soumises :

- indemnités journalières en espèces d'assurance maladie-maternité,
- rentes invalidité et veuvage (sauf celles versées en cas d'accident du travail et de maladie professionnelle),
- allocations chômage.

RÉGIME FISCAL

Prestations du régime général obligatoire de la sécurité sociale		
Nature des prestations		**Régime fiscal**
Maladie-maternité	Prestations en nature	Exonération totale d'IR et de prélèvements sociaux.
	Prestations en espèces (indemnités journalières)	Imposition à l'IR au titre des traitements et salaires + 6,7 % de prélèvements sociaux : CSG au taux de 6,2 % **(3)** et CRDS de 0,5 % **(4)**.
Invalidité	Pension d'invalidité	Imposition à l'IR au titre des pensions et rentes viagères + 8,8 % de prélèvements sociaux : CSG au taux de 8,3 % **(5)** et CRDS de 0,5 % **(1)** **(2)**.
Accident du travail et maladie professionnelle	Capital ou rente viagère	Exonération totale d'IR et de prélèvements sociaux.
	Indemnités journalières	Imposition à hauteur de 50 % et 6,7 % de prélèvements sociaux : CSG au taux de 6,2 % **(3)** et CRDS de 0,5 %.
Chômage	Allocation chômage	Imposition à l'IR au titre des traitements et salaires + 6,7 % de prélèvements sociaux : CSG au taux de 6,2 % **(3)** et CRDS de 0,5 % **(4)**.
Décès	Capital décès de la sécurité sociale	Exonération totale d'IR et de prélèvements sociaux.
	Allocation veuvage	Imposition à l'IR au titre des pensions et rentes viagères et exonération de prélèvements sociaux.

(1) Sauf cas d'exonération.
(2) Les pensions d'invalidité sont normalement soumises à une contribution additionnelle de solidarité pour l'autonomie (CASA) de 0,3 %.
(3) 3,8 % si le revenu fiscal de référence N – 1 n'excède pas certains plafonds **[104 § 1]**.
(4) Après déduction d'un abattement pour frais professionnels de 1,75 % sur la tranche n'excédant pas 4 fois le plafond annuel de la sécurité sociale, soit 185 472 € en 2024.
(5) 6,6 % ou 3,8 % si le revenu fiscal de référence N – 1 n'excède pas certains plafonds **[104 § 1]**.

3. Prestations sociales complémentaires

Elles sont imposables si elles résultent d'un contrat d'assurance de groupe facultatif ("article 83"/PERO **[95]**) à adhésion obligatoire (ce qui suppose que les cotisations sont déductibles **[100]**). Par exception, le capital décès est exonéré dans tous les cas, qu'il soit ou non versé au titre d'un contrat à adhésion obligatoire.

Régime fiscal des prestations prévoyance "article 83"
Exonération d'IR et de prélèvements sociaux des prestations en nature (ou versées sous forme de capital). Imposition au titre : • des traitements et salaires (+ 6,7 % normalement de prélèvements sociaux) si l'activité se poursuit, • des pensions et retraites (+ 8,8 % normalement de prélèvements sociaux) dans les autres cas.
Régime fiscal des prestations prévoyance "article 82"
Exonération d'IR et de prélèvements sociaux. Pour les prestations décès, éventuellement droits de succession (régime fiscal de l'assurance-vie **[92]**).

DROITS DE SUCCESSION

4. Régime fiscal des réversions et des rentes et capitaux versés en cas de décès
Exonération des réversions de rentes entre époux ou entre parents en ligne directe et entre partenaires pacsés et, sous certaines conditions, entre frères et sœurs **[92]**.

Exonération pour ces mêmes personnes, ou imposition des capitaux ou rentes versés en cas de décès, comme dans le cadre d'un contrat d'assurance-vie **[92]**. ■

102. Prestations sociales des indépendants

Le régime fiscal des prestations sociales autres que les retraites [104] versées aux indépendants est également complexe.

IMPÔT SUR LE REVENU

1. Principe
Sauf exonérations spécifiques, seules les prestations perçues en contrepartie de cotisations déductibles sont imposables à l'IR.

Peu importe que les cotisations soient versées au titre :
- d'un régime obligatoire d'assurance,
- ou d'un contrat facultatif ("contrat Madelin" ou PERI).

Remarque - S'agissant d'indépendants ayant versé des cotisations avant l'entrée en vigueur de la loi Madelin et dont les cotisations n'étaient pas déductibles **[100]**, *les compagnies d'assurances sont tenues de distinguer, au moment du versement des prestations :*
- *la quote-part versée en contrepartie des cotisations non déductibles,*
- *de celle versée en contrepartie des cotisations déductibles.*

2. Prestations exonérées
Outre les prestations versées au titre de contrats à adhésion individuelle et non obligatoire (dont les cotisations ne sont pas déductibles **[100]**), sont exonérés :
- les prestations en nature d'assurance maladie-maternité (remboursement de soins et de médicaments),
- les versements en capital effectués en cas de liquidation judiciaire ou d'invalidité,
- les capitaux décès.

3. Prestations imposables
Sauf cas d'exonérations, les prestations sont imposables à l'IR au titre :
- des BIC ou BNC + 9,7 % de prélèvements sociaux (CSG au taux de 9,2 % et CRDS de 0,5 %), s'agissant d'indemnités journalières maladie, si l'activité professionnelle se poursuit,
- des pensions et retraites **[104]** + 8,8 % de prélèvements sociaux (CSG au taux de 8,3 % et CRDS de 0,5 %), dans tous les autres cas : indemnités accident ou perte d'emploi, rentes, retraites.

Remarque - Le fait qu'une fraction des cotisations n'ait pu être déduite pour dépassement des limites applicables **[100]** *est sans incidence sur le caractère imposable des prestations.*

Les indemnités journalières perçues par les exploitants agricoles en cas d'accident du travail ou de maladie professionnelle sont imposables à l'IR à hauteur de 50 % de leur montant, comme pour les salariés.

Enfin, les pensions de retraite et d'invalidité sont normalement soumises à la contribution additionnelle de solidarité pour l'autonomie (CASA) au taux de 0,3 %.

DROITS DE SUCCESSION

4. Régime fiscal des prestations versées en cas de décès
Comme pour les salariés **[101]**. ■

103. Fiscalité du départ à la retraite

De façon générale, le départ à la retraite entraîne des conséquences immédiates au regard de l'impôt sur le revenu. Il est en principe sans incidence au regard de l'IFI, sous réserve du cas particulier des dirigeants de société.

1. Indemnités de départ à la retraite perçues par les salariés

Le régime fiscal de l'indemnité de départ à la retraite perçue par un salarié [33] diffère selon que le départ a lieu à l'initiative du salarié ou de l'employeur.

Indemnité de départ à la retraite perçue par un salarié	
Départ volontaire (à l'initiative du salarié)	**Mise à la retraite (à l'initiative de l'employeur) (4)**
Soumise en totalité à l'IR au titre des traitements et salaires, mais exonération totale dans le cadre d'un plan de sauvegarde de l'emploi (PSE).	Exonération d'IR à hauteur du montant le plus élevé : • montant prévu par la loi, la convention collective ou l'accord de branche, • 50 % de l'indemnité (dans la limite de 5 P, soit 219 960 € en 2023 et 231 840 € en 2024) **(1)** **(3)**, • 2 × rémunération annuelle brute (dans la même limite que ci-dessus). Au-delà, imposition à l'IR au titre des traitements et salaires **(3)**.
Prélèvements sociaux : • dans le cadre d'un PSE : exonération à hauteur des indemnités prévues par la convention collective, l'accord de branche ou l'indemnité légale dans la limite de 2 P **(1)**, soit 87 984 € en 2023 et 92 736 € en 2024 **(2)**, • hors PSE : assujettissement au taux global de 8 %, sans abattement pour frais professionnels.	Prélèvements sociaux : exonération à hauteur des indemnités prévues par la convention collective, l'accord de branche ou l'indemnité légale dans la limite de 2 P **(1)**, soit 87 984 € en 2023 et 92 736 € en 2024 **(2)** **(3)**.

(1) P : plafond annuel de la sécurité sociale, soit 43 992 € en 2023 et 46 368 € en 2024.
(2) Dès le 1er euro si les indemnités dépassent 10 P (soit 439 920 € en 2023 et 463 680 € en 2024).
(3) S'agissant d'indemnités de cessation forcée des fonctions de mandataires sociaux ("parachutes dorés") : exonération d'IR plafonnée à 3 fois P, soit 131 976 € en 2023 et 139 104 € en 2024. Elles sont soumises aux prélèvements sociaux dès le 1er euro lorsque leur montant excède 5 P (soit 219 960 € en 2023 et 231 840 € en 2024).
(4) Les mises à la retraite à l'initiative de l'employeur sont impossibles avant les 70 ans du salarié, sans l'accord de ce dernier.

Fraction imposable de l'indemnité de départ à la retraite versée à un salarié
Imposition à l'IR au titre des traitements et salaires. **Déduction forfaitaire de 10 %** : 495 € au minimum et 14 171 € au maximum **(1)** ou **déduction des frais réels**.

(1) Pour l'imposition des revenus de 2023.

2. Imposition immédiate des bénéfices pour les indépendants

De façon générale, lorsqu'il est subordonné à la cessation de l'activité exercée à titre individuel, le départ à la retraite entraîne l'imposition immédiate, selon l'activité exercée, des BNC, BIC ou BA réalisés et non encore taxés.

L'imposition est ensuite déduite du montant total de l'impôt établi ultérieurement sur tous les revenus et bénéfices réalisés au cours de la même année.

RÉGIME FISCAL

Remarque - Les indépendants (commerçants, artisans, professions libérales) bénéficient d'exonérations, sous conditions, des plus-values professionnelles, en cas de cession d'une branche d'activité et d'un départ à la retraite.

3. Indemnités de départ à la retraite perçues par les commerçants et les artisans

L'aide financière perçue par un commerçant ou un artisan au titre de l'accompagnement au départ à la retraite (ADR) **[50]** est exonérée d'IR, mais supporte les prélèvements sociaux.

4. Autres dispositions relatives à l'IR

Imposition des revenus perçus l'année du départ à la retraite : pour éviter une trop forte progressivité de l'impôt, le contribuable a la possibilité de bénéficier du "système du quotient" au titre des revenus différés ou exceptionnels, tels que l'indemnité de départ à la retraite d'un salarié ou la plus-value de cession d'un fonds de commerce pour un commerçant.

Assurance-vie et bon de capitalisation : exonération du profit réalisé lors du dénouement (quelle qu'en soit la date), en cas de mise à la retraite anticipée.

5. IFI

La retraite n'a normalement aucune incidence au regard de l'impôt sur la fortune immobilière (IFI).

Les actifs immobiliers affectés à l'activité professionnelle du contribuable ne sont pas taxables sous certaines conditions. Cependant, la perte de la qualification de "biens professionnels" du fait du départ à la retraite peut rendre des biens imposables. Il en serait ainsi du dirigeant qui cède son activité mais conserve les murs de son entreprise.

Les titres de société – a fortiori ceux détenus par le dirigeant parti à la retraite – sont imposables à l'IFI à hauteur de la fraction de leur valeur représentative de biens ou de droits immobiliers détenus directement ou indirectement par la société. Les participations minoritaires, inférieures à 10 %, sont exonérées.

IFI : seuil de taxation
Patrimoine immobilier net supérieur à **1 300 000 €**.

Remarque - Les titres de sociétés démembrés sont normalement compris dans le patrimoine imposable de l'usufruitier, pour leur valeur en pleine propriété. Par exception, un redevable qui transmet des titres de sociétés en s'en réservant l'usufruit peut se prévaloir de la qualification professionnelle pour ces titres et bénéficier d'une exonération à hauteur de la valeur en pleine propriété des titres démembrés correspondant à la nue-propriété. Cette tolérance est soumise à conditions :

- *les titres doivent être détenus en pleine propriété, par le contribuable usufruitier ou son conjoint, durant les 3 années précédant le démembrement,*
- *en principe, la cessation des fonctions doit intervenir en même temps que le démembrement,*
- *le nu-propriétaire doit être un ascendant, descendant, frère ou sœur du contribuable usufruitier ou de son conjoint et exercer effectivement des fonctions de dirigeant dans la société dont les titres sont démembrés.* ■

104. Prestations de retraite et IR

Les retraités ne relèvent pas d'un régime fiscal particulier : les pensions qu'ils perçoivent sont soumises, par principe, à l'impôt sur le revenu après application d'un abattement spécifique de 10 %.

1. Impôt sur le revenu (IR)

Les pensions de retraite sont soumises au barème de l'IR au titre des pensions et rentes viagères à titre gratuit, après application d'un abattement **[tableau]**.

Les majorations de retraite pour charges de famille sont soumises à l'IR.

Remarque - Les frais liés aux prestations d'assistance rendues aux assurés sociaux en vue de les aider à accomplir les démarches qu'ils sont tenus d'effectuer auprès des différents organismes de retraite pour obtenir la liquidation de leurs droits à pension sont déductibles de leurs revenus imposables à l'IR. En revanche, les frais correspondant aux prestations de conseil ne le sont pas.

Pensions de retraite nettes de cotisations sociales (1)
Imposition à l'IR au titre des pensions et rentes viagères à titre gratuit. **Abattement spécial de 10 %** : 442 € au minimum et 4 321 € au maximum (2).

(1) Les cotisations complémentaires de prévoyance versées à titre facultatif et personnel ne sont pas déductibles.
(2) Pour l'imposition des revenus de 2023.

Les retraités disposant de ressources modestes et non assujettis à l'IFI bénéficient d'une exonération des plus-values immobilières qu'ils réalisent. Pour les cessions intervenant en 2023, le revenu fiscal de référence 2022 ne doit pas dépasser 11 885 € pour la première part de quotient familial + 3 174 € par demi-part supplémentaire, la situation familiale étant appréciée au jour de la cession.

2. Prélèvements sociaux

Les pensions de retraite sont soumises :

- aux prélèvements sociaux au taux global de 8,8 % (CSG au taux de 8,3 %, sauf cas d'exonération ou d'application d'un taux réduit, sous condition de ressources, et CRDS au taux de 0,5 %),
- à la contribution additionnelle de solidarité pour l'autonomie (CASA), au taux de 0,3 %, sauf cas d'exonération pour celles exonérées de CSG et de CRDS et celles soumises au taux réduit de CSG.

Prélèvements sociaux sur les pensions de retraite (1)	
Principe : **8,8 %** (CSG de 8,3 % + CRDS de 0,5 %) Avec CSG déductible du revenu imposable à hauteur de 6,8 %.	**Sous condition de revenu** (voir seuils ci-dessous) : • **7,1 %** (CSG de 6,6 % + CRDS de 0,5 %), • ou **4,3 %** (CSG de 3,8 % + CRDS de 0,5 %), • ou exonération. Avec CSG entièrement déductible du revenu imposable.

Seuils d'assujettissement aux prélèvements sociaux				
Nombre de parts pour le calcul de l'IR	**Exonération**	**Taux réduit** (CSG au taux de 3,8 %)	**Taux médian** (CSG au taux de 6,6 %)	**Taux normal**
	RFR (2) inférieur ou égal à :	RFR (2) supérieur à :	RFR (2) supérieur à :	RFR (2) supérieur à :
1 part fiscale	12 230 € (3)		15 988 € (4)	24 813 € (5)

(1) Sauf exonération au profit des pensions et retraites constitutives du minimum vieillesse, des avantages vieillesse non contributifs soumis à condition de ressources et, quelle que soit leur nature, des pensions de retraite et allocations de préretraite lorsque le titulaire n'est pas assujetti à la taxe d'habitation compte tenu du montant de ses revenus imposables.
(2) Seuils applicables en métropole, sur la base des montants de revenu fiscal de référence figurant sur les avis d'imposition sur les revenus de 2022 et 2021. Seuils différents en Guyane et dans les autres DOM.
(3) + 1 633 € par quart de part supplémentaire et + 3 265 € par demi-part supplémentaire.
(4) + 2 135 € par quart de part supplémentaire et + 4 269 € par demi-part supplémentaire.
(5) + 3 312 € par quart de part supplémentaire et + 6 623 € par demi-part supplémentaire.

3. Cas des allocations de préretraite

Les allocations de préretraite sont imposables à l'IR au titre des traitements et salaires. Elles sont également soumises à 9,7 % de prélèvements sociaux (CSG au taux de 9,2 % et CRDS de 0,5 %). ■

105. Aides fiscales

Certaines aides fiscales sont accordées aux personnes âgées en général ou à celles qui les hébergent ou les aident.

1. Exonération de taxe d'habitation

Depuis 2023, la taxe d'habitation afférente à la résidence principale est totalement supprimée. Seule subsiste une taxe d'habitation sur les résidences secondaires et autres locaux meublés non affectés à l'habitation principale. Il n'existe pas de dégrèvement ou d'exonération à ce titre.

Cependant, les personnes qui conservent la jouissance de leur ancienne résidence principale alors qu'elles résident durablement en maison de retraite ou dans un établissement de soins de longue durée sont exonérées de la taxe afférente à cette ancienne résidence. Depuis 2023, l'exonération n'est plus subordonnée à la condition que l'ancienne résidence reste libre de toute occupation.

2. Exonération de taxe foncière

Sont notamment exonérées au titre de leur habitation principale :

- les personnes âgées de plus de 75 ans ou handicapées, aux revenus modestes (pour la taxe établie en 2024 en métropole : revenus de 2023 n'excédant pas 12 455 € pour la première part de quotient familial + 3 326 € par demi-part supplémentaire),
- les titulaires de l'AAH **[9 § 1]**, dont le revenu fiscal de référence n'excède pas la limite citée ci-dessus,
- les titulaires de l'ASPA **[16 § 1]** ou de l'allocation supplémentaire d'invalidité **[16 § 2]**.

3. Crédit d'impôt pour emploi à domicile

Le crédit d'IR est accordé au titre des sommes versées par un contribuable utilisant, dans sa résidence située en France, les services d'employés de maison déclarés pour des besoins courants et privés : entretien et travaux ménagers, petits travaux de jardinage, travaux de petit bricolage, assistance informatique, etc.

Les services doivent être rendus :

- soit par un salarié dont le contribuable est l'employeur direct,
- soit par un organisme à but non lucratif habilité ou conventionné ayant pour objet l'aide à domicile, une association ou une entreprise de services aux personnes agréées par l'État.

Crédit d'impôt pour emploi à domicile
50 % × dépenses, retenues dans la limite de : • 12 000 € + 1 500 € par enfant à charge (la moitié en cas de garde partagée) et par membre du foyer fiscal âgé de plus de 65 ans, dans la limite totale de 15 000 €, soit un avantage maximal de 7 500 €, • 20 000 € si un membre du foyer fiscal est invalide, soit un avantage maximal de 10 000 €.
Au sein du plafond global, certaines dépenses sont elles-mêmes prises en compte dans une certaine limite par an et par foyer fiscal : • 500 € pour les travaux de petit bricolage, • 3 000 € pour les prestations d'assistance informatique, • 5 000 € pour les petits travaux de jardinage.

4. Crédit d'impôt pour l'équipement de la résidence principale des personnes âgées ou handicapées

Les contribuables propriétaires, locataires ou occupants à titre gratuit de leur habitation principale peuvent bénéficier d'un crédit d'IR pour les dépenses d'installation ou de remplacement d'équipements prévus en faveur des personnes âgées ou handicapées engagées d'ici au 31.12.2025.

Dépenses éligibles (listes fixées par arrêté) :

- pour l'ensemble des contribuables et pour les dépenses engagées jusqu'au 31.12.2023 : équipements spécialement conçus pour l'accessibilité des logements aux personnes âgées et handicapées,
- pour les foyers fiscaux dont l'un des membres est en situation de handicap ou de perte d'autonomie : équipements permettant l'adaptation des logements à ces deux situations.

Remarque - Pour les dépenses engagées à compter du 01.01.2024 :

- *les personnes en perte d'autonomie s'entendent des personnes âgées de plus*

de 60 ans et dont l'état de dépendance entraîne le classement dans l'un des groupes GIR 1 à 4 **[2 § 2]** *(condition d'âge non explicitement prévue pour les dépenses engagées avant cette date),*
- *les personnes en situation de handicap s'entendent des personnes présentant un taux d'incapacité supérieur ou égal à 50 % (pour les dépenses engagées avant cette date : personnes titulaires d'une pension pour un taux d'invalidité de 40 % au moins et titulaires de la carte "mobilité inclusion" avec un taux d'incapacité inférieur à 50 %).*

Pour les dépenses payées à compter du 01.01.2024, l'avantage fiscal est soumis à une condition de ressources, les revenus annuels devant respecter certains seuils, planchers et plafonds.

Revenus planchers (1)		
Composition du foyer fiscal	**Île-de-France**	**Autres régions**
1 personne	28 657 €	21 805 €
2 personnes	42 058 €	31 889 €
3 personnes	50 513 €	38 349 €
4 personnes	58 981 €	44 802 €
5 personnes	67 473 €	51 281 €
Par personne supplémentaire	+ 8 486 €	+ 6 462 €
Plafond de revenu (1)		
31 904 € pour la 1re part de quotient familial + 9 212 € pour chacune des 2 demi-parts suivantes + 6 909 € pour chaque demi-part supplémentaire à compter de la 3e		

(1) Montants applicables en 2024, le revenu pris en compte étant le revenu fiscal de référence de l'avant-dernière année précédant celle du paiement de la dépense ou, lorsque ce revenu est supérieur ou égal au plafond ou inférieur ou égal au plancher, le revenu fiscal de référence de la dernière année précédant celle du paiement.

Crédit d'impôt pour équipement du logement
25 % × dépenses prises dans la limite d'un plafond sur 5 années de 5 000 € pour une personne seule ou 10 000 € pour un couple soumis à imposition commune (+ 400 € par personne à charge, 200 € dans le cas d'un enfant réputé à charge égale de l'un et l'autre des parents).

5. Réduction d'impôt sur le revenu pour frais de dépendance

Une réduction d'IR est accordée, sans condition d'âge, aux personnes recueillies dans un établissement ou un service assurant l'hébergement de personnes âgées dépendantes ou dans un service de soins de longue durée.

La réduction vise les dépenses :
- d'hébergement,
- et celles afférentes à la dépendance mais non liées aux soins (principalement les dépenses d'aide et d'assistance pour l'accomplissement des actes essentiels de la vie).

Montant de la réduction d'impôt
25 % × dépenses retenues dans la limite annuelle de 10 000 € par membre du foyer fiscal concerné **(1)**.

(1) Le cas échéant, l'APA **[109 § 3]** ou l'aide sociale du département et l'allocation logement perçue par le contribuable doivent être déduites de ces dépenses. Le plafond ne fait l'objet d'aucune réduction prorata temporis lorsque les dépenses n'ont été exposées qu'une partie de l'année.

6. Abattement en faveur des personnes âgées ou invalides aux revenus modestes (IR)

Sous condition de revenu, sont autorisées à pratiquer un abattement spécial sur leur revenu net global :

- les personnes âgées de plus de 65 ans au 31 décembre de l'année d'imposition,
- les personnes, quel que soit leur âge, titulaires soit d'une pension d'invalidité d'au moins 40 %, soit d'une carte d'invalidité.

Revenu net global	Abattement simple (1)	Abattement double (2)
N'excédant pas 16 410 €	2 746 €	5 492 €
Compris entre 16 410 € et 26 400 €	1 373 €	2 746 €
Supérieur à 26 400 €	Néant	Néant

(1) Fixé pour l'imposition des revenus de 2023. Le contribuable ou un membre du couple remplit les conditions.
(2) Fixé pour l'imposition des revenus de 2023. Les deux membres du couple remplissent les conditions.

7. Déduction du revenu global (IR)

Certaines dépenses ouvrent droit à déduction du revenu global :

- pensions alimentaires versées aux ascendants dans le besoin,
- frais d'accueil des personnes (frères, sœurs, autres collatéraux ou personnes sans lien de parenté) de plus de 75 ans à revenus modestes (plafonds de ressources pour l'octroi de l'ASPA **[16 § 1]**) vivant en permanence sous le toit du contribuable sous conditions de revenu imposable : déduction maximale de 3 968 € par personne âgée recueillie en 2023.

Remarque - La limite de déduction n'a pas à être réduite prorata temporis lorsque les frais ont été consentis à une personne ayant atteint l'âge de 75 ans en cours d'année. Par ailleurs, la déduction pour frais d'accueil ne peut être cumulée avec la majoration de quotient familial présentée ci-après. Le contribuable doit donc choisir entre les deux mesures.

8. Personnes âgées ou invalides à la charge du contribuable (IR)

Pour le calcul de l'IR, chaque personne à charge titulaire d'une carte d'invalidité, avec ou sans lien de parenté, et vivant sous le même toit ouvre droit à une majoration supplémentaire d'une demi-part de quotient familial.

Remarque - En pratique, ces personnes sont assimilées à des enfants à charge. Par conséquent, elles ouvrent droit à une part supplémentaire de quotient familial, soit une demi-part en tant que personne à charge et une autre demi-part en tant que personne invalide. L'avantage ne peut être cumulé avec la déduction pour frais d'accueil présentée ci-dessus. Le contribuable doit donc choisir entre les deux mesures. ■

Le régime social

N° de fiche

106. Régime social des cotisations

Le régime social des cotisations de prévoyance et de retraite diffère selon qu'il s'agit de cotisations au titre de régimes complémentaires dans l'entreprise ou de contrats individuels (Madelin et assimilés ou PERI).

SALARIÉS

1. Cotisations versées au titre des régimes obligatoires

Les cotisations sociales patronales ne sont pas considérées comme un complément de revenu et sont donc exclues de l'assiette des charges sociales.

2. Cotisations sociales complémentaires dans l'entreprise

La fraction des cotisations versée par l'entreprise pour le financement de prestations complémentaires de retraite ou de prévoyance sont également exonérées de charges sociales dans une certaine limite, mais sont soumises à une contribution patronale spécifique, dite "forfait social". La fraction des contributions patronales excédant les limites exposées ci-après est soumise à cotisations sociales.

Les cotisations patronales de prévoyance (employeurs de 11 salariés et +) sont soumises au forfait social patronal de 8 % pour la fraction n'excédant pas la somme de :

- 6 % du plafond de la sécurité sociale, soit 2 782 € en 2024,
- et 1,5 % de la rémunération soumise à cotisations de la sécurité sociale, retenue dans la limite de 5 fois le plafond de la sécurité sociale (soit 231 840 € en 2024), déduction faite de la part des cotisations patronales destinées à financer des prestations complémentaires de retraite et de prévoyance soumises à cotisation de sécurité sociale.

Le total de ces deux éléments ne doit pas excéder 12 % du plafond annuel de la sécurité sociale, soit 5 564 € en 2024.

Les cotisations patronales de retraite sont soumises au forfait social patronal de 20 %, sous certaines conditions et pour la fraction n'excédant pas la plus élevée des 2 valeurs suivantes :

- 5 % du plafond de la sécurité sociale, soit 2 318 € en 2024,
- 5 % de la rémunération soumise à cotisations de sécurité sociale, définie comme ci-dessus en matière de prévoyance.

Remarque - Les cotisations patronales versées au titre du régime de retraite complémentaire obligatoire AGIRC-ARRCO échappent au forfait social patronal.

3. Cas particulier des cotisations au titre des contrats à prestations définies ("article 39")

Les cotisations patronales versées au titre des contrats "article 39" [97] sont :

- exonérées de charges sociales pour la totalité de leur montant,
- mais soumises à une contribution patronale spécifique dont le taux et les conditions d'assujettissement ont été modifiés en 2019.

Le taux de la contribution assise sur les versements effectués par l'employeur est de 29,7 % dès lors que le régime répond au nouveau cadre juridique applicable depuis le 04.07.2019 [97] ainsi qu'aux exigences suivantes :

- prestations sous forme de rente et versées, le cas échéant, sous déduction de celles perçues au titre des différents régimes des retraites obligatoires auxquels est affilié le bénéficiaire ;
- droits acquis chaque année sans possibilité d'acquisition rétroactive au titre d'une année antérieure à l'année d'adhésion et plafonnés à 3 % de la rémunération du bénéficiaire,
- notification annuelle, par l'intermédiaire de la déclaration sociale nominative (DSN), des bénéficiaires du régime du montant des droits acquis par chacun d'entre eux,
- droits acquis revalorisés annuellement sur la base d'un coefficient au plus égal à l'évolution du plafond annuel de la sécurité sociale,
- mise en place d'un dispositif de retraite collectif (type PERCO/PERECO) au bénéfice de tous les salariés de l'entreprise,
- s'agissant de certains dirigeants de société (principalement, gérants de SARL, présidents et dirigeants de SA et de SAS) et des bénéficiaires percevant une rémunération au moins égale

RÉGIME SOCIAL

à 8 fois le plafond annuel de la sécurité sociale (soit 370 944 € en 2024) : acquisition des droits subordonnée à des conditions liées à leurs performances professionnelles.

Pour les régimes soumis à l'ancienne législation (régimes dits "à droits aléatoires"), la contribution patronale est assise, sur option de l'employeur, sur les rentes liquidées ou sur les primes versées **[tableau]**.

Calcul de la contribution spécifique		
Option de l'employeur	**Taux**	**Assiette**
Sur les rentes	32 % **(1)**	Montant total de la rente.
Sur les primes	24 % **(2)**	Versements, comptabilisations ou mentions **(3)**.

(1) Pour les rentes versées au titre des retraites liquidées depuis 2013 (16 % pour celles liquidées de 2001 à 2012).
(2) Taux porté à 48 % en cas de gestion interne (possibilité supprimée pour les régimes créés depuis 2010).
(3) En cas de gestion interne, l'assiette est constituée par les dotations aux provisions, ou les montants mentionnés en annexe au bilan, afférents aux services rendus au cours de chaque exercice. En cas de gestion externe, seules les primes effectivement versées sont prises en compte.

INDÉPENDANTS

4. Cotisations sociales obligatoires

Les cotisations sociales obligatoires déduites du revenu professionnel fiscal sont aussi exclues de l'assiette des charges sociales.

5. Primes au titre des contrats souscrits à titre facultatif

Les primes versées au titre des contrats de retraite et de prévoyance facultatifs sont considérées comme un simple emploi de revenus. Elles ne peuvent donc pas être déduites du revenu professionnel soumis aux charges sociales obligatoires. Font toutefois exception à ce principe les primes versées par les non-salariés agricoles. ■

RÉGIME SOCIAL

107. Régime social de la prévoyance

Le régime social des prestations de prévoyance diffère selon qu'il s'agit de prestations du régime général de la sécurité sociale ou de prestations de régimes complémentaires.

1. Tableau récapitulatif

Régime social des prestations de prévoyance	
Prestations des salariés	**Régime social**
Régimes obligatoires	
Indemnités journalières (maladie-maternité, accident du travail ou maladie professionnelle). Pension d'invalidité. Capitaux décès. Allocation veuvage. Rentes viagères et capitaux versés au titre des accidents du travail ou de maladies professionnelles.	Exonération de cotisations sociales.
Régimes facultatifs ("article 83" / PERO)	
Indemnités journalières complémentaires versées au titre d'incapacité de travail. Pensions d'invalidité. Capital décès. Rentes de conjoint ou d'orphelin.	Soumises aux cotisations sociales (sauf les prestations acquises au titre des contrats "article 82" **[96]**).
Prestations des indépendants	**Régime social**
Régimes obligatoires	
Indemnités journalières versées au titre de la maladie.	Soumises aux cotisations sociales.
Indemnités journalières versées aux professions libérales au titre des régimes complémentaires invalidité-décès.	Exonération de cotisations sociales.
Pension d'invalidité. Rentes de conjoint et d'orphelin. Capitaux décès.	Exonération de cotisations sociales.
Régimes facultatifs	
Rentes d'invalidité, de conjoint et d'orphelin.	Exonération de cotisations sociales.
Prestations d'incapacité.	Soumises aux cotisations sociales.

SALARIÉS

2. Prestations obligatoires (régime général de la sécurité sociale)

Sont exonérés de cotisations sociales :

- les indemnités journalières versées au titre de la maladie-maternité, accident du travail et maladie professionnelle,
- la pension d'invalidité,
- les capitaux décès,
- l'allocation veuvage,
- et les rentes viagères et capitaux versés au titre des accidents du travail ou de maladies professionnelles.

Remarque - Sont également exonérés de cotisations sociales les capitaux versés au salarié devenu invalide.

3. Prestations des régimes de prévoyance complémentaires
Sont soumis aux cotisations sociales :
- les indemnités journalières complémentaires versées au titre d'incapacité de travail,
- les pensions d'invalidité,
- le capital décès,
- et les rentes de veuve ou d'orphelin.

Seule la part correspondant à la participation financière de l'employeur doit être soumise à cotisations.

Remarque - Sont exonérées de cotisations sociales les prestations de prévoyance acquises au titre d'un régime complémentaire à adhésion facultative ("article 82").

INDÉPENDANTS

4. Prestations des régimes obligatoires
Les indemnités journalières versées aux indépendants au titre de la maladie-maternité doivent être ajoutées au revenu professionnel pour déterminer l'assiette des cotisations sociales.

Sont exonérés de cotisations sociales :
- les indemnités journalières versées aux professions libérales au titre des régimes complémentaires invalidité,
- les pensions d'invalidité versées par les régimes des indépendants (industriels, commerçants, artisans et professions libérales),
- les capitaux décès,
- les rentes de conjoint et d'orphelin versées par les régimes d'assurance invalidité-décès obligatoires des non-salariés.

5. Prestations des régimes facultatifs
Les prestations d'incapacité versées au titre de contrats Madelin et assimilés ou de PERI sont soumises aux cotisations sociales dès lors que l'activité se poursuit. Les rentes d'invalidité, les rentes de conjoint survivant et orphelin sont exonérées de cotisations sociales. ■

108. Régime social de la retraite

De façon générale, les pensions de retraite ne sont soumises à aucune cotisation sociale, exception faite, dans certains cas limitativement énumérés par la loi, d'une cotisation spéciale d'assurance maladie.

1. Cas des salariés
Les retraites de base perçues par les anciens salariés sont normalement exonérées de cotisations sociales

En revanche, à l'exception des prestations acquises au titre d'un régime complémentaire à adhésion facultative ("article 82"), sont en principe soumises à une cotisation spéciale d'assurance maladie au taux de 1 % :
- les pensions de retraite complémentaire,
- et les pensions de retraite supplémentaire.

Cette cotisation spéciale s'applique sur le montant total des avantages vieillesse, déduction faite des bonifications pour enfants. Elle est précomptée, lors de chaque versement, par l'organisme effectivement débiteur des avantages vieillesse.

Remarque - Sont cependant exonérés de cotisation les avantages vieillesse versés aux personnes :
- *exonérées d'impôt sur le revenu,*
- *ou percevant des avantages "non contributifs" (ASPA, AVTS, etc.)* **[16]**.

Par exception, les retraités domiciliés à l'étranger, exonérés à ce titre de CSG sur leurs pensions, et relevant à titre obligatoire d'un régime français d'assurance maladie, sont assujettis à la cotisation maladie à un taux spécifique fixé à :
- 3,2 %, pour les retraites de base,
- 4,2 % pour les retraites complémentaire et supplémentaire.

Remarque - Inversement, aucune cotisation maladie n'est due par les retraités domiciliés à l'étranger et ne relevant pas à titre obligatoire d'un régime français d'assurance maladie.

RÉGIME SOCIAL

2. Cas des "retraites chapeau"

Les bénéficiaires d'une rente servie au titre d'un régime de "retraite chapeau" [97] sont redevables d'une contribution spécifique au-delà d'un certain montant perçu. Le taux varie selon le montant de la rente et la date de liquidation de la retraite.

Les rentes versées au titre des retraites liquidées depuis 2011 sont soumises à la contribution sur la part qui excède 510 € par mois. Le taux de la contribution est fixé à :

- 7 % pour la part de ces rentes comprise entre 510 € et 765 € par mois,
- 14 % pour la part supérieure à 765 € par mois.

Les rentes versées au titre des retraites liquidées avant 2011 sont soumises à la contribution sur la part qui excède 546 € par mois. Le taux de la contribution est fixé à :

- 7 % pour la part de ces rentes supérieure à 637 € et inférieure à 1 275 € par mois,
- 14 % pour la part supérieure à 1 275 € par mois.

› FISCAL

Corrélativement, la contribution est déductible du revenu imposable à l'IR. La déduction est limitée à la fraction de contribution acquittée au titre des premiers 1 000 € de rente mensuelle.

3. Cas des professions libérales, commerçants et artisans

De façon générale, les pensions de retraite perçues par les indépendants non agricoles ne sont soumises à aucune cotisation d'assurance maladie.

Les retraités fiscalement domiciliés à l'étranger sont assujettis à une cotisation d'assurance maladie au taux de 7,1 %, précomptée par la caisse vieillesse.

4. Cas des exploitants agricoles

En règle générale et comme dans le cadre des autres statuts professionnels, les pensions de retraite des exploitants agricoles sont exonérées de toute cotisation maladie.

Seuls les avantages de retraite des exploitants fiscalement domiciliés hors de France supportent une cotisation de 3,2 %.

5. Cas des fonctionnaires

Pas de cotisation d'assurance maladie sur les pensions de retraite. ■

109. Aides sociales pour les personnes âgées

Des aides sociales sont accordées, parfois sous condition de ressources, non pas aux retraités à proprement parler, mais aux personnes âgées en général.

1. Aide ménagère à domicile

Cette aide est accordée aux personnes :

- ayant atteint l'âge de la retraite à taux plein (ou l'âge légal de départ à la retraite si inaptitude au travail),
- dont l'état de santé nécessite une aide matérielle pour accomplir les travaux domestiques de première nécessité (entretien, soins d'hygiène, courses, notamment),
- dont les ressources mensuelles (allocation de logement non comprise, notamment) sont inférieures à 1 012,02 € pour une personne seule et 1 571,16 € pour un ménage,
- qui ne disposent pas de l'allocation personnalisée d'autonomie (dans le cas inverse, la personne bénéficie des aides prévues dans ce cadre),
- moyennant une contrepartie financière, dont le montant varie selon les ressources.

Une aide ménagère intervient à domicile, pour un certain nombre d'heures, variable selon les besoins et les disponibilités.

Remarque - Par exception, une allocation en espèces peut être accordée dans certaines hypothèses.

2. Complémentaire santé solidaire

Les retraités qui disposent de faibles revenus peuvent accéder à la complémentaire santé solidaire [7].

3. Allocation personnalisée d'autonomie (APA)

Elle est accordée aux personnes :

- ayant atteint l'âge légal de départ à la retraite au moins,
- dont l'état de santé nécessite une aide pour les actes essentiels de la vie (c'est-à-dire en situation de perte d'autonomie),
- moyennant en principe une participation financière.

Le montant des ressources ne constitue pas une condition d'octroi de l'APA, mais il détermine, au même titre que le degré de dépendance de l'intéressé, le montant de l'allocation.

Montant mensuel maximal de l'APA en fonction du groupe iso-ressources (GIR) [86 § 1] (1)	
GIR 1	**2 045,57 €**
GIR 2	**1 654,19 €**
GIR 3	**1 195,68 €**
GIR 4	**797,96 €**

(1) Majoration possible pour certaines situations, notamment répit ou hospitalisation du proche aidant.

› FISCAL

L'APA est exonérée d'IR et de prélèvements sociaux.

4. Autres aides

Des aides de nature différente (aide financière, aide matérielle, prestation de services...) peuvent être accordées par :

- les services sociaux des communes ou des départements,
- l'Assurance maladie,
- les caisses de retraite,
- les organismes de complémentaire santé.

Sur les aides aux personnes handicapées : [9].

5. Récupération sur succession

Font l'objet d'une demande de remboursement de la part de l'organisme qui a versé les prestations soit à la suite du décès du bénéficiaire et selon les mêmes règles que pour les personnes handicapées [9 § 5], soit en cas de retour à meilleure fortune de celui-ci :

- les aides à domicile des personnes âgées, incluant l'aide ménagère [§ 1],
- les frais d'hébergement des personnes âgées,
- la prise en charge du forfait hospitalier.

L'APA peut faire l'objet d'une récupération en cas de retour à meilleure fortune de l'allocataire, mais pas sur la succession.

Remarque - Ces prestations peuvent néanmoins faire l'objet d'une demande de remboursement aux héritiers si elles ont été versées par erreur. ■

RÉGIME SOCIAL

Les annexes et l'index

Nº de fiche

110. Liste des sigles

AAH – Allocation aux adultes handicapés
AGIRC – Association générale des institutions de retraite des cadres
APA – Allocation personnalisée d'autonomie
ARE – Aide au retour à l'emploi
ARRCO – Association pour le régime de retraite complémentaire des salariés
ASPA – Allocation de solidarité aux personnes âgées
AVA – Assurance vieillesse agricole
AVI – Assurance vieillesse individuelle
AVTNS – Allocation aux vieux travailleurs non salariés
AVTS – Allocation aux vieux travailleurs salariés
BIC – Bénéfices industriels et commerciaux
BNC – Bénéfices non commerciaux
CARCDSF – Caisse autonome de retraite des chirurgiens-dentistes et des sages-femmes
CARPIMKO – Caisse autonome de retraite et de prévoyance des infirmiers, pédicures, masseurs-kinésithérapeutes, orthophonistes et orthoptistes
CARPV – Caisse autonome de retraite et de prévoyance des vétérinaires
CASA – Contribution additionnelle de solidarité pour l'autonomie
CAVAMAC – Caisse d'allocation vieillesse des agents généraux et des mandataires non salariés de l'assurance et de la capitalisation
CAVEC – Caisse d'assurance vieillesse des experts-comptables agréés et des commissaires aux comptes
CAVOM – Caisse d'assurance vieillesse des officiers ministériels, des officiers publics et des compagnies judiciaires
CAVP – Caisse d'assurance vieillesse des pharmaciens
CCPMA – Caisse centrale de prévoyance mutuelle agricole
CFE – Caisse des Français de l'étranger
CICAS – Centre d'information et de coordination de l'action sociale
CIPAV – Caisse interprofessionnelle de prévoyance et d'assurance vieillesse
CNAM – Caisse nationale d'assurance maladie
CNAV – Caisse nationale d'assurance vieillesse
CNAVPL – Caisse nationale d'assurance vieillesse des professions libérales
CNBF – Caisse nationale des barreaux français
COR – Conseil d'orientation des retraites
CPRN – Caisse de prévoyance et de retraite des notaires
CPCEA – Caisse de prévoyance des cadres d'entreprises agricoles
CRDS – Contribution au remboursement de la dette sociale
CSG – Contribution sociale généralisée
CSS – Complémentaire santé solidaire
GAV – Garantie accidents de la vie
IFI – Impôt sur la fortune immobilière
IR – Impôt sur le revenu
IRCANTEC – Institution de retraite complémentaire des agents non titulaires de l'État et des collectivités
MSA – Mutualité sociale agricole
PEA – Plan d'épargne en actions
PEE – Plan d'épargne entreprise
PEG – Plan d'épargne de groupe
PEI – Plan d'épargne interentreprises
PEP – Plan d'épargne populaire
PERCO – Plan d'épargne retraite collectif
PERECO – Plan d'épargne retraite d'entreprise collectif
PERI – Plan d'épargne retraite individuel
PERP – Plan d'épargne retraite populaire
PFU – Prélèvement forfaitaire unique
PUMa – Protection universelle maladi
SSI – Sécurité sociale pour les indépendants ■

111. Lexique

• Adhérent (ou affilié)
Toute personne inscrite auprès d'une caisse de retraite et qui lui verse des cotisations.

• Âge légal minimal
Âge minimal à partir duquel la loi autorise les actifs à demander la liquidation de leurs droits à la retraite **[12]**.

• Annuité
1 annuité équivaut à 4 trimestres ou 2 semestres.

• Arrérages
Montant échu d'une pension de retraite.

• Assurance
Au sens large : mécanisme permettant de répartir sur un important groupe de personnes (les "assurés") le poids financier des dommages subis par quelques-uns. Au sens strict : contrat par lequel l'assureur s'engage à payer à l'assuré (ou à un tiers, s'agissant de l'assurance responsabilité civile, par exemple) une somme, évaluée en fonction du préjudice en cas de réalisation d'un risque précis, moyennant le versement d'une prime.

• Assurance de groupe (ou collective)
Contrat d'assurance souscrit par une personne morale ou un chef d'entreprise en vue de l'adhésion d'un ensemble de personnes répondant à des conditions définies au contrat, pour la couverture :
- des risques dépendant de la durée de vie humaine,
- des risques portant atteinte à l'intégrité physique de la personne ou liés à la maternité,
- des risques d'incapacité de travail ou d'invalidité,
- ou du risque de chômage.

• Assurance de personne
Couvrant les dommages causés à des personnes (assurance-décès, par exemple). Quelle que soit l'importance du dommage subi, l'assureur verse une somme forfaitaire déterminée lors de la signature du contrat.

• Assurance individuelle
Contrat d'assurance souscrit librement par toute personne, quelle que soit sa catégorie socioprofessionnelle, de sa propre initiative, couvrant un ou plusieurs risques, auprès de l'organisme assureur de son choix.

• Assurance sociale
Ensemble des assurances visant un objectif social (non lucratif), tout en faisant largement appel aux techniques de l'assurance. Elles couvrent uniquement les risques liés à la personne et non ceux liés aux biens. Comme dans toute opération d'assurance, un risque ayant été repéré, un organisme d'assurance s'engage, moyennant un certain prix, à indemniser la victime en cas de sinistre.

• Assurance-vie
Ensemble des assurances couvrant les risques liés à la durée de la vie humaine :
- risque de décès prématuré, en laissant dans le besoin sa famille, par exemple (assurance "en cas de décès"),
- risque vieillesse, c'est-à-dire d'être encore en vie après avoir épuisé ses ressources (assurance "en cas de vie"),
- risque de décès et de vieillesse (combinaison).

• Assuré
Personne inscrite (ou "immatriculée", "affiliée"), obligatoirement ou non, auprès d'un ou plusieurs organismes sociaux, sous certaines conditions.

Exemple - Sous condition de résidence durable et régulière sur le territoire français ou d'exercice d'une activité professionnelle en France, dans le cadre de la protection universelle maladie (PUMa).

• Ayant droit
Personne du groupe familial qui reçoit les prestations en raison de son lien avec le bénéficiaire direct (époux, enfant, concubin, partenaire lié par un PACS, etc.).

Remarque - La mise en œuvre progressive de la protection universelle maladie (PUMa) a entraîné la suppression totale du statut d'ayant droit majeur depuis 2020.

• Bénéficiaire direct
Personne inscrite – ou immatriculée ou affiliée, ou encore assurée – auprès de l'organisme, et qui (sauf exception) a payé et/ou pour laquelle un employeur a payé des charges sociales.

• Bonification
Synonyme de majoration.

• Caisse de retraite
Organisme de type administratif ayant pour objet de gérer un régime de retraite : percevoir les cotisations, verser des subsides aux retraités, etc.

• Capitalisation
Au sens général : fait de joindre les intérêts au capital. Au sens étroit : certaines formules de placement proposées par les assureurs et sociétés de capitalisation dans le cadre desquelles les intérêts sont systématiquement intégrés au capital. Par exemple : les placements de retraite facultatifs.

• Capitalisation (régime par)
Régime dans lequel les cotisations des affiliés sont investies afin de constituer à leur profit un capital qui leur permettra de leur servir une rente viagère à l'âge de la retraite [**12**].

• Carrière complète
D'une durée au moins égale à la durée d'assurance requise pour bénéficier d'une retraite à taux plein ou entière.

• Complémentaire santé solidaire (CSS ou C2S)
Dispositif de prise en charge du restant à charge des dépenses de santé des plus démunis. Selon le niveau de revenu, elle est gratuite ou attribuée moyennant une contribution modeste [**7 § 1**].

• Cotisation (ou prime)
Prix de l'assurance, c'est-à-dire la contribution financière qu'un assuré verse à un assureur en paiement de la garantie accordée dans le contrat.

• Cotisation définie (contrat)
Contrat d'assurance de groupe souscrit par l'entreprise, en vue de garantir des prestations de retraite et de prévoyance. L'entreprise ne s'engage que sur un niveau de cotisation. Son obligation est limitée au paiement des cotisations.

• Cotisation forfaitaire
Cotisation dont le montant est le même pour tous : il s'exprime donc sans relation avec la rémunération perçue.

• Cotisation proportionnelle
En règle générale, le montant des charges sociales s'établit en fonction de la rémunération perçue par les redevables. Chaque charge se définit alors par une assiette et par un taux.

• Cotisations retraite
Qui permettent de financer les régimes de retraite et, parallèlement, d'acquérir des droits à retraite [**11**].

Remarque - Seules les cotisations calculées au taux contractuel permettent d'acquérir des droits à retraite. L'excédent de cotisations correspondant à la différence entre le taux d'appel (cotisations effectivement payées) et le taux contractuel n'y ouvre pas droit.

• Cumul emploi-retraite
L'attribution des pensions de retraite est subordonnée à la cessation définitive de toute activité professionnelle, sauf nombreuses dérogations [**19**].

• Décote
Diminution de la retraite en cas d'insuffisance de la durée d'assurance requise pour bénéficier d'une retraite à taux plein ou entière.

• Dépendance
Impossibilité ou difficulté pour une personne âgée d'effectuer certains "actes essentiels de la vie" : s'alimenter, se déplacer, se laver, s'habiller, se lever, se coucher, s'asseoir. Sont également pris en compte les problèmes de cohérence, continence, communication à distance, etc.

• **Dommage**
Perte subie par l'assuré.

• **Droits**
Synonyme de droits à prestations.

• **Durée d'assurance**
Elle comprend les durées de cotisations, ainsi que les durées assimilées et les majorations éventuelles de durée d'assurance.

Exemple - Dans le cadre du régime de base des salariés, la durée maximale prise en compte pour déterminer la retraite est de 169 trimestres pour un assuré né en 1962. Avant d'atteindre l'âge de la retraite automatique à taux plein (67 ans ***[12]****), il lui faut totaliser 169 trimestres pour obtenir une retraite à taux plein.*

• **Durée de cotisations**
Durée pendant laquelle l'assuré a effectivement versé des cotisations en son nom personnel.

• **Durée de référence**
Durée d'assurance au régime général de la sécurité sociale, prise en compte pour calculer le montant de la retraite.

• **Fonds de pension**
Au sens large, système de retraite facultatif mis en place en complément des régimes obligatoires.

Remarque - Au sens plus étroit, ce terme désigne l'organisation gérant ce système de capitalisation.

• **Garantie**
Somme d'argent que l'assureur s'engage à verser en cas de dommage consécutif à un sinistre. Son montant peut être forfaitaire et déterminé dès la souscription, ou fonction du dommage subi.

• **Garantie des accidents de la vie (GAV)**
Contrat couvrant les préjudices consécutifs aux accidents de la vie privée et qui entraînent le décès ou l'incapacité permanente **[85]**.

• **Immatriculation**
Démarche officialisant l'inscription au régime de retraite et incombant à l'employeur ou à l'intéressé, s'il est indépendant.

• **Incapacité**
Incapacité temporaire de travail (ITT) due à une maladie ou un accident.

• **Indemnisation en assurance**
Acte par lequel, suite au dommage, l'assureur verse au bénéficiaire une somme d'argent représentant la garantie stipulée au contrat.

• **Indemnité de départ**
Indemnité versée lors du départ à la retraite de certains actifs (salariés, commerçants et artisans).

• **Invalidité**
Selon la définition de la plupart des principaux régimes de protection sociale, état de santé d'une personne entraînant une réduction d'au moins 2/3 de sa capacité de travail ou de gain. Il existe plusieurs degrés d'invalidité.

• **Liquidation**
Opération consistant à calculer les droits à retraite avant leur mise en paiement.

• **Majoration**
Augmentation de la pension de retraite ou de la durée d'assurance accordée sous certaines conditions.

• **Maximum de pension**
Pension maximale versée aux anciens actifs.

• **Minimum de pension**
Pension minimale accordée, sous certaines conditions.

• **Minimum vieillesse**
Somme versée aux personnes qui ne disposent pas d'un montant de retraite suffisant pour vivre **[16]**.

• **Participation aux bénéfices**
La loi oblige l'assureur à partager son bénéfice financier avec l'assuré.

• **Pension**
Allocation versée au titre d'une assurance vieillesse et se rapportant aux droits acquis durant la vie active.

• **Pension de réversion**
Pension versée au conjoint d'un assuré décédé qui avait accumulé des droits à la retraite.

Exemple - Le conjoint survivant d'un vétérinaire a droit en principe à 54 % de la retraite de base du défunt et à 60 % de sa retraite complémentaire.

• **Périodes assimilées**
Certaines périodes d'arrêt de travail (maladie, maternité, chômage, périodes militaires par exemple) peuvent être assimilées à des périodes d'assurance.

• **Pluripensionné**
Retraité ayant cotisé à différents régimes de retraite.

• **Points**
Points de retraite inscrits au compte de l'assuré et acquis par cotisations, notamment. La plupart des retraites complémentaires sont ainsi calculées en fonction du nombre de points acquis. On parle en ce cas de retraites par points, par opposition aux retraites par annuités.

• **Préretraite**
Dispositif permettant aux salariés **[41]** et aux chirurgiens-dentistes **[62]** de cesser partiellement ou totalement leur activité professionnelle quelques années avant la retraite, tout en percevant une allocation temporaire avant la liquidation des droits à retraite.

• **Prestation contributive**
Prestation acquise grâce au versement de cotisations.

• **Prestation définie (contrat)**
Contrat d'assurance de groupe souscrit par l'entreprise au profit d'une catégorie donnée de salariés, en vue de leur garantir des prestations de retraite complémentaire exclusivement, dont le montant est prédéterminé.

• **Prestations de services**
Aux prestations en argent (en espèces ou en nature) s'ajoutent parfois des prestations de services. Exemples : rééducation en cas d'invalidité, conseils aux chômeurs notamment, etc.

• **Prestations en espèces**
Prestations faisant l'objet de versements réguliers (pensions de retraite, allocations de chômage, prestations familiales, par exemple), rarement d'un capital (sauf capital décès, par exemple). Elles sont destinées à remplacer la rémunération non perçue pendant une interruption du travail.

• **Prestations en nature**
Remboursements de frais supportés par l'assuré (remboursement des soins et des médicaments, par exemple).

• **Prestation non contributive**
Prestation indépendante du versement de cotisations, généralement attribuée sous conditions de ressources **[16]**.

• **Prime (ou cotisation)**
Prix de l'assurance, c'est-à-dire la contribution financière qu'un assuré verse à un assureur en paiement de la garantie accordée dans le contrat.

• **Procuration**
Pouvoir qu'une personne donne à une autre d'agir en son nom.

• **Protection universelle maladie (PUMa)**
Droit universel à la prise en charge des frais de santé (prestations en nature), sous condition de résidence durable et régulière sur le territoire français ou d'exercice d'une activité professionnelle en France.

• **Protection sociale**
Ensemble des mesures prises par la collectivité afin de garantir une certaine sécurité à ses membres.

• **Provision mathématique**
Montant des actifs que doit accumuler l'assureur, au moyen des primes versées, pour garantir à tout moment le règlement de ses engagements.

• Rachat
Versement d'une somme d'argent pour obtenir, en échange, des points ou annuités supplémentaires. L'Assurance retraite (CNAV) parle de "versement pour la retraite".

Remarque - Le rachat au titre des années d'études supérieures est autorisé, dans la limite de 12 trimestres.

• Rachat (assurance)
Permet au souscripteur de percevoir de manière anticipée la provision mathématique (diminuée des frais de gestion). Ne sont pas rachetables les assurances en cas de vie et rentes viagères différées sans contre-assurance.

• Régime
Ensemble des règles qui organisent les rapports entre un organisme social et ses adhérents (affiliés, assujettis, assurés) dans le cadre de la protection accordée contre un ou plusieurs risques déterminés : régime d'assurance maladie de la sécurité sociale, par exemple. Il existe parfois, simultanément et contre le même risque :
- un régime dit "de base",
- un régime "complémentaire",
- un régime "supplémentaire",
- ces deux derniers pouvant être, en tout ou partie, facultatifs.

• Régime aligné
Régime de base dont le fonctionnement est calqué sur celui du régime général de la sécurité sociale.

• Régime par annuité
Régime dans lequel la retraite est calculée en fonction des années de salaire.

• Régime général
Régime de retraite de base des salariés géré par la sécurité sociale [**34**].

• Régime par points
Régime dans lequel la retraite est calculée en unités de compte appelées "points de retraite".

• Régime de retraite
Ensemble des règles qui édictent les obligations auxquelles doit se plier une catégorie donnée de personnes afin d'acquérir divers droits, dont le plus important est celui de percevoir des subsides réguliers, dans des conditions et à une époque déterminées.

• Régimes spéciaux
Régimes de retraite qui ne sont pas soumis aux dispositions du régime général, même si, désormais, ils peuvent être alignés pour certaines règles.

• Relevé de carrière
Document permettant de regrouper l'ensemble des informations relatives à la carrière professionnelle d'un assuré [**23**], compte tenu de ses activités successives, notamment.

• Répartition (régime par)
Système dans lequel les pensions en cours de service sont financées par les cotisations versées en cours d'année par les actifs.

• Retraite
Période de l'existence qui suit la vie active. Subsides que l'on perçoit durant cette période.
Mécanisme grâce auquel ces subsides sont versés.

• Retraite de base
Le système de retraite en France est un système à étages.
La retraite de base constitue le 1er niveau de ce système, toujours obligatoire. Le 2e niveau est constitué par les retraites complémentaires et le 3e par les retraites supplémentaires.

• Retraite complémentaire
Pension de retraite attribuée en complément du régime de base obligatoire.

• Retraite progressive
Dispositif permettant aux salariés [**40**], aux commerçants et aux artisans [**51**] et, depuis le 01.09.2023, aux professions libérales et aux fonctionnaires, de continuer à exercer leur activité à temps partiel, tout en percevant une partie de leur retraite, sous diverses conditions.

- **Retraite supplémentaire (ou surcomplémentaire)**
Régime de retraite souvent facultatif permettant de compléter les prestations servies par les régimes de retraite obligatoires.

- **Retraite à taux plein**
En règle générale, les assurés nés à partir de 1955 peuvent automatiquement bénéficier d'une retraite à taux plein à l'âge de 67 ans **[12]**. L'âge dit du "taux plein" a été progressivement relevé de 65 à 67 ans par la réforme des retraites de 2010.
Dans le cadre du régime de base des salariés et des régimes alignés, les assurés peuvent également disposer d'une retraite à taux plein à partir de l'âge légal de départ à la retraite, à condition toutefois de justifier, tous régimes confondus, du nombre de trimestres d'assurance requis (par exemple, 169 trimestres pour un assuré né en 1962).

- **Retraite à taux réduit**
En règle générale, les assurés ayant atteint l'âge légal de départ à la retraite et n'ayant pas encore atteint celui de la retraite à taux plein **[12]**, et ne totalisant pas le nombre de trimestres d'assurance requis pour bénéficier d'une retraite entière, se voient appliquer un coefficient de minoration.

- **Revenu professionnel moyen**
Moyenne des revenus professionnels les plus élevés perçus sur une certaine période, servant à calculer le montant de la retraite.

- **Risque**
Événement futur, aléatoire et ne dépendant pas exclusivement de la volonté de l'assuré.

- **Salaire annuel moyen**
Moyenne des salaires versés aux salariés durant leur vie professionnelle prise en compte pour le calcul de la retraite de base de la sécurité sociale.

Exemple - La période de référence servant au calcul du salaire annuel moyen est de 25 ans dans le cadre du régime général.

- **Salaire de référence**
Prix d'acquisition d'un point de retraite.

Exemple - La valeur d'achat du point de retraite complémentaire AGIRC-ARRCO (salariés du secteur privé) est fixée à 19,6321 € depuis le 01.11.2023.

- **Sécurité sociale**
Organisme gérant le régime général d'assurances sociales des salariés et les prestations familiales destinées à l'ensemble des catégories socioprofessionnelles.

- **Surcote**
Augmentation du montant de la pension pour les personnes poursuivant leur activité après l'âge légal de départ à la retraite **[12]** et au-delà de la durée d'assurance requise pour bénéficier du taux plein.

- **Taux d'appel**
Rapport entre le taux de cotisation de principe et le taux réellement exigé par l'organisme de retraite.

- **Taux plein**
Taux maximum à partir duquel est calculée la retraite, accordé sous condition de durée d'assurance.

- **Taux de remplacement**
Rapport entre le montant de retraite et le dernier revenu d'activité perçu avant le départ à la retraite. ■

112. Adresses utiles

SALARIÉS DU SECTEUR PRIVÉ

- **CNAMTS – Caisse nationale d'assurance maladie des travailleurs salariés**
26-50, avenue du Professeur André Lemierre
75986 Paris Cedex 20
www.ameli.fr

- **CNAV – Caisse nationale d'assurance vieillesse**
110, avenue de Flandre
75951 Paris Cedex 19
www.lassuranceretraite.fr

- **AGIRC-ARRCO**
16-18, rue Jules-César
75592 Paris Cedex 12
www.agirc-arrco.fr

- **France Travail (ex-Pôle emploi)**
www.francetravail.fr

SALARIÉS DU SECTEUR PUBLIC

- **Ministère de l'économie, des finances et de la souveraineté industrielle et numérique**
139, rue de Bercy
75572 Paris Cedex 12
www.economie.gouv.fr

- **DGFiP : service des pensions**
www.retraitesdeletat.gouv.fr

- **Mutualité Fonction Publique (MFP)**
4, avenue du Recteur Poincaré
75016 Paris
www.mfp.fr

- **Mutuelle générale de l'éducation nationale (MGEN)**
3, square Max Hymans
75478 Paris Cedex 15

- **PRÉFON – Caisse nationale de prévoyance de la fonction publique**
12 bis, rue de Courcelles
75008 Paris
www.prefon.fr

COMMERÇANTS ET ARTISANS

- **Sécurité sociale pour les indépendants**
264, avenue du Président Wilson
93457 La Plaine-Saint-Denis Cedex
www.secu-independants.fr

- **Mutuelle Médicis**
12-14, rue Médéric
75380 Paris Cedex 17
www.mutuelle-medicis.com

- **Garance Mutuelle**
51, rue de Châteaudun
75442 Paris Cedex 9
www.garance.com

PROFESSIONS LIBÉRALES

- **Sécurité sociale pour les indépendants**
264, avenue du Président Wilson
93457 La Plaine-Saint-Denis Cedex
www.secu-independants.fr

- **CNAVPL – Caisse nationale d'assurance vieillesse des professions libérales**
102, rue de Miromesnil
75008 Paris
www.cnavpl.fr

Sections professionnelles rattachées à la CNAVPL
CAVAMAC – Caisse d'allocation vieillesse des agents généraux et mandataires non salariés de l'assurance et de la capitalisation 30, rue Olivier Noyer 75014 Paris www.cavamac.fr
CIPAV – Caisse interprofessionnelle de prévoyance et d'assurance vieillesse 9, rue de Vienne 75403 Paris Cedex 08 www.lacipav.fr
CARCDSF – Caisse autonome de retraite des chirurgiens-dentistes et des sages-femmes 50, avenue Hoche 75381 Paris Cedex 08 www.carcdsf.fr

Sections professionnelles rattachées à la CNAVPL
CARPIMKO – Caisse autonome de retraite et de prévoyance des auxiliaires médicaux (infirmiers, masseurs-kinésithérapeutes, pédicures-podologues, orthophonistes et orthoptistes) 3, avenue du Centre 78280 Guyancourt www.carpimko.com
CAVEC – Caisse d'allocation vieillesse des experts-comptables et des commissaires aux comptes 48 bis, rue Fabert 75007 Paris www.cavec.fr
CARMF – Caisse autonome de retraite des médecins de France 44 bis, rue Saint-Ferdinand 75017 Paris www.carmf.fr
CPRN – Caisse de prévoyance et de retraite des notaires 43, avenue Hoche 75008 Paris www.cprn.fr
CAVOM – Caisse d'assurance vieillesse des officiers ministériels, officiers publics et des compagnies judiciaires 26, boulevard Malesherbes 75008 Paris www.cavom.net
CAVP – Caisse d'assurance vieillesse des pharmaciens 45, rue Caumartin 75009 Paris www.cavp.fr
CARPV – Caisse autonome de retraite et de prévoyance des vétérinaires 64, avenue Poincaré 75016 Paris www.carpv.fr

- **CNBF – Caisse nationale des barreaux français**

11, boulevard de Sébastopol
75038 Paris Cedex 01
www.cnbf.fr

EXPLOITANTS ET SALARIÉS AGRICOLES

- **Mutualité sociale agricole (MSA)**

19, rue de Paris
93000 Bobigny
www.msa.fr

AUTRES ORGANISMES

- **Caisse nationale de solidarité pour l'autonomie**

66, avenue du Maine
75682 Paris Cedex 14
www.cnsa.fr

- **Portail national des Urssaf**

www.urssaf.fr

- **Caisse des Français de l'étranger**

www.cfe.fr

- **Portail d'infomation pour les personnes âgées et l'accompagnement de leurs proches**

www.pour-les-personnes-agees.gouv.fr

- **Ministère du travail, de la santé et des solidarités**

www.solidarites-sante.gouv.fr ■

Index

A

B

C

D

E

F

G

H

I

J

L

M

N

O

P

R

ANNEXES & INDEX

S

T

V

PEFC/10-31-1895

IMPRIM'VERT — Votre imprimeur agit pour l'environnement

36893-668 (I) – Magno S150 g – EFL (LC)
Achevé d'imprimer sur les presses de l'imprimerie Chirat - 42540 Saint-Just-la-Pendue
Dépôt légal : mai 2024 - N° 202405.0039
Imprimé en France